모택동 vs 장개석

중국국공혁명사

이 책은 한국출판문화산업진흥원의 출판지원사업의 지원을 받아 발행되었습니다.

모택동 vs 장개석

중국국공혁명사

이건일 지음

도서출판 삼화

[일러두기]
이 책의 모든 인명과 지명은 가독성을 높이기 위해 한자음 그대로 바꾸어 표
기하고 한자를 기입했습니다. 그리고 인명의 경우에는 [인명읽기] 페이지를
별도로 만들어 한자음과 한자, 중국어 발음을 병기했습니다.

들어가면서

중국공산당은 설립된 지 100년이 조금 안 되는 세월을 거치면서
중국의 세계적 지위를 이미 미국과 어깨를 나란히 할 수 있는 강대
국의 수준으로 끌어 올려놓았다. 그리고 여기에 머물지 않고 미국
마저 제치겠다는 기세로 전진을 계속하고 있다.

　누군가가 세계의 문제는 아시아에 있으며, 아시아의 문제는 중
국에 있다고 그랬듯이 세계의 패권을 부정한다고 하면서도 세계
문제의 중심에 서고자 하는 중국공산당의 의욕은 쉽게 꺾이지 않
을 것으로 보인다.

　바로 이와 같이 강대한 오늘날의 중국이 있기까지는 아편전쟁
이후 중국인들에게 주어졌던 민족과 민주라는 2개의 운명적 과제
를 해결하고자 모습을 드러냈던 중국국민당과 중국공산당 간의
합작과 투쟁의 기나긴 혁명과정이 있었기에 가능한 것이었다.

　그래서 중국공산당의 모택동과 중국국민당의 장개석, 이들 두

영웅이 중국대륙을 통일하고자 대결했던 지혜와 전략의 경쟁은 지금도 늘 세인의 관심사가 되어 오고 있다. 영웅이 시대를 만드는 것이 아니라 시대가 영웅을 만든다고 하지만, 그래도 특정한 역사시기의 경우에는 영웅이 시대를 만들어 나간다는 반작용의 논리가 부정되지는 않는다면 그 관심은 더욱 높아질 수밖에 없다.

모택동은 중국혁명의 발전법칙을 먼저 알고 먼저 깨달아 중국혁명을 승리로 이끌었던 영웅으로 칭송을 받고 있으며, 그가 이끌었던 중국공산당은 진보적 혁명역량을 대표하면서 중국대륙을 해방시킨 선진적 지배정당으로 위치하고 있다.

또한 이념을 달리하면서 중국공산당과의 치열한 투쟁에서 밀려나 대만에서 재기의 발판을 마련하면서 대륙의 수복을 포기하지 않았던 장개석 역시 중국의 현대사에서 특수한 위치를 차지하는 영웅으로 존경을 받고 있으며, 그의 국민당도 삼민주의의 실현을 위해 투쟁하고 있는 혁명정당의 지위를 유지하고 있다.

단절되는 것이 아니고 물이 흐르듯 도도히 이어져 가는 것이 역사이다. 과거는 현재에 실려 있고 미래는 현재를 담고 가는 것이라면 중국공산당은 그 미래에도 현재를 담고 있게 될 것이고, 그 과거는 현재에 실려 있는 것이기에 그 과거사는 여전히 미래를 예측할 수 있는 중요한 자료의 가치를 지니게 된다.

그래서 중국이 발전을 거듭하면 할수록 지난날의 국공합작사가 차지하는 가치나 비중도 그만큼 커지게 된다고 본다. 국공합작과 관련하여 출판된 서적이나 연구물들은 이미 넘쳐나고 있다. 볼 것이 너무 많아 무엇을 골라 읽어야 할지를 고민하는 독자들이 늘어날 정도로 부족함이 없다.

그러나 학문적 객관성이 훼손되지 않는 범위 내에서 방대한 양의 내용을 압축하여 쉽게 이해할 수 있고 특정한 역사적 사건이나 현상들을 보다 구체적이고도 명확하게 이해할 수 있는 자료를 독자들에게 제공하려는 의지와 노력은 항상 계속되어야 한다.

이러한 노력에 일조하고자 저자 역시 잊혀져가고 있는 국공 양당 간의 합작과 투쟁의 역사를 회고해 보고자 하는 대열에 동참했음을 밝혀 두고자 한다. 특히 이 책이 대륙전략연구소의 총서로 발간될 수 있도록 물심양면으로 도움을 주신 권중달 소장님과 이사 여러분, 그리고 도서출판 삼화 사장님께 진심으로 감사를 드린다.

2014 초겨울
이건일 적음

인명읽기

도표

제1장

민족과 민주의 2개 주제

아편전쟁과 민족주의의 형성

천하를 우리문화로

일찍이 중국의 저명한 지식인인 양계초梁啓超(1873~1929)는 중국의 국가주의와 관련하여 다음과 같이 말했다.

> "과거 중국에는 부민部民은 있었지만 국민國民은 없었다. 한 개인個人의 자격, 한 가족의 1개 구성원[家人]의 자격, 한 고향故鄕의 1개 구성원과 한 종족種族의 1개 구성원의 자격, 그리고 천하의 1개 구성원[天下人]의 자격은 있었지만 한 국가의 1개 국민國民의 자격은 없었다."

그의 이러한 논법은 "중국인의 성격은 영욕榮辱을 위해서는 다투지 않고 오로지 자신의 생사만을 위해 다툰다. 나라가 망해 노예가 되더라도 목숨이 붙어있는 것만으로 만족하게 생각한다. 그러나 외국인의 성격은 오직 영욕을 위해 다투지 생사를 위해서는 다투지 않는다. 노예가 되어 살기보다는 국가를 위해 기꺼이 죽는다."라고 한 진독수陳獨秀(1879~1942)의 지적과도 일맥상통하는 것으로서 과거의 전통중국에서는 사회 관념만 있었을 뿐, 국가 관념이 없었다는 것을 말해주는 것이기도 했다.

주周나라 좌구명左丘明이 쓴 일명 《좌씨춘추左氏春秋》라고 하는 중국의 춘추시대 역사서 《좌전左傳》에서 "안으로는 모두 화하족華夏族이고 밖으로는 모두 오랑캐이다."라고 했듯이 고대의 한족漢族은 "나의 동족이 아니면 그 마음이 반드시 다르다."라는 관념을 가지고 있었다. 그렇기 때문에 주나라 사람들은 북방의 이족夷族을 북적北狄, 동방의 이족을 동이東夷, 서방의 이족을 서융西戎, 그리고 남방의 이족을 남만南蠻이라고 지칭하면서 그들을 문화적으로 매우 낙후되고 야만적인 오랑캐라고 불렀다.

이와 같이 주나라 사람들은 일찍이 다른 종족의 침략을 물리치고 동족의 주 왕실을 존경한다는 화하華夏중심주의Sino Centrism사상을 가지고 있었다. 요컨대, 화하중심주의란 한족 중심의 문화종족주의로서 '대일통大一統'의 보편적 세계주의를 최고 이상으로 삼는 것이었다.

물론 화하중심주의의 핵심을 이루고 있는 것은 천하주의였다. 주나라 시대에 임금을 천자天子로 부르며, 천자의 통치권이 미치는 영역을 천하天下라고 불렀으니, 천하주의란 중국대륙의 중원에 거주하는 화하족 중심의 문화종족주의의 성격을 내포하는 것이기도 했다.

이와 같이 이족을 경시하는 한족 중심의 문화우월주의의 성격을 지니고 있는 화하문화종족주의는 중국역사의 발전과정에서 강인한 문화적 흡인력을 발휘하면서 그 주도적 지위를 확고히 해 나가고 있었다. 뿐만 아니라 역사적으로 볼 때 중원을 침략한 이족들은 결국 한족문화권에 흡수되어 동화되는 과정을 거치면서 하나의 종족으로서의 뿌리를 상실하곤 했다.

이러한 종족관념으로 인해 한족들은 만주족의 통치를 받으면서도 그들을 한족과 구분하여 만청滿淸정부라고 멸시하면서 결코 그 정통성을 인정하지 않았을 뿐더러 이족통치로 규정했다.

만주족은 원래 명明나라에서 세워진 여진女眞의 한 부류로서 12세기 금金나라 여진족의 후예였다. 여진족은 1616년 후금後金을 건립했으며, 그 후에 족명族名을 만주족滿洲族으로 바꾸었다. 다시 말해서 1616년 누루하치努爾哈赤, Nurhachi가 명明나라를 멸망시키는 후금後金을 세웠으며, 그 만주족의 후금은 1636년에 태종太宗에 의해 국호가 청淸으로 바뀌었던 것이다.

그러나 한족들은 만주족의 지배를 받으면서도 문화종족주의의 관점에서 끝까지 '청淸'이 아닌 '만청滿淸'으로 호칭했다. 뿐만 아니라 한족들은 서구열강의 침략이 본격화되기 이전까지만 해도 천하天下라는 사회 관념에 친숙해 있었으며 '민족국가'라는 개념 자체를 이해하지 못하고 있었다. 그렇기 때문에 한족들은 서구열강의 침략에 무능함을 보이고 있는 만청정부만 무너뜨리기만 하면 얼마든지 서구열강의 침략을 물리칠 수 있다고 믿었다.

똑같이 잘사는 한족의 나라를 세우자

그러나 그러한 바람은 바람으로 그쳤다. 영국과의 무역마찰, 그리고 영국이 대량의 아편을 중국으로 들여오는 것을 계기로 이를 막으려는 청나라 조정과 영국이 맞붙어 싸움이 일어났다. 이른바 1840년에 발생한 아편전쟁이다. 두 번에 걸친 이 아편전쟁에서 노대국 청 왕조는 여지없이 패배했다.

중국인들이 처음으로 만난 서양군대와 조우하면서 한족과 이족만 있는 줄 알았던 중국인들은 또 다른 양이洋夷가 있음을 체험적으로 알게 되었다. 그런데 이 양이들에게 여지없이 패배한 중국인들의 마음은 그 원인을 분석하면서 입장이 갈라졌다.

하나는 당시에 청 왕조를 운영하며 정치적 책임을 지고 있었던 청 왕조의 고급관리와 지식인들이 중심이 되어 청 왕조를 지켜야 양이에 대항할 수 있을 것이라고 생각하고 아무리 어렵더라도 만주족을 옹호하지 않으면 안 된다고 생각한 보만파保滿派였다.

또 하나는 양이들에게 패배한 것은 정치를 담당하고 있는 만청정부에 있기 때문에 정권을 만주족으로부터 가져와야 한다고 주장한 한족들이었다. 그 중심에는 홍수전洪秀全(1814~1864)과 양수청楊秀淸(1821~1856) 등이 이끌면서 만주족을 배척했던 배만파排滿派가 있었다.

뿐만 아니라 외족의 침략에 대응하는 전략에 있어서도 의견은 일치되지 않았다. 하나는 서구열강과는 무력으로 대결할 수 없으니 서구열강과 화친을 도모하는 것이 청 왕조를 지키는 길이라고 생각한 만주족의 기선琦善(1790?~1854) 노선이었다. 그리고 또 하나는 양이는 청 왕조의 무력으로 충분히 격퇴할 수 있으니 외족에 대항하여 이들을 좇아내야 한다는 한족의 임칙서林則徐(1785~1850) 노선이었다. 이 점에서도 역시 만·한滿漢 두 종족은 그 의견을 달리했다.

기선은 철저한 주화파主和派가 되어 서구열강과의 타협을 우선시했다. 그래서 그는 청의 함풍제가 직접 통제하고 임칙서가 모집한 지방 의용군을 해산시키고 방어 공사를 중단시켰다. 결국 영국과의 무력 충돌인 아편전쟁을 통해 임칙서의 생각이 틀렸다는 것이 증명되자 홍콩을 영국에 할양하면서까지 서구열광과의 화평을 추구했다.

이에 반해 임칙서는 기선과는 달리 철저한 주전파主戰派였다. 그는 아편수입을 금지할 것을 요구하면서 서구열강의 침략에 맞서 끝까지 싸울 것을 주장했다. 그는 서방의 문화와 과학 기술, 무역에 대해서는 비교적 개방적인 입장을 취하면서 서방의 장점을 배우고 학습할 것을 주장했지만 결코 서구열강의 무력침략만은 받아들일 수 없다고 생각하면서 맞서 싸웠다.

그러나 임칙서의 생각과는 달리 실제로 아편전쟁에서 청군이 패전하자 아편무역이 공개적으로 이루어지고 수입도 크게 증가하기 시작했다. 그리하여 1840년에 4만 상자였던 수입 물량이 1850년에는 5만 상자로 급증했고, 아편흡연자도 330여만 명에 이르렀으며, 매년 유출되는 백은白銀도 3천만 량에 달했다. 중국의 재부가 엄청나게 국외로 빠져나갔다.

청 왕조는 아편무역으로 인한 경제적 손실 뿐만 아니라 전쟁 배상금도 지불해야 했다. 이로 인해 국고는 나날이 고갈되었으며,

때문에 청 조정에서는 고갈된 국고를 보충하기 위해 세금을 과도하게 징수하고 있었다.

이 세금을 부담하는 사람들은 주로 농민들이었는데, 이 농민들은 경작 면적의 80% 이상을 차지하고 있는 지주와 관료 및 귀족의 소작농이어서 더 이상 세금을 부담할 수 없는 극한 상황에 처하게 되었다. 전 인구의 대다수를 차지하고 있는 농민들은 더 이상 견디기 어려운 처지에 놓이게 되어 기회만 있으면 폭발할 수밖에 없는 상황이었다.

이러한 문제에 불을 댕긴 것은 아편전쟁 후 10년이 되는 1851년 1월에 발생한 홍수전洪秀全의 반란이었다. 그는 광서성廣西省 계평현桂平縣 금전촌金田村에서 농민 위주로 구성된 태평군太平軍을 이끌고 혁명을 일으켰다. 그는 이상적인 태평천국을 세우자고 주장했다.

이러한 홍수전의 주장과 활동은 지주계급과 농민계급 간의 모순, 그리고 외국의 자본주의세력과 중국인민 간의 모순을 처절하게 목도하고 있는 농민들에게 새로운 살길로 보였다. 그리하여 홍수전의 태평군에는 대다수의 농민들이 들어갔고, 이들에 의해 진행된 태평천국운동은 폭발적으로 확장되었다.

그리하여 그 2년 뒤인 1853년 3월에 드디어 남경南京을 점령하고 그곳을 천경天京이라 불렀다. 중국남부의 중심지인 남경 뿐만 아니라, 더 나아가서 중국대륙의 17개 성을 장악하게 되었다. 근 300년 중국을 통치하던 청 왕조의 봉건통치는 큰 위협을 만났다.

이들은 양이에 패배한 원인을 만청 왕조의 무능에 두었으므로 일차적으로 한족의 왕조를 회복하여 권력을 한족에게로 찾아 와야 한다고 주장하게 된다. 따라서 이들 태평군은 반청복명反淸復明, 즉 황상제皇上帝를 신봉하고 만주족의 청 왕조에 반대하며 한족의 명나라를 다시 세우는 것을 정치강령으로 삼았다.

그리고 더 나아가서 중국역사에서 이상적으로 내세웠던 평균주의를 도입했다. 중국역사 속에는 이미 북위시절에 균전제均田制를 실시해 보고자 한 일이 있으며, 주대周代 정전제도井田制度 등에서 골고루 잘 사는 세상을 그리고 있었다.

즉 태평천국에서는 모든 토지와 재산은 천국소유天國所有로 하고, 평균주의의 분배원칙을 제시하여 농업사회주의의 실현을 표방하고 있었다. 그것이 실제로 실현되기를 바라는 농민들에게 태평천국에서 주장하는 평균주의는 이상의 현실화요, 꿈의 실현이었다. 태평천국운동은 실패하기는 했지만 아편전쟁의 패배로 나타난 민족감정, 즉 만주족에 대한 한족의 불만이 폭발한 것으로서, 한족중심주의의 민족사상이 구현된 것이었다.

종족 위에 국가가 있다

아편전쟁이 끝나고 다시 50여 년이 지난 후, 일찍이 서양문물을 받아들인 일본이 크게 성장하여 황해에서 청나라는 일본과 부딪쳤다. 이것이 1894년에 일어난 청일전쟁이다.

노대국 청나라는 비록 아편전쟁에서 서양에게 패배하긴 했지만 그 후 끊임없이 서양문물을 수입하고 서양병기로 무장하는 노력을 해 왔다. 그리하여 상당히 강한 서양식 해군을 보유하게 된 청

나라는 동양의 작은 섬나라 일본군만은 이길 수 있을 것이라고 생
각했다.

그러나 이 예상과는 달리 노대국 청 왕조의 해군은 신흥 일본해
군에게 패배했다. 청 왕조는 청일전쟁의 패배에 따른 충격을 추스
를 새도 없이 일본에 전쟁비용을 배상해야 했다.

청 왕조가 일본에 부담해야할 배상액은 2억3천만 량이었는데,
이 액수는 청 왕조의 1년 재정수입의 3배에 달했다. 전쟁배상금을
지불할 수 없는 청 왕조는 부득이 러시아와 프랑스, 그리고 영국
과 독일의 은행단으로부터 차관을 들여올 수밖에 없었다. 그 결과
이자를 포함한 청 왕조의 총 부채액은 7억 량에 달했으며, 이 액수
는 청 왕조로서는 감당할 수 없는 액수였다. 엄청난 충격이었다.

사실 그동안 중국인들에게 일본이란 대등한 이웃나라가 아니었
다. 중국인들은 일본을 단지 주변의 이족에 불과하다고 여기고 있
었다. 그렇게 깔보던 일본에게 패전국의 낙인이 찍힌 중국인의 심
정은 중국역사에서 겪었던 것 중 가장 커다란 충격일 수밖에 없었
다.

이러한 청 왕조가 처하게 된 처절한 상황은 점차로 세간에 알려
지기 시작했다. 중국 땅에 살고 있는 사람들의 입장에서 이제 조
정의 권력을 한인이 쥘 것이냐 만청이 쥘 것이냐의 문제는 한가한
소리였다. 중원 지역이 그동안 중원 지역에 살지 않던 양이, 가까
이 일본에 의해 지배될 수도 있다는 것을 실감했다. 중원 지역을
지배했던 왕조, 국가가 없어진다면 한족·만족의 갈등이란 무의미
하다는 것을 직시했다. 새로운 국면으로 들어가기 시작한 것이다.

그래서 중국의 지식인들은 청일전쟁에서 패배한 것을 교훈삼아

만족과 한족이 같이 중원 지역을 지켜 온 나라를 먼저 구해야 한다
는 애국운동을 전개하기 시작했다. 비록 위에서 아래로 향하는 하
향식의 대중운동이긴 했지만, 그것이 종족의 범위를 포괄하는 정
치 공동체로서의 국가를 상위 개념으로 하는 것이었다는 점에서
근대 민족주의를 향한 전환점이 되는 것이기도 했다.

양이와 만청을 함께 쓸어버리자

한편 서구열강의 중국진출에 분개하여 이를 효과적으로 대처하지
못한 만청 왕조도 못마땅하게 여기면서, 이에 대항하는 비밀결사
도 나타났다. 그것은 바로 애국의 성격을 지닌 의화단義和團이었
다.

　의화단은 원래 의화권義和拳, 대도회大刀會 등 민간 비밀결사의
기초 위에서 발전된 것인데, 산동성山東省과 직례성直隸省에 있는
민간 도장을 중심으로 수련활동을 하고 있었으며 오랜 역사를 가
지고 있었다. 그 도장 가운데는 백련교白蓮敎에 속하는 것도 있었
다.

　민간에서 시작된 의화권 도장은 무술훈련을 하는 도장이었다.
그런데 나라가 어려움에 처해 있을 때마다 무술을 수단으로 하여
이 수련을 받은 사람들을 중심으로 대중봉기가 일어나곤 했다. 바
로 이 무술단체는 대중과 관계를 맺고 있고 무술수련을 한다는 이
유에서 국가가 어려움에 처하고 그것이 외세에 의해 진행될 때마
다 자발적으로 구국을 내세우며 봉기의 주도적 역할을 하곤 했다.

예를 들면, 1774년(건륭 39년)에 산동성 백련교의 왕륜王倫은 의화권을 전파하는 방법으로 대중을 동원하여 임청臨淸에서 봉기를 일으켰으며, 1813년에는 백련교의 한 종파인 팔괘교八卦敎(千里敎)가 의화권, 매화권梅花拳, 홍권紅拳 등 무술을 전파하는 방법을 통해 대중을 동원하여 하남河南, 산동山東, 직례直隸 등 3개 성에서 봉기했다.

의화단 소속의 수련자들은 철저한 준비와 순서에 따라 진행되는 서구열강의 중국 침략을 직접 목도하면서 자연적으로 애국적 울분을 삼키었다. 서구세력은 먼저 선교사의 선교활동으로부터 시작하여 함포를 동원한 무력시위로 강제적 개항, 그리고 양질의 상품을 판매하여 중국대륙에서 자국의 정치이익과 경제이익을 보장하는 조치를 진행시켰다.

의화단은 이와 같은 서구열강의 침략이 점차 도를 넘어 청 왕조의 안위를 심각하게 위협하게 되자 '서양 오랑캐만을 타도하자'는 구호를 내걸고 전면에 나서기 시작했다. 사실 1889년까지만 해도 의화단은 중국의 어려운 현실의 책임은 청 왕조의 잘못이라고 생각하면서 청 왕조와는 대립적인 위치에 있었다. 그러나 서구세력이 강하게 나타나자 중국의 중심을 잡아 줄 현실적인 주체는 청 왕조라고 생각하게 되고, 방향을 바꾸어 그들의 타도 대상에서 청 왕조를 뺀 양이만으로 한정하게 되었던 것이다.

다시 말해서 의화단은 '중화를 지지하고 옹호하며 서양세력을 축출한다'라는 것을 정치사상의 핵심으로 삼았으며, 교회를 반대하고, 중국이 분할되는 것을 반대하며, 불평등조약을 반대한다는 것을 투쟁의 3대 목표로 삼았다.

그러나 1900년 8월 8일 8개국 연합군이 북경北京을 공격해옴에 따라 힘없는 청 왕조는 결국 신축조약辛丑條約을 체결하고 제국주의에 굴복했다. 그래도 반反서구 역량을 모을 중심으로 생각했던 청 왕조가 의화단 사람들의 기대를 완전히 벗어나자 의화단은 다시 청 왕조를 타도의 대상으로 삼기 시작했다.

그래서 의화단은 대외적으로는 제국주의의 침략에 반대하고 대내적으로는 봉건적 억압정치를 반대한다는 반제국주의·반봉건주의 투쟁목표를 확인하면서 이를 근거로 '청 왕조를 쓸어버리고 서양세력을 없애버리자'라는 구호를 외치기 시작했다.

요컨대, 의화단의 애국운동은 과거의 여타 애국운동과는 그 성격 면에서 완전히 다른 모습을 보여주고 있었다. 과거의 애국운동은 위에서 아래로 향하는, 다시 말해서 고위관료와 지식인들에 의해 주도된 것이었다. 그러나 의화단의 애국운동은 아래에서 위로 향한, 즉 중국의 일반대중이 주체가 되어 외세의 침략에 대항한 자발적이고 대중적 애국운동이었다는 점에서 보다 발전적이고 적극적인 것이었다.

애국이냐 애족이냐

아편전쟁을 전후하여 중국의 전통적 민족주의인 화하 중심의 문화종족주의가 쇠락하고 그 대신에 한족과 만주족 간의 종족갈등을 중심으로 한 정치적 종족주의가 나타났다.

그 후 청일전쟁에서 패배하면서 한족과 만주족 간의 갈등이 종식되고 고위관료와 지식인들이 주도하는 애국주의운동이 싹을 트기 시작했으며, 이러한 애국주의운동은 1900년에 발생한 의화단사건을 계기로 점차 농민대중이 중심이 되는 대중적 애국주의로 발전했다.

이와 같이 중국에 있어서 민족주의 형성과정은 역사적 관점에서 볼 때 중국의 전통적 천하주의와 만주족을 배척하는 종족주의 간의 방황기를 거쳐 국가주의로 발전하게 되는 추세를 보여주는 것이었다.

황제의 신하인 백성이라는 의미의 신민臣民과 대비되는 국민國民의 개념과 국가주의의 중요성을 강조하고 나선 것은 양계초였다. 그는 1873년 광동성廣東省 신회현新會縣의 다갱향茶坑鄕의 농촌 가정에서 태어났지만 청말의 혼란 상황을 직접 목도했다.

그는 중국의 앞날을 위해 많은 생각을 하면서 언론을 통한 계몽 활동을 전개한다. 그는 의화단사건이 발생한 이후인 1902년 반월간인 《신민총보新民叢報》를 발행하기 시작했으며, 음빙자飮氷子라는 필명으로 〈음빙실자유서飮氷室自由書〉를 발표했다. 그의 대표적인 글은 《신민총보》에 게재된 〈신민설新民說〉이다. 그는 이 글 속에서 중국 인민이 제국주의시대 황제의 신민臣民을 탈피하여 현대 국가의 국민으로 탈바꿈해야 한다고 주장하면서 중국인들의 각성을 촉구했다.

뿐만 아니라 그는 〈신민설〉 속에서 민주공화제는 지방 자치의 기초 위에 건립되는 것이고, 지방의 민주 자치는 새로운 국민의식을 기초로 하는 것이라고 하면서, 국가사상을 가지고 국가를 스스로 다스릴 수 있는 공민이 곧 '국민'이라는 점을 강조했다.

그러면서 그는 중국에 국가주의가 존재할 수 없었던 이유에 대해 다음과 같이 언급했다.

> "우리 지나인支那人(중국인)은 애국심이 없는 것이 아니다. 애국을 모르는 것은 국가가 있다는 것을 모르기 때문이다. 중국은 통일되어 수천 년을 이어오면서 독자적인 세력으로 군림해 왔기에 백성들은 우역禹域이라 불렀으며 이른바 천하天下로 여겼지 나라[國]로 부르지 않았다. 수천 년 동안 대등한 관계의 나라[國]와 접촉이 없었으며, 중국 이외에는 다른 나라[國]가 없었다."

양계초는 의화단사건을 계기로 중국인들의 천하개념의 허구를 간파하면서 중국이라는 국가에 소속한 만주족을 배척하는 한족중심주의는 소민족주의이며, 만주족을 옹호하면서 제국주의에 대항하는 것이야말로 대민족주의라고 주장했다. 동시에 그는 더 나아가 국가목표의 지고성至高性과 국가이성의 권위성을 추구하는 국민주의를 제창했다. 즉 만·한을 구별하지 않는 중국의 민족사상을 재정립한 것이다.

특히 그는 다음과 같이 말했다.

> "국민주의는 정치혁명의 출발점이며, 민족주의는 종족혁명의 출발점이다. 국민주의는 국가건설의 필요에서 나온 것이기 때문에 정치혁명론을 주장한다. 민족주의는 국가건설의 유지에 불필요하기 때문에 종족혁명을 배척한다."

이와 같이 양계초는 문화와 종족의 관점이 아닌 국가의 관점에서 출발하여 국가의식의 각성을 바탕으로 한족이나 만족으로 불리던 것을 이를 통합한 중국민족을 내세우면서 중국내에 존재하는 여러 종족들의 공동체적 자각을 유도하려고 노력했다.

따라서 민족공동체 속에는 한족, 묘족, 몽고족, 흉노족, 퉁구스족 등을 망라하고 이를 범황종泛黃種주의라는 용어를 사용하여 한족漢族만의 중국이 아니라는 뜻을 폈지만 여전히 한족 중심의 사고가 지배하고 있었다.

어쨌든 양계초의 국민주의는 이념적으로는 전통적인 천하주의를 포기하고 민족국가 의식을 형성하면서 제국주의에 대항하는 근대적 민족주의로 발전해 가는 가교역할을 했다는 점에서 높이 평가되고 있다.

물론, 양계초 못지않게 중국의 근대 민족주의 형성에 크게 영향을 미친 이가 있었는데 그가 바로 1869년 절강浙江의 여항餘杭에서 태어난 장병린章炳麟(1868~1936)이었다. 그러나 그는 양계초의 주장과는 달리 중국의 역사를 한족이 통치자가 되는 정통정치正統政治와 이족이 통치하는 이족통치異族統治로 구분했다. 그리고 이를 토대로 하여 중국은 반드시 한족의 중국이어야 한다고 하면서, 만주족이 만리장성을 넘어오는 순간부터 중국은 이미 멸망했다고 주장했다.

요컨대, 장병린은 대내적으로는 만주족의 억압적인 귀족통치를 반대하면서 만주족을 축출하는 혁명을 주장했으며, 대외적으로는 제국주의의 침략에 반대하고 민족의 완전한 독립을 쟁취할 것을 주장했는데, 그 순서로는 먼저 만주족을 배척하고 나중에 제국주의에 대항한다는 것이었다.

이와 달리 국족주의라는 용어를 들고 나온 사람이 있었다. 후에 신해혁명을 주도한 손문孫文(1866~1925)이었다. 손문은 1866년 광동성廣東省 광주부廣州府 향산현香山縣의 취형촌翠亨村에서 태어났다. 그의 원래 이름은 제상帝象과 문文 둘이었으며, 자字는 명덕明德이고, 호號는 일신日新이었으나 후일 일선逸仙으로 바꾸었다. 그리고 1897년 일본으로 망명하여 만청정부를 혁명하려고 활동을 하던 당시 신변 안전을 위해 중산中山이라는 가명을 사용했으며, 그 후로 중산선생으로 불리게 되었다.

손문은 자신의 민족주의를 국족國族주의라고 전제하면서 다음과 같이 지적했다.

> "중국에는 과거에 가족주의와 종족宗族주의가 있었으며, 국족國族주의는 없었다. 중국인은 종족관념이 강하고 종족을 위해 희생했으며, 국가를 위해 희생하는 정신은 매우 약했다. 때문에 중국인은 항상 흐트러진 모래알로 보였다."

여기서 말하는 국족을 역시 한족으로 본다면 한족중심주의의 국가를 상정한 것으로 보이지만, 사실 손문은 신해혁명 이후부터는 만주족을 배척해야 한다는 한족중심주의를 주장했던 기존의 입장을 바꾸어 한족, 만주족, 몽고족, 회족, 장족 등 5개 종족이 합쳐진 민족국가의 건설을 촉구했다. 한족중심주의가 현실에 부딪쳐서 국족의 범위를 넓힌 것으로 볼 수 있다.

그럼에도 불구하고 당시 제국주의의 본질에 대한 손문의 인식은 매우 부족한 것으로 보였다. 그는 제국주의를 단지 침략을 좋아하는 무인들이 추구하는 일종의 정책으로 보면서 제국주의가 중국을 침략하게 된 동기를 만주족의 청 왕조가 무능하고 부패했기 때문이라고 생각했다.

그렇기 때문에 그는 만주족의 청 왕조를 무너뜨리고 민주공화국을 건립하여 중국을 부강하게 만들면 다시는 제국주의의 억압을 받는 일은 없을 것이라고 믿었다. 뿐만 아니라 그는 서구열강이 오히려 중국의 혁명을 지지하고 지원할 것이라는 순진한 생각마저 가지고 있었다.

제국주의는 물러가라

청말의 양무운동, 변법운동을 거쳐서 결국 혁명을 통해 청 왕조를 전복시키고 새로운 정권을 창출해야 한다는 목표로 이룩한 것이 1911년 신해혁명이었다. 이로서 청 왕조는 몰락했고, 북양군벌을 지휘하여 새로 등장했던 원세개袁世凱(1856~1916)도 사망하자, 중국에서는 어느 누구도 헤게모니를 장악하지 못하는 상황이 발생했다.

혁명으로 청 왕조는 무너졌지만 이를 효과적으로 이끌어 갈 세력은 나타나지 못했고, 각 지역별로 군벌들이 나타났다. 이들은 각기 경쟁하면서 북경北京정부를 장악하고 있었고, 대륙의 남쪽에는 국민당의 광동廣東정부가 수립되어 정치적 혼란상황이 지속되고 있었다. 이러한 상황은 서구열강과 일본의 중국 침략을 가속화시키기에 적절한 유인誘因이었다.

특히 그 가운데 일본은 1884년의 청일淸日전쟁과 1905년의 노일露日전쟁에서 승리함으로써 이미 중국대륙의 동북 지역에서 상당한 권익을 확보한 상태였다.

그러한 일본은 1915년 1월, 당시 총통으로 있던 원세개에 압력을 넣어 중국정부로부터 〈21개조〉요구의 조인을 얻어냈다. 이로써 일본은 중국대륙을 식민지화하기 위한 여건을 차근차근 마련해가고 있었다.

[제1호 제1조] 독일정부가 산동성山東省에서 조약이나 또는 기타 관계에 근거하여 향유하고 있는 모든 권익을 일본정부가 넘겨받는 것을 중국정부가 인정한다.

[제2호 제2조] 중국정부는 일본국민이 남부 남만주南滿洲와 동부 내몽고內蒙古에서 조차권과 소유권을 행사하는 것을 인정하며, 해당 지역에서의 모든 영리활동은 사전에 일본정부의 동의를 얻어야 한다는 것을 인정한다.

[제4호 제1조] 중국의 중앙정부는 반드시 유력한 일본 인사를 초빙하여 정치와 재정 및 군사 분야의 고문으로 삼는다.

중국인들은 비록 이렇게 일본에게 침략을 받았지만, 세계정세로 볼 때에 제1차 세계대전이 끝나면 잃었던 영토도 되찾고 정치주권도 되돌려 받을 것이라는 기대에 부풀어 있었다. 그리하여 제1차 세계대전이 끝난 후인 1919년 1월에 개최된 파리평화회의에서 중국대표는 서구열강과 일본이 중국에서 강탈해 간 제반 권익을 되찾기 위해 다음과 같은 7개항의 요구조건을 제시했다.

① 중국에 설치된 세력범위를 포기한다.

② 중국에 주둔하고 있는 각국 군대를 철수시킨다.

③ 각국이 중국에서 경영하는 우편전신사업을 폐지한다.

④ 영사재판권을 철회한다.

⑤ 조차지租借地(그동안 조약에 의해 차용하고 있는 영토)를 반환한다.

⑥ 조계租界(조약에 의해 외국인이 거주와 영업을 하면서 치외법권을 누릴 수 있는 영토)를 반환한다.

⑦ 관세의 자주권을 인정한다.

그러나 파리평화회의는 힘을 갖지 못한 중국정부의 요구는 묵살한 채 전쟁 전에 독일이 중국에서 얻은 모든 권익을 그대로 일본에게 넘겨주기로 결정했다. 중국의 기대와는 사뭇 다른 결정이었다.

이러한 소식이 전해지자 북경대학을 중심으로 한 5천여 명의 학생들은 1919년 5월 4일 거리로 뛰쳐나와 평화조약에 조인하지 말 것을 요구했다. 동시에 원세개의 명령에 따라 1915년 외교부 차장으로서 정부를 대표하여 〈21개조〉요구에 조인한 조여림曹汝霖의 저택을 습격하는 등 대대적인 시위를 벌렸다.

5·4운동은 국제정치의 강권논리에 대한 중국인들의 반감이 폭발하여 발생한 민족운동의 성격을 띠고 있었다. 어찌 보면 5·4운동은 중국의 정치적 민족주의와 문화적 반전통주의가 복합적으로 결합되어 나타난 운동이기도 했다.

사실 제국주의는 중국에서 물러가라고 주장하는 5·4운동은 특히 아편전쟁 이후 계속된 제국주의의 침략을 더 이상 볼 수 없다는 중국인들의 마음이 폭발한 것이다.

　이 운동은 결국 한족과 만주족 사이에서 대립했던 정치적 종족주의를 거쳐서 서구열강의 침략으로부터 벗어나 민족국가를 건설하고자 하는 반제국주의의 근대적 의미를 지닌 민족주의로 발전하는 과정의 성격을 띠고 있었다.

자강운동과 민주주의

필요하면 우리법도를 따르라

사실 아편전쟁 이전까지만 해도 전통중국의 왕조는 전제 정치체제, 관료제도, 그리고 유가문화라는 3개의 기둥으로 통일왕조를 유지하면서 서양을 문화적으로 매우 낙후된 원방으로 여기었다. 그래서 만약에 이들이 중국과 통상을 원한다면 이른바 '천자天子가 다스리는 하늘의 왕조[天朝]인 중국의 법도를 따라야 한다'고 하는 관념 속에서 벗어나지 못하고 있었다.

때문에 중국의 천조天朝는 서양 오랑캐를 대할 때 은혜를 베풀고 위엄을 보여주는 것을 병행하여 운용함과 동시에 오랑캐를 이용하여 오랑캐를 제압한다는 이른바 이이제이以夷制夷 방법을 전가傳家의 보도寶刀로 여기고 있었다.

힘을 기르자, 군대를 현대화하자

그러나 아편전쟁에서 패배하자 중국인들이 그동안 가졌던 자존심은 여지없이 깨지고, 비로소 깊은 잠에서 깨어나 서양 오랑캐에 대한 기존의 인식이 잘못되었음을 깨닫기 시작했다. 그리고 나아가서 이를 계기로 점차 양이에게 또 침략을 받을 수 있다는 위기감을 갖게 되었다. 동시에 오랑캐의 침략으로부터 중국을 구하기 위해서는 자체의 힘을 길러야 한다는 생각을 갖기 시작했다.

이러한 위기의식을 배경으로 어떻게 대처할 것이냐의 각론에서는 여전히 그 출신의 입장에 따라서 방법을 달리 제시했다. 바로 만주족의 청 왕조를 보위하면서 나라를 부강하게 만들어야 한다는 자강파自强派(또는 洋務派)와 청 왕조를 무너뜨리고 한족의 나라를 세워 힘을 길러야 한다는 혁명파로 갈라졌다. 이들은 각기 자기들의 주장을 펼치면서 운동을 전개했다.

자강운동은 주로 청 왕조의 고급관리 및 지식인들이 주도했으며, 그 대표적인 인물로는 위원魏源, 문상文祥, 증국번曾國藩, 이홍장李鴻章, 좌종당左宗棠, 장계동張之洞, 왕도王韜, 정관응鄭觀應(1841~1923), 설복성薛福成(1838~1894) 등이 있었다. 이들과는 달리 청 왕조를 무너트리고 새로운 정부를 만들어야 한다는 혁명을 주장했던 대표적인 인물은 태평천국太平天國의 난亂을 일으켰던 홍수전洪秀全과 양수청楊秀清 등이었다.

이른바 자강운동이란 스스로 강한 국가를 만들자는 운동으로서 구체적으로는 서양 것을 배워야 한다는 주장이기 때문에 이를 양무운동이라고도 한다. 이 자강운동은 혁명파가 건립한 태평천국이 1864년 몰락할 때부터 시작되어, 1894년에 일어난 청일전쟁에서 청 왕조가 패배하면서 일단락되었다.

그리고 양무운동이 부정되고 그 대신에 나타나게 된 것이 바로 무술변법戊戌變法이었다. 여기서 무술이란 무술년, 즉 1898년을 말하는 것이며 변법이란 제도를 고친다는 의미로, 무술년에 중국의 전통적인 제도를 모두 고치려고 한 사건을 두고 붙인 말이다.

자강파는 오랑캐의 장점인 기기와 기술을 배워 오랑캐를 제압한다[師夷長技以制夷]는 논법, 그리고 서양보다 우월한 전통중국의 제도와 문화를 근본으로 삼고 중국보다 발전한 서양의 기기와 기술을 배워 쓴다는 중체서용론中體西用論을 그 이론적 기초로 삼고 있었다. 그 대표적 인물들이 주장하는 내용을 살펴보자.

'세계는 넓다'는 위원

위원魏源의 원래 이름은 위원달魏遠達인데, 1794년 호남湖南의 소양邵陽에서 태어나 뒤늦게 관리 생활을 시작했다. 그는 임칙서林則徐가 흠차대신欽差大臣이었을 때 서양의 《세계지리대전》을 번역하여 《사주지四洲志》라는 서명으로 출판하려다 중단된 자료를 넘겨받아 이를 보완함으로써 1843년 1월 양주揚州에서 《해국도지海國圖誌》를 출간했다.

그때까지만 해도 세계가 어떠한지 몰랐던 중국에 세계지리를 소개하여 세계는 중국보다도 더 넓다는 구체적 사실을 중국에 전달한 것이다. 그러므로 그는 당시의 누구보다도 국제정세에 밝은 사람이라고 할 수 있었다. 그는 《해국도지》속에서 단순하게 세계지리에 대한 사실만을 소개한 것이 아니고, 자신이 가진 군사지리

사상과 해방海防, 즉 해상방어의 중요성을 피력했다.

그동안 중국에서의 국방國防이란 북쪽의 오랑캐를 방어하는 변방방어를 주로 생각했으며, 그 위에 명·청 시대에는 해금海禁정책을 통해 바다에 대한 통제가 심했던 터라 해방이란 새로운 의미의 방어개념인 것이었다. 그는 세계지리에 대한 넓은 식견을 가졌으며, 특히 서양 오랑캐들이 바다를 통해 들어왔던 경험을 목도했던 까닭에 중국이 직면한 국방은 무엇보다도 해상방어가 중요하다는 점을 강조했다.

그는 중국의 해방海防능력을 강화하는 방법도 제시했다. 그는 이른바 '적의 장점인 기술을 배워 적을 제압한다'라는 이른바, 사이장기이제이론師夷長技以制夷論을 최초로 제기했다. 요컨대 '서방의 장기를 배우는 것[師夷]'을 수단으로 삼아 '오랑캐를 제압한다[制夷]'라는 목적을 달성한다는 것이었다.

뿐만 아니라 그는 서방의 장점으로서 전함, 막강한 화력을 가진 병기, 그리고 군사를 훈련시키고 양성하는 방법을 제시하면서 중국을 다시 일으켜 세우기 위해서는 서양이 가지고 있는 전함을 건조하고, 병기를 제조하며, 군사를 조련시키고 양성하는 방법을 이해하고 학습해야 한다는 점을 강조했다.

사실 아편전쟁이 일어날 당시만 해도 중국은 여전히 유가가 중시하는 중농주의의 영향으로 상업이 천시되는 농업국가로 있었다. 그러나 이때에 서양에서는 이미 산업혁명이 일어났고, 아울러 상업이 국가발전의 중요한 요소가 되고 있었으니, 중국과는 커다란 시각의 차이가 있었다.

그러나 당시 중국의 사대부와 유명 인사들은 서방의 능력을 여전히 경시하고 중국의 우월성을 과신하면서 청 왕조가 서방의 침략을 막아낼 수 있는 충분한 능력을 가지고 있다고 확신하고 있었다. 이들은 청 조정이 서방의 강압에 못 이겨 불평등조약을 체결하고 영토의 일부를 강탈당했지만 여전히 평화적으로 이 난국을 해결할 수 있다고 낙관하고 있었다.

그런데 서양세력의 침략을 경험하고 난 후인 1860년대부터 중국에서는 자강운동의 영향으로 상업의 중요성에 대한 인식이 확산되었다. 그리고 상업에 관한 토론인 '상전商戰'이 본격화되자 중국인들이 원래 가지고 있던 중농주의사상은 점차 뒷전으로 밀려나기 시작했다. 상전을 토론하기 시작했다는 것 자체만으로도 시대적 요구를 미리 선도했다는 점에서 여러가지의 중요한 역사적 의의가 있는 것이었다.

바로 이러한 중국인들의 전통적인 고정관념을 겨냥하여 제기된 것이 바로 상전론商戰論이었다. 대외무역이 발전하면 중국의 경제력과 군사력이 강화될 것이며, 부민강국의 목표가 달성될 때 비로소 영토의 회복도 가능하게 된다는 것이 상전론의 요지였다.

이와 같이 위원의 상전론은 제국주의에 대응하는 이성적인 대외정책이었으며, 대외무역을 발전시켜야 한다는 주장도 결국은 중국을 부강하게 만들어 제국주의의 압박에서 벗어나도록 한다는 데 그 목적이 있었다.

신식군대를 창설한 이홍장

이홍장李鴻章은 본명이 장동章桐이며 1823년 안휘성安徽省의 합비合肥에서 태어났다. 그는 청 왕조 말기 회군淮軍의 창설자이며 양무운동의 주요한 제창자의 한 사람인데, 그는 정치가와 외교가로서 25년 동안 직례直隸 총독 겸 북양통상대신北洋通商大臣으로 활동했다.

그는 서구열강과의 오랜 접촉을 통해 비교적 일찍 중국을 살리는 길은 오직 서방의 군사기술을 배우는 것뿐이라고 생각했으며, 그 결과 그는 위원의 '적의 장점인 기술을 배워 적을 제압한다[師夷長技以制夷論]'라는 이론에 근거하여 양무운동을 본격적으로 전개했다. 그는 회군 건설을 시발점으로 하여 군사공업을 발전시켰으며, 서구식 전함을 건조하고 병기창을 건설하여 각종 병기를 제조했다.

뿐만 아니라 그는 위원의 상전商戰사상을 계승하고 발전시켜 해군기지를 건설하고 북양함대를 창설했다. 다만 그는 서구열강에 둘러싸인 상황하에서 양무운동을 성공적으로 전개하기 위해서는 평화와 안정이 필수적이라고 여겼기 때문에 열강과의 협력이 무엇보다도 중요하다고 생각했다.

물론 그가 서양으로부터 배워야 한다고 주장한 것은 어디까지나 서양의 군사기술이었으며 결코 그 사상이나 제도가 아니었다. 그는 1865년 중학中學, 중국의 학문을 근본으로 삼고 서학西學, 서양의 학문을 활용한다는 중체서용론中體西用論을 분명하게 주장했다. 여기서 중학이란 군주전제제도를 옹호하는 삼강오상三綱五常*

---

* 삼강오상(三綱五常)은 사람이 지켜야 할 도리로 유교의 기본이 되는 삼강과 오상이다. 삼강은 임금과 신하, 어버이와 자식, 남편과 아내 사이에 마땅히 지켜야 할 도리를 말한다. 이 것을 군위신강(君爲臣綱)·부위자강(父爲子綱)·부위부강(夫爲婦綱)이다. 오상은 인의예지신(仁義禮智信)이다.

의 유가문화를 의미하는 것이고, 서학이란 서방의 문물과 기기, 특히 군함과 대포를 만드는 기술을 가리키는 것이었다.

중체서용론의 장지동

장지동張之洞은 호가 일공壹公이며 1837년 직례直隸의 남피南皮에서 태어났다. 그는 자희慈禧태후가 상군湘軍과 회군淮軍을 견제하기 위해 키워놓은 인물로서 청 왕조를 옹호하는 파벌인 이른바 청류파淸流派의 핵심인물이었다.

그는 일생동안 청 왕조의 권력핵심부에 위치하고 있으면서 강유위와 양계초를 대표로 하는 급진적 개혁파와는 다른 노선을 걷고 있었으며, 특히 혁명파에 대해서는 강압적인 자세를 유지하고 있었다.

그는 후일 자강파의 대표적인 인물이 되어 교육과 치안을 중시하면서 중국의 근대 경찰제도 개혁을 주도함으로써 청 왕조의 교육사업과 사회발전에 크게 기여했다. 어쨌든 중체서용론을 한 단계 더 발전시킨 것은 바로 장지동이었다.

1870년대에 이르러 일부 개혁파들은 서방의 의회제도 도입을 신중하게 검토할 필요가 있다고 주장했으며, 그 후 1890년대에 이르러 이러한 주장은 입헌군주제로 발전했다. 이들 개혁파는 중국의 봉건통치와 유가문화를 공고히 하기 위한 일종의 수단으로 서양의 문물을 배우고자 한 자강파를 공격하면서 서방을 배우려면 중국의 정치제도부터 개혁해야만 근본[體]과 수단[用]을 일치시킬 수 있다고 주장했다. 이는 서방의 기술을 배우는 것은 서방의 정치제도를 채택할 때 비로소 제대로 배울 수 있게 된다는 것이었다.

그러나 장지동은 개혁파의 이러한 주장에 대해 중국의 군주전제제도를 옹호하면서 거듭 중체서용론을 제기했다. 그는 동양과 서양의 충돌을 정치가 아닌 종족과 문화의 관점에서 접근하면서 '국가를 보위하고 유교를 보위하며 중화민족을 보위한다[保國家, 保聖敎, 保華種]'라는 구국목표를 설정했다.

그는 중학中學을 공자학孔子學으로 이해하면서 공자학의 3개념인 천명天命, 삼강三綱(君爲臣綱, 父爲子綱, 夫爲妻綱), 군주제도 등 3가지는 서로 밀접하게 연계되어 있는 것이며, 천天이 영구한 것이듯 3강도 영구한 것이기 때문에 군주제도 역시 영구한 것이라는 논리를 전개했다.

이와 같이 장지동은 중국의 지배이데올로기인 유가사상, 그리고 그 지배이데올로기의 구체적 표출형태인 군주전제제도와 관료제도는 결코 개혁의 대상이 될 수 없으며 오히려 더욱 공고히 해야 하는 근본임을 강조했다.

그밖에도 도道는 변하지 않는 것이고 기器는 변하는 것인데, 중국문화의 장점은 도道이고 서양문화의 장점은 기器라고 하면서 이를 결합한 도기론道器論을 주창한 설복성薛福成이 있었으며, 중학中學을 몸통과 근본으로 삼고 서학西學을 사지와 가지로 삼아 병용해야 한다[君子而時中論]고 주장한 정관응鄭觀應이 있었다.

사실 자강운동은 중국이 서구화를 통해 자체의 군사력을 건설하는 것에 초점이 맞추어진 군사현대화였다. 그리고 군사현대화를 목표로 하여 1865년에 병기공장인 강남제조총국江南製造總局이, 그리고 1866년에 복주선정국福州船政局이 설치되었던 것이다.

요컨대, 아편전쟁 이후 중국의 지식인들은 서구열강이 부강한 이유는 바로 중국보다 월등히 강한 군함과 대포를 가지고 있기 때문이라고 생각했으며, 오직 막강한 화력을 가진 대포와 군함을 만들 수 있는 기술만 확보하면 문제는 쉽게 해결되리라 믿었다.

그래서 자강파는 대내적으로는 농민운동을 탄압하고 대외적으로는 서구열강에 의존하면서 오직 군사공업을 발전시키는 데만 전념했다. 그래서 현대화된 군대로서 상군湘軍과 회군淮軍이 시차를 두고 각각 출현하게 되었다.

그러나 청 왕조의 관리나 지식인들은 서방의 기술과 무기를 이용하여 중국의 군사력을 강화하는 것에만 힘을 썼지, 서방의 가치와 문화를 배우려는 의사는 전혀 없었다. 더더욱 서방의 정치제도에 관해서는 관심조차 가지고 있지 않았다. 다시 말해서 사상과 문화의 해방을 전제로 한 정치의 현대화가 무시되고 오직 군사의 현대화만 강조되었던 것이다.

개혁이냐 혁명이냐

그러나 다른 한편으로는 청일전쟁에서 패배한 이후 군사현대화 위주의 자강운동으로는 더 이상 위기에 빠진 중국을 구해낼 수 없다고 주장한 이가 있었으니 그가 바로 왕도王韜였다.

왕도는 원명이 왕리빈王利賓이며 1828년 강소성 장주長州의 보리촌甫里村에서 태어났으며, 후일 홍콩에 20여 년 동안 머물면서 서방 문물을 많이 접촉했다.

그는 특히 자신의 저술인 《변법變法》속에서 중국이 선택할 수 있는 변법의 방법으로서 인사제도의 개혁[取士], 군사훈련과 간부 양성의 개혁[練兵], 교육개혁[學校], 그리고 법률제도의 개혁[律制] 을 제시했다.

뿐만 아니라 그는 중국의 근본문제가 결코 군함과 대포가 부족한 것에 있는 것이 아니고 정치에 있다는 점을 강조했다. 그는 유럽의 정치제도인 군주제, 민주제, 군민공주제 등 3종류 중에서 군민공주제가 중국의 현실에 부합된다고 주장했다.

그에 의하면, 오스트리아, 프러시아, 러시아의 정치제도인 군주제는 국가 원수가 임금[帝]으로서 반드시 요堯 임금과 순舜 임금처럼 해야만 국가가 오래오래 안정을 유지할 수 있게 된다는 것이었다. 그리고 민주제는 프랑스, 스위스, 미국 등의 정치제도로서 국가의 원수가 '통령統領'으로서 법제가 완비되고 의견의 다양성이 인정되어야 그 폐단이 최소화될 수 있다는 것이었다.

군주제와 민주제 이외에도 군민공주제가 있는데, 영국, 이태리, 스페인 등의 정치제도로서 군주가 원하고 백성이 원하지 않으면 행할 수 없고, 백성이 원하고 군주가 원하지 않아도 행할 수 없으며, 오직 군주와 백성이 모두 바라는 것이어야만 행할 수 있어 중국의 현실에 부합된다는 것이었다.

왕도는 영국, 프랑스 등을 순방하면서 서구의 자본주의 사상에 많은 영향을 받아 중국에서도 자본주의 상공업을 발전시켜야 한다고 주장했다. 그는 상업을 국가의 기초로 삼아야 하며, 상업으로 이룩한 부가 국가의 진정한 부라는 것을 역설하면서 광업과 공업을 발전시켜 재정 수입을 늘려야 한다고 주장했다.

왕도의 이러한 정치민주화 요구가 그 진가를 발휘하게 된 것은 청일전쟁에서 청 왕조가 패배하고 나서부터였다. 1894년에 발생한 청일전쟁에서 패배한 청 왕조는 마관馬關조약에 따라 그해 재정수입의 3배에 달하는 액수인 2억3천만 량을 배상해야만 했다. 그러나 국고가 텅 빈 청 왕조는 할 수 없이 서유럽 은행 및 러시아 은행들로부터 차관을 얻어 갚아야 했으며, 이로 인해 총부채가 이자를 합쳐 7억 량에 이르게 되었다.

이와 같이 청 왕조가 파탄의 위기에 몰린 상황하에서 중국의 지식인들은 무기의 현대화만을 강구하는 자강운동이 서구열강에 대응하는 데 한계가 있음을 스스로 인정했다. 중국인들에게 청일전쟁의 패배는 중국이 필요로 하는 것은 정치와 문화 및 사회의 현대화이며, 중국의 전통적 가치와 제도가 오히려 현대화를 가로막는 장애요소로 변질되었음을 자각했다.

때문에 정치의 현대화 요구가 점차 분출되기 시작했으며, 그 방법론을 놓고 두 갈래로 갈라지기 시작했다. 하나는 강유위와 양계초가 이끄는 유신파였으며, 다른 하나는 손문이 이끄는 혁명파였다.

강유위가 이끄는 유신파는 위로부터 아래로 향하는 개혁을 통해 입헌군주제를 실시할 것을 주장했으며, 이에 반해 손문의 혁명파는 혁명에 의해 청 왕조를 무너뜨리고 민주공화제를 실행해야 한다고 주장했다. 결국 논쟁의 초점은 황권을 지키느냐 아니면 혁명이냐 하는 것에 있었다.

강유위와 양계초 및 담사동譚嗣同 등 유신파는 중국이 쇠약해진 것이 결코 청 왕조의 전제통치에서 비롯된 것이 아니며 모든 중국인이 부패하고 타락했기 때문이라고 주장했다.

그래서 이들은 중국인이 공덕심이 부족하고 국가 관념이 없으며 자치능력도 없고 진취적이지도 못하다는 점을 지적했다. 그리고 이러한 약점을 극복하기 위해서는 국민혁명을 통해 국민의 의식구조를 개혁해야 한다고 역설했으며, 결코 청 왕조를 무너뜨리는 혁명을 해서는 안 된다고 주장했다.

이들은 혁명을 하게 되면 내란이 일어나고 중국대륙이 분할되며 결국에는 망국의 길로 들어서게 된다는 논리를 전개하면서 농민혁명을 억제함과 동시에 유신변법을 추진해야 한다고 주장했다. 요컨대, 유신파는 입헌군주제를 통해 청 왕조의 통치를 유지하려고 했던 데 반해서 혁명파는 혁명을 통해 전제통치를 무너뜨리고 민주공화제를 수립하려 했다는 점에서 근본적인 차이가 있었다.

그러나 중국의 역사에서 여러 번 나타났듯이 개혁이 혁명보다 훨씬 어렵다는 교훈이 다시 한 번 입증된 것이 유신파의 변법운동이었다. 물론, 강유위의 변법운동이 청 왕조의 존속을 보장한다는 전제로부터 출발하긴 했지만, 청 왕조의 정치체제 개혁을 목표로 하고 있었다는 점에서 이율배반적인 성격을 지니고 있었기에 수구세력의 저항을 사전에 고려해야만 했었다.

어쨌든 변법운동이 정치의 현대화를 목표로 삼고 있었다는 점에서 군사개혁 위주로 추진되었던 자강운동에서 크게 진일보한 것이긴 했지만 개혁의 한계성을 넘어서지는 못했던 것이다.

혁명의 성공이냐 후퇴냐

손문이 이끄는 혁명파는 자강운동과 같이 청 왕조의 관리가 주도한 군사공업 위주의 현대화나 또는 만청 왕조를 옹호하면서 오직 입헌군주제를 실시한다는 정치체제의 개혁이 아니라 대중혁명을 통해 봉건적인 만청정부를 무너뜨리고 한족 중심의 민주공화제를 실행함으로써 부민강국의 중화민국을 건설하는 것을 목표로 삼고 있었다.

그래서 손문은 만주족의 청 왕조를 타도하고 한족의 근대국가를 건설함으로써 외세의 침략을 물리친다는 민족주의, 전제군주 제도를 타파하고 민주공화제의 오권헌법五權憲法을 실행함으로써 국민의 권리를 보장하는 민권주의, 그리고 봉건적 경제제도를 개혁하여 토지소유의 균등화를 보장하는 평균지권平均地權과 자신의 밭을 가지고 농사를 짓는다[耕者有其田]는 원칙 아래 공정한 배분원칙을 도입함으로써 민생을 보장하는 민생주의, 바로 이들 3가지를 핵심으로 하는 삼민주의를 제창했다.

신해辛亥혁명의 성공으로 손문이 영도하는 중화민국이 탄생했으나 손문의 민주공화제를 반대하면서 황권제도의 부활을 노리는 두 갈래의 역류가 있었다. 하나는 강유위를 대표로 하는 보황파保皇派였으며, 다른 하나는 막강한 군사력을 가지고 있는 원세개였다.

강유위는 원래 유신파였으나 무술변법이 실패한 후로는 황제를 보위해야 한다는 보황파가 되었고, 다시 신해혁명 이후에는 손문의 민주공화제를 반대하면서 입헌군주제를 주장하고 나섰다.

그러나 양계초는 초기에는 입헌군주제를 주장했으나 후일 입장을 바꾸어 강유위와 필전筆戰을 벌리면서 민주공화제의 수립을 강조했다. 그 후 그는 미국의 민주공화제가 중국의 실정에 맞지 않는다고 하면서 중국에는 영국과 같은 입헌군주제가 적합하다는 입장으로 돌아섰다.

한편 원세개는 강유위가 황제 복위운동을 전개하고 중화민국을 반대하는 것에 상관하지 않았으며, 일본과 영국 및 미국 등은 중국이 입헌군주제를 취하기를 은근히 바라고 있었다.

서양 것을 도입하자

비록 5·4운동의 열정이 서구열강과 일본의 거대한 힘의 장벽을 넘어서지 못한 채 일단락되긴 했지만, 그것이 중국인들에게 미친 정신적 영향은 지대한 것이었다.

다시 말해서 5·4운동은 제국주의에 대항하는 민족주의적 성격 이외에도 중국의 전통문화가 외세에 대응할 수 있는 능력을 상실하게 됨에 따라 전통문화에 대한 회의가 나타난 사건이었다. 그 대신에 서방의 기술과 문화에 대한 인식에 변화가 일어났고, '서체서용론西體西用論'이 나타나면서 '중체서용론中體西用論'보다 힘을 얻게 되었다. 이 과정에서 외부로부터 온 자극이 기폭제가 되어 발생한 운동이었던 것이다.

앞에서도 언급되었듯이 중국인들은 5·4운동을 통해 외세에 대항할 수 있는 능력을 이미 상실한 중국의 전통문화를 지키려고 안

간힘을 쓰고 있던 중체서용론의 실효성에 의문을 제기하기 시작했다. 이와 동시에 중국인들에게 서방의 기술과 문화에 대한 인식의 변화가 나타나기 시작하면서 점차 문화적 반전통주의가 중국 사회 전반을 지배하기 시작했다.

결국 문화적 반전통주의는 그간의 중체서용론을 부정하고 새로운 서체서용론의 출현을 촉진시키는 구동력으로 작용했다. 이와 같이 문화적 반전통주의는 새로운 문화와 사상을 요구하도록 했으며, 중국의 지식인들이 새로운 중국의 건설과 새로운 문화의 건설이라는 시대적 사명을 짊어지도록 재촉했다.

새로운 문화를 건설하자

5·4운동 이후 나타나기 시작한, 즉 유럽의 문예부흥이나 계몽운동과 같은 일종의 사상혁명으로서 일기 시작한 신문화운동은 결코 우연히 일어난 것이 아니며 그 사상적 뿌리를 가지고 있는 것이었다.

신문화운동은 무술변법 이래 꾸준히 발전해 온 민주사상, 신해혁명 이후 태동하기 시작한 반봉건문화, 그리고 새로운 국가를 건설하기 위한 방법을 모색하는 과정에서 나온 많은 선진적 사상가들의 지혜가 복합적으로 결합되어 형성된 것이었다.

그간 중국의 관리와 지식인들은 무술변법과 신해혁명을 발동했지만 봉건적 문화사상을 전면적으로 반대하는 계몽운동은 전개하지 않았다. 예를 들면, 유신파는 변법운동을 전개할 때 서방 자본계급의 사회정치학설을 언급하면서도 봉건적 문화사상에 대해서도 타협적인 입장을 취했다. 그리고 혁명파 역시 신해혁명을 준비할 때 청 왕조의 통치를 반대하면서 민주공화제를 주장했지만 결코 전통적 사상인 유가문화를 반대하지 않았다.

그러나 진독수陳獨秀와 이대쇠李大釗 등으로 대표되는 급진적 민주주의자들은 신해혁명으로 청 왕조가 무너졌음에도 불구하고 민주공화국을 제대로 세우지 못한 것은 새로운 사상과 새로운 도덕을 제창하지 않았기 때문으로 보면서 민주공화제를 위해 신문화운동을 전개했다.

진독수는 원명이 건생乾生으로서 1879년 안휘성安徽省 회령현懷寧縣의 십리포十里鋪에서 태어났다. 그는 1915년 상해上海에서 신문화운동의 상징인 〈신청년〉 잡지를 창간했다. 원래는 잡지명이 〈청년〉이었는데 1916년 9월에 발간된 제2권 제1호부터 그 명칭이 〈신청년〉으로 바뀐 것이었다.

신문화운동은 '민주'와 '과학'의 2개 구호를 내걸었으며, 그 주요한 내용은 다음과 같다.

> 첫째로 민주를 요구하며 봉건을 반대하는 것으로서, 즉 봉건적 전제정치를 반대하고, 봉건적 예교와 봉건적 도덕을 반대한다는 것이었으며, 둘째로 과학을 선전하고, 봉건적 미신을 반대하고, 우상숭배를 반대하며, 새로운 문학을 제창하고 낡은 문학을 반대하며, 백화문을 제창하고 문언문을 반대하는 문학혁명을 전개하는 것이었다.

5·4운동의 중심과제가 된 과학과 민주는 일찍이 1898년 다윈

의 〈진화론〉을 소개한 책자인 엄복嚴復의 《천연론天演論》 속에서 처음으로 소개되었다. 엄복은 그 책 속에서 서방국가가 부강하게 된 근본원인으로 과학과 민주를 지적했다. 그는 서방국가가 학술에서는 가짜를 버리고 진짜를 숭상하며, 형법에 있어서는 사私를 버리고 공公을 위한다고 했다. 다시 말해서 이는 학문에서는 미신을 반대하고 과학과 진리를 숭상하며, 정치에 있어서는 독재를 반대하고 민주를 제창한다는 것을 의미한다.

특히 5·4운동을 계기로 제기된 '민주' 문제는 일종의 사회사조로서 무술변법을 통해 구체화되기 시작했다. 강유위는 "황상에게 러시아의 피터 대제와 같은 마음가짐을 가지며, 일본의 메이지明治와 같이 정치를 할 것"을 제언하면서 일본과 러시아를 모델로 삼아 입헌군주제를 실시할 것을 주장했다. 그리고 엄복은 영국을 모델로 삼아 입헌군주제를 실시할 것을 주장하기도 했으며, 손문은 이들과는 달리 미국을 모델로 삼아 연방정부를 구성하고 민주공화제를 수립할 것을 주장했다.

한편 진독수를 대표로 하는 급진적 민주주의자들은 민주의 근원지이며 시민혁명의 출발지인 프랑스를 모델로 삼아 민주공화국을 수립할 것을 주장했다. 이들은 1917년 2월의 러시아혁명 자본계급의 민주주의혁명이 중국인민을 각성시키고 중국이 자본계급 민주공화국을 실현하는데 도움이 되기를 바랐다.

뿐만 아니라 급진적 민주주의자들은 민주를 위해 봉건적 전제통치의 이론을 부정하면서 그 비판의 화살을 유가학설과 삼강오상三綱五常 등 봉건적 예교禮敎로 돌렸다.

그러나 당시의 전통문화에 대한 비판과 새로운 사상 및 문화에

대한 욕구는 중국의 사회경제적 조건의 변화에 영향을 받아 나타
난 것이 아니었다. 또한 중국의 역사적 발전과정에서 나타난 것도
아니었으며, 오직 서구의 사상과 문화가 중국에 유입되었기 때문
에 나타났던 것이었다.

백색이냐 적색이냐

이미 앞에서 언급되었듯이 당시 중국사회의 정치경제적 조건에
조응하지 않았던 중국 지식인들의 백가쟁명百家爭鳴*식 사조는 뿌
리가 없는 것이었다. 결국 서방으로부터 유입된 사상과 문화가 반
전통주의로 인해 무너진 중국인들의 사상적 공백을 채워주는 일
만 남아 있었다.

　다시 말해서 중국의 전반적인 서구화는 구미 자본주의의 사상
과 문물을 받아들이는 '백색 서구화[白色西化]'의 길과 러시아의 공
산주의를 받아들이는 '적색 서구화[紅色西化]'의 길이 있었는데 이
들 중에서 하나를 선택해야 하는 기로에 서 있었던 것이다. 백색
이냐 적색이냐 이것이 문제였다.

　그런데 '백색 서구화'에 직접적인 영향을 미칠 수 있는 변수가
나타났다. 중국인들이 정치이데올로기를 선택하는데 있어서 결정
적 영향을 미친 것은 바로 1919년에 개최된 파리평화회의에서 서

---

* 백가쟁명(百家爭鳴)은 수많은 학자나 학파가 자신들의 사상을 자유로이 논쟁하는 것을 말
　한다.

구열강이 보여준 권력정치의 야합이었다.

중국인들은 중국문제와 관련하여 보여준 파리평화회의의 결정을 보면서 구미 자본주의사회의 사상과 도덕에 대해 회의를 느끼기 시작했으며, 심지어 적개심까지 갖게 되었다.

뿐만 아니라 중국인들은 자본주의를 비판하는 사회주의는 곧 자본제국주의를 반대하는 지도원칙이며, 약소민족은 사회주의를 제국주의에 반대하는 무기로 사용할 수 있다는 생각을 갖기 시작했다. 게다가 그들은 국제정치의 강권논리를 이해하기 시작하면서 서구열강을 불신하고 자본주의국가의 사상과 제도마저 부정하기 시작했다.

이와 같이 사회주의를 향한 '적색 서구화'가 중국이 걸어 가야 할 필수적인 길로 인식되기 시작했다. 다만 사회주의를 중국에 어떻게 접목시키느냐 하는 문제를 놓고 이견을 좁혀가는 과제만이 남게 되었다.

당시 중국의 지식인들이 '적색 서구화'의 방법론을 놓고 벌린 논쟁과정에서 나타난 사회주의에 대한 선호도는 듀이John Dewey와 러셀Bertrand Russell의 강연을 통해서도 잘 나타나고 있었다.

원명이 사미嗣糜로서 1891년 안휘성安徽省 적계績溪 상장촌上莊村에서 태어났으며, 당시 신문화운동을 이끌고 있었던 호적胡適의 초청으로 1919년 5월 1일 중국을 방문하여 2년 2개월 간 체류했던 듀이는 〈중국에서의 민주주의와 개인주의의 발전문제〉라는 제목을 가지고 강연을 했다.

듀이는 연설을 통해 다음과 같은 취지의 의견을 개진했다.

첫째, 중국은 개인주의의 전통이 없기 때문에 정부가 개인의 자유를 보장해줌으로써 민주화를 이룩해야 한다.

둘째, 대중교육을 통해 모든 사람에게 평등한 기회를 제공한다.

셋째, 지식의 전문화를 통해 중국문제를 해결해야 한다.

뿐만 아니라 그는 봉건제도하에서 국가가 주도하는 경제제도는 개인의 창조성을 말살시킬 뿐만 아니라 국가의 경제조직이 소수의 특권계급에 의해 장악될 것이기 때문에 마르크스주의는 중국에 적합하지 않다는 점도 곁들여 지적했다. 그러나 그는 중국이 처해 있는 제반 문제를 해결하기 위해서는 민족이 독립되지 않고 경제가 발달하지 않고 정치도 부패한 특성을 고려하여 일반적 의미의 사회주의를 선택하는 길 밖에 없다고 했다.

한편, 양계초의 초청으로 1920년 가을 중국을 방문하여 약 1년 동안 체류했던 러셀은 공업을 발전시키는 데 있어서는 자본가가 통제하는 방법, 국가가 통제하는 방법, 그리고 노동자가 통제하는 방법 등 3가지가 있지만 중국의 경우에는 국가가 통제하는 방법을 선택하는 것이 효율적이라고 했다.

뿐만 아니라 그는 러시아식의 공산주의가 구미에서는 적용될 수 없지만, 경제는 낙후되었지만 문화가 낙후되지 않은 중국에서는 고도생산이 최우선적 과제이므로 러시아식 공산주의를 대폭적으로 수정한 '국가사회주의'를 적용할 수도 있다고 했다.

요컨대, 듀이나 러셀 모두 중국에 적용할 수 있는 것은 자본주의가 아니라 공산주의임을 분명하게 제시했는데, 이들이 제시한 '공산주의'는 러시아의 볼셰비키주의가 아니라 일반적 의미의 '국가사회주의'를 의미하는 것이었다.

제2장
정당의 출현과 군벌정치

손문의 혁명활동과 중국국민당

대중의 권리와 생존을 보장하자

중국대륙에서 봉건 왕조를 몰락시키고 이른바 민주국가인 중화민국의 출현을 가져다 주었던 신해혁명을 이끈 사람은 손문孫文(1866~1925)이었다. 그는 1894년에 조직한 흥중회興中會를 모체로 하여 1895년 혁명군을 조직했고, 즉각 그 혁명군을 동원하여 청 왕조를 타도할 목적으로 광주廣州에서 무장봉기를 일으켰다. 그러나 이 무장봉기는 실패로 끝났으며, 그 후에 그는 청 왕조 관리의 끈질긴 추적을 따돌리면서 해외에서 망명생활을 계속하고 있었다.

손문은 일찍이 만주족의 청 왕조를 타도하고 한족의 근대국가를 건설함으로써 외세의 침략을 물리쳐야 한다고 생각했다. 이를 위해 그는 이른바 삼민주의를 제창했다. 앞에서도 이미 언급되었듯이 삼민주의란 민족주의·민권주의·민생주의를 말하는데, 첫째, 민족주의란 만주족의 청나라를 몰아내고 중국인의 중국을 건설한다는 것이고, 둘째, 민권주의란 국민의 권리 보호를 위해 전제 군주국에서 벗어나 공화국을 건설한다는 것이며, 셋째, 민생주의란 국민들이 평등하게 복지를 누리게 하며 국민 생활을 안정시킨다는 것이었다.

그는 이를 위해 국가의 권력을 다섯으로 나누는 오권헌법五權憲法을 기본으로 한 민주공화제를 건설하자고 했다. 황제가 독점했던 국가의 권력을 다섯으로 나눈다는 것이다. 이는 입법권, 사법권, 행정권, 고시권考試權, 감찰권監察權으로 이를 위해 각기 독립기관을 만들어 상호 견제하게 한다는 것이었다. 이는 일반적인 민주국가에서 채택하는 입법, 행정, 사법권을 나누는 삼권분립에 고시와 감찰을 독립적으로 두자는 내용이었다.

이는 결국 전제군주제도를 타파하고 민주공화제를 도입함으로써 국민의 권리를 보장하고, 봉건적 경제제도를 개혁하여 토지소유의 균등화를 보장하는 평균지권平均地權과 자신의 밭을 가지고 농사를 짓는다[耕者有其田]는 원칙하에 공정한 배분원칙을 도입하여 민생을 보장하자는 것이었다. 이는 황제전제국가에서 찾을 수 없는 혁명적인 주장이었다.

뿐만 아니라 손문이 이끄는 혁명파는 한족의 민족적 자각에 바탕을 둔 광범위한 대중운동을 통해서 부패하고 무능하며 낡은 청왕조의 정치체제를 전복시키고 민주공화제를 도입하여 근대국가의 정치체제를 갖추게 되면 얼마든지 외세의 침탈로부터 중국을 구출해 낼 수 있다고 믿었다.

요컨대, 그가 영도하는 혁명파는 근대적인 민족주의 시민혁명을 통해 봉건왕조를 무너뜨리고 삼민주의의 중국을 실현한다는 기본노선을 견지하고 있었다.

반만 성공한 혁명

망명생활을 하던 손문에게 혁명에 대한 희망의 불씨를 제공해 준 것은 무창武昌에서 일어난 무장봉기였다. 이것이 바로 신해혁명辛亥革命의 불씨였으며, 이 불씨가 청 왕조의 몰락을 앞당기는 도화선이 되리라고는 그 누구도 예상하지 못했었다.

이 혁명은 1909년 서구열강으로부터 차관을 도입하여 호북湖北과 호남湖南 지역에 철도를 부설하려는 청 왕조의 철도국유화 계획이 알려지면서 이에 격분한 지방세력과 군인, 그리고 동맹회同盟會를 중심으로 한 혁명파가 중심이 되어 1911년 10월 10일 호북성의 성도인 무창武昌에서 봉기를 일으킨 사건으로 시작되었다. 이를 발화점으로 하여 청 왕조를 타도하자는 혁명운동이 삽시간에 전국으로 퍼져나갔으며, 한 달도 채 안되어 중국대륙의 성省 70%가 독립을 선언하기에 이르렀다.

이 과정을 통해 청 왕조는 붕괴되었고, 남경南京에서 열린 각 성의 대표자회의는 중화민국임시정부조직대강을 채택했으며, 미국에서 군자금을 마련하고 있다가 1911년 12월 25일 유럽을 거쳐 상해上海로 돌아온 손문을 그 다음 해인 1912년 1월 1일 임시 대총통으로 추대했다. 1911년은 신해년이기 때문에 이를 신해혁명이라고 부르며, 대총통으로 추대된 손문은 성공한 혁명의 결과물인 것이었다.

　이어서 남경에서 중화민국임시정부가 수립되고 손문이 정식으로 대총통직에 취임한 것은 2개월 후인 1912년 2월이다. 이 이전에 청 왕조의 마지막 황제였던 부의溥儀가 1911년 12월 25일에 퇴위退位조서를 내렸으므로 만청정부는 이미 존재하지 않은 상태였다. 청 왕조의 마지막 황제인 부의 선통제宣統帝는 재위 5년 만에 정식으로 퇴위했던 것이다.

　그러나 비록 만청 황제인 부의가 공식적으로 퇴위하고 신해혁명이 성공하여 중화민국이 수립되었음에도 불구하고 북경北京에는 여전히 청 왕조의 세력이 버티고 있었다. 무력으로 이를 토벌해야 했지만, 손문에게는 그것을 타도할 수 있는 혁명무력을 가지고 있지 않았다. 이대로 간다면 혁명세력과 만청세력이 다투는 내전상태로 들어갈 수 있는 상황이었다.

　때문에 손문은 중국이 내전상태로 빠져 들어가는 것을 우려한 나머지 청 왕조를 무너뜨리고 공화정을 수립한다는 조건으로 청 왕조의 실력자였으며 북양의 대군벌로서 위세를 떨치고 있었던 원세개袁世凱에게 대총통직을 넘겨주었다. 혁명에서 내세우는 공화정과 만청세력이었던 원세개의 타협이었다.

황제제도의 복귀와 취소

그러나 황제제도하에서 성장한 원세개로서는 공화정이란 이상한 옷과 같았다. 그리하여 1915년 3월 22일 대총통으로 취임한 원세

개는 황제가 될 목적으로 그해 12월 정변을 일으켜 황제 자리에
올랐다. 그러나 이번에는 반원호국군反袁護國軍이 각 성에서 독립
을 선언했다. 즉 모처럼 성공한 공화제를 무너트린 원세개를 반대
하고 중화민국을 지키자는 운동이 거세진 셈이었다. 그러자 결국
원세개는 제제帝制를 취소했다.

국가를 황제 체제로 복귀시켜서 황제의 자리에 올랐지만 혁명
세력의 거센 반발에 다시 공화제로의 복귀를 하게 된 것이니 원세
개의 입장은 여지없이 구겨진 것이었다. 이 때문인지 당시 정치의
핵심이었던 대총통 원세개는 그 이듬해인 1916년 6월 6일 울화병
을 얻어 갑자기 사망했다.

이렇게 원세개가 갑작스럽게 죽자 정치적으로 중심을 잡아줄
인물이 사라져 버렸고, 전국을 하나로 묶을 중심인물은 계속해서
나타나지 못했다.

이에 청말 이후로 중국대륙을 휩쓸던 공익적 측면에서 주장되
던 주의나 이념은 힘을 상실하게 되었다. 오직 사욕을 추구하기
위해 각 지역에서 그 지역을 기반으로 한 군벌들이 전면에 등장하
면서 사실상 중국대륙은 군벌이 지배하는 시대로 접어들게 되었
다.

그것은 신해혁명을 이끌었던 손문이 원세개에게 권력을 넘긴
다음에 다시 정치의 핵심으로 등장하기까지는 좀 더 시간이 필요
했기 때문이었다.

한편, 손문은 원세개에게 권력을 넘긴 후 2차 혁명을 추진했으
나 이 역시 실패하고 다시 일본으로 가 있었다. 그리고 원세개가
죽은 다음에 손문은 1917년에 귀국하여 광동군 정부를 세우고 대

원수직에 취임했다. 그리고 1919년 일어난 5·4운동을 계기로 중화혁명당의 본부를 상해로 옮겨오면서 당명을 중국국민당中國國民黨으로 바꾸었다.

이 국민당의 창당 역사는 손문의 흥중회興中會로 거슬러 올라간다. 이미 앞에서 언급되었듯이 손문은 1894년 청일전쟁이 발생했을 때 '만주족의 왕조를 멸망시키고 한족의 정부를 세운다[滅滿興漢]'라는 목표를 가지고 미국 하와이에서 화교들을 모아 흥중회를 설립했다.

그는 그 후 1905년 러일전쟁이 일어났을 때 일본의 동경에서 중국유학생들을 상대로 삼민주의를 강령으로 하는 중국혁명동맹회中國革命同盟會를 결성했다. 신해혁명이 일어난 다음 해인 1912년 그는 동맹회를 국민당으로 개편했으나 원세개의 계속되는 탄압으로 인해 해체되었으며, 신변마저 위협을 느끼게 되자 결국 일본으로 건너가 망명생활을 시작했던 것이다.

그 후 1914년 손문은 일본에서 다시 중화혁명당中華革命黨을 조직했으며, 1919년 5·4운동을 계기로 중국혁명당 본부가 상해로 옮겨오면서 당명도 지금의 중국국민당으로 바꾸었다.

원세개의 사망과 군벌정치

왕조말적 현상인 군벌의 등장

군벌軍閥이란 그 지휘자가 일반적으로 군대를 사유화하고 있으면서 그것을 이용하여 개인의 목적을 달성하고 법률과 질서를 무시하거나 또는 국가에 불충한 자를 말한다.

이러한 군벌이 되기 위해서는 개인의 목적을 위해 이용할 수 있는 사적인 군대와 그 군대를 통치할 수 있는 일정한 지역 기반이 필요하다. 그러한 점에서 본다면 독립국에 해당하지만 국가적 조직은 아직 갖추지 않은 집단이라고 할 수 있다. 이러한 것은 왕조말에 나타나는 현상이고, 과도기에 새로운 질서를 집아 가는 현상이라고 할 수 있다.

군벌은 당말의 절도사들처럼 중앙정부로부터 완전히 독립되어 있지 않아서 형식상으로는 중앙정부의 통제를 받는 것 같지만 경우에 따라서는 오히려 중앙정부를 통제하기도 한다. 마치 당말 오대사회의 군벌의 형태와 아주 유사하다.

그래서 군벌은 그 상황에 따라서 중앙정부와의 관계가 멀어지기도 하고 가까워지기도 한다. 그럼에도 불구하고 지방의 모든 군벌은 중앙의 군벌정부가 부여하는 군직이나 관직을 갖게 된다. 당말에 안사의 난 이후에 나타난 절도사들의 모습을 다시 보는 듯한 모습이었다.

이처럼 민국초에 중국에 다시 군벌이 출현하게 된 것은 중국의 전통문화와 밀접한 관계가 있다. 중국의 전통적인 지배와 피지배의 관계는 군주에 대한 충성심인 충군忠君관념과 유가儒家사상이 사회를 지배하면서 줄곧 왕조로 유지되었다. 그러나 신해혁명 이후 전통적인 왕조는 무너지고 따라서 천자인 군주도 없어졌다. 게다가 신해혁명 후에 권력을 장악했고, 황제에까지 올라서 전통적 제도를 유지하려 했던 원세개마저 사망하자, 충성의 대상이 존재하지 않게 되었다.

그 위에 황제제도를 부정하는 신사유가 풍미하게 되니 충군관념이 사라지게 되고, 그것을 대신할 공화제에 대한 이해는 부족한 형편이어서 형식적으로나마 중앙에서 권력을 컨트롤할 기구가 없어졌다. 이렇게 되자 정치권력이 공백상태에 빠지게 되니 각 지역별로 권력을 장악하는 사람이 나타났고, 이들은 그 권력을 개인의 권력으로 생각했다. 이들은 그 권력을 유지하기 위해 군사력이 필요했고, 이 군사력이 상당한 수준에 이르게 되면서 커다란 군사세력이 형성되었다. 역사에서는 이를 군벌이라고 했다.

앞에서도 말했지만, 이러한 현상은 당말에서 오대에 이르는

150년 동안 중원 지역을 지배했던 군사세력의 등장과 유사한 모습이었다. 당말에 당 조정의 권력은 환관들에게 농락되어 황제의 권위는 여지없이 추락한 허수아비에 지나지 않았다. 이러한 시기에 지방에서는 중앙조정에 기대지 않고 군사조직을 갖게 되었고, 이것은 공식적으로 절도사로 존재하게 되었다. 이 가운데 강력한 세력은 후에 왕조를 건설하게 되는 데 이것이 오대십국이었다.

하여간 원래 전통중국은 농업사회였으며, 중국인들은 자기들 눈에서 먼 곳에 있는 국가에 대한 관념이라는 것이 약했다. 그들에게는 먼저 눈에 띠고 자기의 이해관계가 깊은 향토鄕土의 동향, 동학, 친척과의 관계를 원만히 유지하여 자기의 이익을 확보하고 안전을 도모하려는 관념, 즉 향토관념이 강했다. 때문에 중국인들 향토관념을 바탕으로 한 친소관계를 이용하여 정치권력을 추구하는데 매우 익숙해져 있었다.

따라서 중국사에서는 어떤 왕조가 등장하든지 간에 대부분의 왕조형성기에는 이러한 지역의 세력이 형성되지 못하도록 주의를 기울였다. 만주족의 청 왕조도 마찬가지였다. 특히 한족漢族들의 거주 지역으로 진출하여 이를 지배하게 되면서 한족들의 향토관념도 그에 비례하여 더욱더 강하게 표출되었다.

중국의 상당수 왕조는 항상 향토관념을 토대로 한 정치권력과 지방세력의 결합을 사전에 차단하기 위해 지방관의 본적지 임명을 금지하는 제도를 두었다. 그럼에도 불구하고 신해혁명 이후에 지방관에 임명된 사람은 대부분 그 출신 성省의 군인이었기 때문에 어찌 보면 정권의 지방화와 지방정권의 군사화는 예견된 것이기도 했다.

원세개의 북양군벌

어느 시기의 역사에서도 그렇듯이 중화민국 초기에 군벌의 탄생은 청말의 상황과 관계를 갖는다. 청 왕조 말기에 서구세력에 대항하기 위해 원세개의 책임하에 천진天津 부근에 병영을 건설하고 군사를 훈련시켜서 북양군北洋軍을 양성했는데, 그 군대는 원래 직례성直隷省에 속한 일종의 지방군대였다.

물론 이전에도 청 왕조는 여러가지 이유 때문에 군대를 새롭게 만들었으며, 그 가운데 중남부 지역에는 회군淮軍이나 상군湘軍이 있었다. 회군이란 양자강과 황하의 중간에 위치한 회수淮水 지역에 주둔했던 군대를 지칭하는 것이며 상군이란 상湘, 즉 호남성 지역에 주둔했던 군대를 말한다.

그중 상군은 홍수전洪秀全의 태평군太平軍을 제압하기 위해 만든 신식 민간군대였다. 상군은 청 왕조의 경제적 도움이 없이 1852년 11월 태평군에 대항하는 주력군대로서 호남에 원적原籍을 둔 예부우시랑禮部右侍郎과 병부우시랑兵部右侍郎이었던 증국번曾國藩이 고향인 호남湖南 사람들을 모집하여 만든 군대였다.

상군은 처음에 약 17,000명 정도로 편성되었으나 1854년 봄에 이르러서는 12만 명으로 늘어났으며, 남경南京을 공략한 이후 증국번은 청 왕조의 의심을 받지 않기 위해 스스로 부대를 해산시켰다.

상군이 해산된 이후 1862년 이홍장李鴻章에 의해 다시 상군의 편제를 모방하여 약 6500명 규모의 민군民軍이 편성되었는데, 이를 회군이라고 한다. 그러나 이 회군은 1894년 청일전쟁에서 패배한 이후 사실상 와해되었으며, 곧이어 1895년에 원세개가 북양군을 양성하여 사군화私軍化했다.

그러나 원세개가 양성한 북양군은 그 이전에 나타났던 개인의 힘으로 만들었던 상군이나 회군과는 상반된 몇 가지 특징을 가지고 있었다.

첫째, 상군과 회군은 중국대륙의 남방에 있었기 때문에 부대의 훈련에 필요한 일체의 경비를 민간의 모금에 의존했으며, 사군私軍과 지방군의 성격을 띠고 있었다. 이에 반해서 북양군은 경사京師와 인접한 천진에서 창설되었으며, 처음부터 직례直隷 총독 휘하에서 녹봉을 지급받았기 때문에 사군과 지방군의 색채가 거의 없었다.

둘째, 상군과 회군은 비록 사병적 성격을 지녔지만 청 왕조를 위해 충성했다. 상군은 청 왕조를 지키기 위해 홍수전의 태평군을 공격했으며, 1880년에는 좌종당左宗棠의 지휘하에 신강新疆 지역을 평정했다. 그리고 회군 역시 청 왕조를 위해 청일전쟁에 참가했다.

셋째, 상군의 증국번과 회군의 이홍장은 모두 유생儒生 출신이었기 때문에 충군관념이 매우 강했다. 그러나 원세개의 북양군은 청 왕조를 위해 충성하지 않았다. 원세개와 그의 수하인 풍국장馮國璋, 단기서段祺瑞 등은 모두 유생 출신의 장수가 아니었으며, 오직 오패부吳佩孚 한 사람만 유생 출신이었다.

넷째, 상군과 회군은 충군관념만 있었지 애국관념은 전혀 없었다. 예를 들면, 상군은 오직 황제를 옹호한다는 충군관념만 가지고 있어서 만주족 군주에 충성하면서 한족漢族으로 구성된 태평군을 진압했다.

다섯째, 1916년 6월 원세개가 사망하자 북양군벌은 북경北京정부를 활동중심으로 삼았으며, 이에 반해서 손문의 혁명파는 광주廣州정부를 활동중심으로 삼았다.

이렇게 상군과 회군과 차이를 가지고 있는 북양군을 이끈 원세개의 정치적 역정은 당시 청 황실의 권력구조의 변화 속에서 부침할 수밖에 없었다.

원래 북양군을 이끈 원세개는 전통적인 황제에 대한 충성심이 적었는데 이는 무술변법戊戌變法이후 개인의 권위를 중요하게 여기고 군주에 충성하지 않는 시대적 흐름에 영향을 받았기 때문이다. 무술변법 시기 원세개는 병영에서 병사를 조련하고 있었으며, 그의 상사인 북양대신 영록榮祿은 수구파로서 보통 서西 태후로 불리는 자희慈禧 태후를 지지하고 있었다.

이렇게 자희 태후 편에 서서 유신維新을 주장하는 광서光緒 황제를 반대했던 원세개는 후일 자희 태후의 추천을 받아서 산동순무山東巡撫 직례直隸 총독이 되었다. 말하자면 승승장구한 셈이었다.

그런데 원세개는 광서 황제와 자희 태후가 잇달아 사망하자, 경친왕慶親王 혁광奕劻의 손자를 황제로 추대하자고 주장했다. 그러나 그의 뜻과는 달리 순친왕醇親王 재풍載灃의 아들인 부의溥儀가 황제가 되었다. 원세개의 생각과는 달리 새로 황제가 된 어린 부의의 아버지인 재풍이 황제를 대신하여 섭정왕攝政王이 되었고, 이에 반대했던 원세개는 관직을 박탈 당하고 하남河南의 고향집으로 내려갔다.

고향으로 돌아 온 원세개가 재기의 기회를 노리고 있던 중에 무창武昌에서 무장 봉기가 일어났고, 청 왕조를 무너트린 신해혁명을 맞게 되었다. 신해혁명이 일어나자 다급해진 청 왕조는 북쪽에 있는 군대인 북양군의 도움을 얻어야 했다.

그리하여 청 정부는 하는 수 없이 북양군을 양성한 원세개를 불러들여 내각총리라는 중책을 맡겼다. 그러나 원세개는 자기의 관직을 박탈했던 청의 조정에서 권한을 갖게 되자, 바로 이 기회를 이용하여 청 조정의 희망대로 혁명을 제압하기보다는 오히려 부의가 황제 자리에서 물러나도록 압력을 가했다.

청 조정에서 길러진 북양군이라는 무력을 장악한 원세개와 신해혁명을 주도했던 손문은 합작으로 청 왕조를 무너트렸지만 각기 남쪽과 북쪽에서 정부를 조직했다. 말하자면 중화민국이라는 하나의 국가 안에 북경과 광주에 정부가 마련된 것이다. 그리고 이들은 각기 자기들이 중화민국의 중앙정부라고 주장했다.

그러나 원래 청의 도읍이 북경이었고, 손문에게 대총통 자리를 물려 받은 원세개가 이끄는 북경정부가 국제적으로 중국대륙의 유일한 합법정부로 승인을 받고 있었다. 그래서 북양군벌을 이끈 원세개의 북경정부가 손문이 이끄는 남방정부를 제치고 중국을 대표하여 대외관계를 처리하고 있었다.

그렇다고 북양군벌의 북경정부가 중국 전역에 영향을 미칠만큼의 힘을 갖고 있는 것은 아니었다. 다만 대외적으로 중국정부를 대표할 뿐이었다. 이러한 상황이었기 때문에 바로 북양군의 북경정부에 불복하는 많은 세력들은 무장을 갖추어야 했으며, 이를 계기로 대륙 각지에 군벌이 출현하기 시작했다.

다양한 군벌의 등장

원세개의 북양군벌이 탄생한 이후에 많은 군벌들이 등장했는데
이를 종류별로 보면 국가군벌, 성省연합군벌, 성구省區군벌로 나눌
수 있다.

① 국가군벌

국가군벌이란 국가를 통제하는 위치에 있는 군벌을 말하는데,
그 첫 번째는 원세개가 양성한 북양군벌이다. 그런데 원세개가 사
망하자 북경정부를 통제하면서 중국을 대표했던 군벌은 그 헤게
모니를 두고 여러 개의 파派로 나뉜다.

이는 지역적 특성을 가지고 나뉘는데, 먼저 북경에서 보아 남쪽
인 안휘성 출신을 중심으로 한 안휘파安徽派(皖系), 북경 출신을 중
심으로 한 직례파直隷派(直系), 그리고 만주 지역인 심양 출신을 중
심으로 한 봉천파奉天派(奉系)가 있었다. 북양군벌이 북경을 중심으
로 남북으로 세 개로 나뉜 것이다.

구체적으로 본다면 원래 북양이란 심양瀋陽, 직례直隷, 산동山東
등 3개 성省을 합쳐 부르는 명칭이었는데, 원세개가 사망한 이후
이 북양 군대는 그 안에서 지휘하는 사람에 따라 다시 갈라진 것이
다.

처음에는 원적原籍이 직례直隷 하간河間인 풍국장馮國璋의 직계直
系와 안휘安徽 합비合肥인 단기서段祺瑞의 환계皖系로 갈라진다. 그
러나 직계는 1919년 풍국장이 사망하자 조곤曹錕이 계승하게 되지
만 실권은 오패부吳佩孚의 수중에 들어가 게 된다. 이러한 변화 속

에서 중국대륙의 동북 지방에 위치한 봉계奉系의 장작림張作霖이 중앙정부의 권력을 넘보고 있었다. 이리하여 3개가 된 것이다.

그런데 1898년 이후 서구열강은 중국에서 세력을 넓히려고 하면서 같은 지역으로 진출함에 따른 상호경쟁과 다툼을 면하려고 중국에 진출할 지역을 나누어가지려고 했다. 이렇게 되자 서구열강들은 자기들이 진출하려고 하는 지역 안에 있는 정치세력을 지지하여 군벌들의 이권을 인정하면서 그 지역에 존재하는 군벌들과 결탁하여 이권을 챙기고 있었다.

각 지역에 있는 군벌들은 외세와 적당히 타협하면서 자기들의 이익을 챙기고 있었으니, 명칭은 중화민국에 소속 되었지만 실제로는 국가의 이익보다 군벌의 이익을 우선시했고, 결국 서구열강을 끌어들여 자기 군벌의 보호막으로 삼고 있었다.

구체적으로 본다면 안휘파와 봉천파는 일본과 결탁했고, 직례파는 영국과 미국의 지원을 받으면서 남방정부의 혁명파와 서남군벌을 향해서는 적대적 입장을 취하면서 북경의 중앙정부와는 일정한 세력균형을 유지하고 있었다.

결국 안휘파의 군대가 영국과 미국의 지원을 받고 있던 직례파 군대의 공격을 받아 붕괴됨으로써 단기서의 중앙정부 역시 붕괴되었으며, 그 이후 1922년 직례파 군대는 장작림의 봉천파와 형성되었던 적대관계를 승리로 이끌면서 북경의 중앙정부를 장악했다.

요컨대, 1916년부터 1920년까지는 산동山東과 안휘安徽에 지반을 가지고 있던 안휘계安徽省(皖系)의 단기서가 내각총리를 담당했고, 1923년부터 1924년까지는 직례直隷, 하남河南, 호북湖北에 지반을 두고 있던 직례계直隸省(直系)인 조곤이 대총통으로 있었으며, 1927년부터 1928년까지는 동북 3성에 지반을 두고 있던 봉천계奉天(奉系)인 장작림이 대원수로 있으면서 중국을 대표하고 있었다.

② 성省연합군벌

중앙정부에 대한 장악을 둘러 싼 국가 군벌과는 달리 각 성에 있는 군벌들이 연합하여 여러 성에 걸쳐서 영향력을 행사하는 군벌이 형성되었는데, 이것이 성연합군벌이다. 그러므로 성연합군벌은 자연스럽게 여러 개의 성을 장악하고 있는 군벌을 말한다.

성연합군벌로는 1913년 중국의 서부인 귀주貴州와 사천四川으로 세력을 확장하면서 중국대륙의 서남 지역인 운남까지 발전한 운남독군雲南督軍인 당계요唐繼堯의 운남계雲南省(滇系)가 있다.

그리고 1917년 중국의 남부인 호남湖南과 광동廣東으로 세력을 확장한 광서독군廣西督軍인 육영정陸榮廷의 광서계廣西省(桂系)가 있고, 중국 동북 지역인 길림吉林, 흑룡강黑龍江, 열하熱河 등 동북 3성으로 세력을 확장하여 중국의 동북 지역을 할거하고 있던 봉천독군奉天督軍인 장작림의 봉천계奉天系(奉系)가 있다.

또 1926년 중국의 북서부 지역인 찰합이察哈尔, 수원綏遠, 섬서陝西, 감숙甘肅 등 4개 성으로 세력을 확장하여 중국의 서북 지역을 할거하고 있던 풍옥상馮玉祥의 풍계馮系가 있으며, 그리고 중국 중부 지역이라 할 평한로平漢路를 따라 장강長江 유역으로 확장하여 대륙의 중부 지역을 활거하고 있던 조곤曹錕과 오패부吳佩孚 등이 있었다.

③ 성구省區군벌

그 외에 한 개의 성만을 근거로 하는 군벌이 형성되었는데, 산서성山西省을 중심으로 한 염석산閻錫山이 있었고, 산동성山東省을 중심으로 군벌을 형성한 장종창張宗昌 등이 있었다.

이러한 군벌은 그 활동 범위와 영향력이 어떠하든 전체적으로 보면 마치 전국시대, 혹은 당말 오대 시대처럼 각 지역별로 군벌이 그 지역을 통치하는 분열 상태에 들어 간 것이다. 역사에서 시대를 달리하면서 똑같이 반복되는 지역적 분열은 중앙정부가 힘을 제대로 쓰지 못하면서 나타나는 것이 청말 민국초기에도 여전히 나타난 것으로 볼 수 있다.

분열상황을 연출한 군벌정치

군벌들이 각 지역을 점거하면서 비록 중국의 중앙정부는 존재했지만 중앙정부로서의 정치적 역할을 충분히 할 수 없었다. 그것은 당말 절도사들의 번진이 왕성했던 시기와 다를 바가 없는 것처럼 보인다.

이들의 정치행동 양식을 보면 군벌정치의 특징을 다음 몇 가지로 요약할 수 있을 것이다.

첫째, 군벌정치는 일정 지역을 할거하고 있는 군벌세력들이 서로 중앙의 정치권력을 장악하기 위해 각축전을 벌이기도 하고, 중앙의 정치권력을 장악하고 있는 군벌은 지방 군벌세력들의 객관적 존재를 인정해 줌으로써 일정한 정도의 권력분점이 용인된다.

둘째, 중앙정부를 통제하는 군벌은 국가를 대표하여 대내외 업무를 관장한다. 그리고 지방에 근거를 둔 군벌들은 정치적, 경제적으로 전략적 가치가 있는 지역을 장악하고 이를 이용하여 힘을 행사한다.

셋째, 군벌은 자신의 실력을 보존하면서, 그 어느 누구와도 결코 명분을 위해서는 싸움을 하지 않으며, 단지 자신의 생존과 확장을 위해서만 싸우는 것을 원칙으로 한다.

넷째, 군벌정치에서는 권력투쟁의 연속으로서 세력균형 원칙이 철저하게 적용된다. 군벌정치에서는 그 어떠한 군벌도 세력이 강해지는 것을 허락하지 않는다. 만약에 어느 한 쪽이 세력이 강해져 모두에게 위협이 되면 여타 세력들은 연합하여 이를 약화시키려 한다.

이러한 군벌들이 각 지역을 분할 점령하고 있는 상황에서 중앙정부는 그 나름대로 스스로의 이익에 몰두 하고 있었다. 그러므로 중국에는 이 시기에 명목상 대외적인 통일정부는 있었지만 여러 개의 독립국이 존재한다고 볼 수 있고, 혹은 중국이라는 나라에 독립적 여러 군벌세력이 병존하거나 연합하는 형태로 존재했다고 볼 수 있다.

중국공산당의 출현

마르크스주의의 유입

장개석의 등장을 손문과 신해혁명에 둔다면 모택동의 등장은 중
국에 공산주의가 들어오고, 공산당이 출현하면서부터 라고 할 것
이다.

일반적으로 말해서 중국공산당이 탄생하게 된 근본적인 원인은
제국주의 열강의 중국 침략에 따른 중국인들의 민족주의의 자각
과 봉건왕조와 군벌정치의 폐해를 타파하기 위한 반봉건적 민주
주의의 실현 욕구, 그리고 러시아혁명의 성공에 고무된 중국인들
의 자신감, 그리고 5·4운동을 전후하여 중국에 유입된 마르크스
주의의 영향 등으로 요약된다.

특히 마르크스주의가 최초로 중국에 전래된 것은 이대쇠李大釗
(1889~1927)에 의해서였다. 그는 천진天津 소재의 북양법정北洋法政

전문학교를 졸업하고 곧바로 일본으로 건너가 와세다早稻田 대학의 정치경제학과에 입학했다.

일본에서 그는 원세개를 반대하는 활동을 했으며, 1916년 원세개가 사망하자 곧바로 귀국하여 북경대학의 도서관장 겸 강사직을 맡았고, 1918년 교내에 중국 최초의 마르크스학설연구회를 조직했다. 당시 북경대학에는 사회주의 풍조가 만연하고 있었으며 대략 57개에 이르는 다양한 종류의 사회주의 관련 연구모임이 있었다고 전해지고 있다.

이대쇠는 1919년 《신청년》에 기고한 〈나의 마르크스주의관〉이라는 제목의 글 속에서 마르크스주의의 유물사관과 경제학설 및 사회주의 이론을 비교적 광범위하게 소개했다.

또 한 사람은 진독수陳獨秀(1879~1942)이다. 진독수 역시 1920년 9월에 발표한 〈정치를 논함〉이라는 제하의 글 속에서 혁명적인 수단으로 노동자계급의 국가를 건설해야 한다는 주장을 폈다. 이를 기점으로 하여 급진적 민주주의자였던 그는 마르크스주의자로 탈바꿈한다.

이러한 분위기가 고조된 가운데 당시 호남에서 학생운동을 이끌고 있었던 모택동毛澤東(1893~1976)도 두 번째로 북경에 올라가 중국어판 마르크스주의 서적을 열독함으로써 마르크스주의에 대한 신념을 확고히 했다.

그밖에도 모택동과 거의 같은 연배 혹은 그보다 나이가 조금 어린 청년인 등중하鄧仲夏(1894~1933), 채화삼蔡和森(1895~1931), 운대영惲代英(1895~1931), 구추백瞿秋白(1899~1935), 주은래周恩來(1898~1976), 진담추陳譚秋(1896~1943), 하맹웅何孟雄(1898~1931), 왕신미王燼美(혹은 王盡美,

1898~1925), 등은명鄧恩銘(1901~1931), 이달李達(1900~1966), 이한준李漢俊
(1890~1927) 등도 마르크스주의를 신봉하는 혁명가로 변신했다.

뿐만 아니라 청조 말기 손문이 이끌던 전국적인 자본계급들의
혁명정당이라 할 수 있는 동맹회 회원인 동필무董必武(1886~1975), 임
조함林祖涵(혹은 林伯渠, 1886~1960), 오옥장吳玉章(1878~1966) 등까지도 마
르크스주의에 대한 관심을 가지고 있었으니 당시에 공산주의에
대한 젊은 지식인들의 관심이 대단히 높았음을 알 수 있다.

불가능한 자생적 마르크스주의혁명

당시 중국은 모택동이 지적했듯이 반봉건·반식민적 사회였기 때
문에 정치적으로나 경제적으로 볼 때에 마르크스학설이 혁명논리
로 적용되기에는 너무나도 거리가 멀어 보였다.

예를 들면, 중국은 농민이 전체 인구의 80%가 넘는 농업국가였
으며, 산업노동자는 전체 인구의 1%에도 못 미치는 극소수에 불
과했다. 게다가 이들 산업노동자들은 자신들의 계급이익을 알고
이를 획득하려는 의지가 있는 자위계급自爲階級, class for itself이 아
니라 계급의식을 자각하지 못하고 잉여가치를 착취당하고 있는
자재계급自在階級, class in itself의 수준을 벗어나지 못하고 있었다.
계급투쟁논리를 수용하기 위한 기반이 없는 실정이라고 할 수 있
었다.

당시 마르크스주의가 중국의 실정에 부합하지 않았다는 것은
다음의 몇 가지 정치경제적 상황에서 잘 나타나고 있었다.

첫째, 중국의 정치경제적 명맥을 장악하고 있었던 것은 제국주의 열강이었고, 중국의 정권을 장악하고 있었던 것은 지방의 봉건적 군벌이었다. 중국대륙에서 내전을 일으키고 있었던 것은 제국주의 열강과 중국의 군벌이었지 결코 중국의 자본계급이 아니었다.

둘째, 중국은 낙후된 농업국가였으며, 제국주의 열강과 군벌의 억압 속에서 민족공업이 자유롭게 발전할 수 없었기 때문에 산업노동자로 대표되는 무산계급은 사회의 주류를 형성하지 못하고 있었다.

셋째, 중국인이 받고 있는 고통과 억압은 자본계급이 아닌 제국주의와 군벌로부터 오고 있었다.

넷째, 당시 손문이 영도하는 남방정부는 광동과 광서를 발진기지로 삼아 열강의 침략에 반대하면서 군벌을 타도하기 위한 북벌전쟁을 준비하고 있었다.

이와 같이 중국대륙에 공산혁명을 위한 객관적인 사회조건이 성숙되지 않았음에도 불구하고 중국공산당이 탄생할 수 있었던 가장 주요한 원인은 코민테른Communist International이 세계의 공산혁명을 위해 채택한 동방우회전략때문이었다.

소련의 동방우회전략

사실 중국의 이웃에 있는 러시아에서 레닌은 1917년 10월 혁명 이후 대내적으로는 백러시아군의 저항과 대외적으로는 서구열강의 무장간섭과 봉쇄정책에 직면하고 있었다.

레닌은 이러한 대내외적 상황하에서 유럽과 세계에서 공산혁명이 연달아 일어나지 않고서는 러시아의 공산혁명이 성공을 보장받을 수 없다고 판단했다. 바로 이러한 전략적 사고에 근거하여 공산혁명의 수출을 위해 1919년 3월 모스크바에서 설립된 것이 코민테른이었다.

하지만 러시아 공산당과 코민테른의 책동으로 유럽에서 혁명을 잇달아 일으켰지만 모두 실패로 끝났다. 독일에서는 뮤니히Munich 공산당원들이 1919년 4월 시정부를 장악했지만 5월 1일 정부군에 의해 진압되었다. 또 헝가리 공산당의 벨라쿤Bela Kun이 사회민주당의 지지하에 1919년 3월 20일 소비에트공화국의 수립을 선포했지만 5개월 만인 8월 19일에 붕괴되었다.

이처럼 유럽에서의 공산혁명이 실패하게 되자 공산화 혁명전략의 수정이 불가피하게 되었으며, 이를 계기로 러시아 공산당과 코민테른은 공격방향을 서방으로부터 동방으로 옮겼던 것이다.

이러한 동방우회 전략은 레닌의 제국주의론에 이론적 근거를 두고 있었다. 자본주의가 발달한 선진자본주의국가에서 무산계급의 사회주의혁명이 발생한다는 마르크스의 주장과는 달리 제1단계 혁명으로서 먼저 산업화되지 않은 후진지역에서 자본계급의 민주주의혁명을 이전단계로 밟아야 한다는 것이었다.

즉 레닌의 제국주의론이 지니고 있는 전략적 가치란 다음 3가지로 나누어 볼 수 있다.

첫째, 마르크스의 이론 중에서도 특히 경제이론을 식민지와 같은 경제가 낙후된 국가에 적용할 수 있도록 했다.

둘째, 서방에 대항하는 반자본주의 투쟁과 식민지의 반제국주의 투쟁을 연계시켰다.

셋째, 식민지를 제국주의의 예비역량으로부터 무산계급혁명의 예비군으로 바꾸었다는 점에서 매우 중요한 의미를 가진다.

이와 같이 당시 후진적 농업국가였던 중국을 포함하여 인도, 베트남 등을 향한 코민테른의 동방우회 전략은 레닌의 제국주의이론에 근거한 세계혁명전략의 한 단계이고, 과정이었던 것이다.

그런데 러시아공산당은 코민테른 대표가 중국에 도착하기 이전에 이미 중국정부와 중국인들의 호의를 얻기 위해 많은 배려를 아끼지 않고 있었다.

소련의 외교인민위원장인 치체린G. V. Chicherin은 1918년 7월 4일 제5차 소비에트대회에서 보고를 통해 소련정부는 과거 짜르Czar 정부가 행했던 중국대륙의 동북지방에 대한 각종 억압과 중국과 몽고에서의 치외법권을 철폐할 것이라고 선언했다.

뿐만 아니라 치체린은 짜르 정부가 여러가지 구실로 중국인민에 대해 부과한 각종 부담을 포기할 것이며, 주재국의 영사관에 배치한 무장병력도 모두 철수시킬 것이고, 중국이 지불하고 있는 각종 배상금도 탕감해 줄 것이라고 선언했다. 공산주의혁명을 팔기 위해 중국에 대해 깊은 호의를 표시한 것이었다.

그 후 얼마 지나지 않은 7월 25일 소련의 대리 외교인민위원장인 카라한L. M. Karakhan은 치체린의 보고내용을 근거로 하여 소련정부의 명의로 중국인민과 남방 및 북방정부에 보내는 선언을 발표했다. 그는 선언을 통해 짜르 정부 단독으로나 또는 일본 및 기타 협약국과 공동으로 중국으로부터 약탈해 간 일체의 권익을 되돌려 줄 것이라고 재차 확인했다.

소련 정부의 이와 같은 외교적 약속은 그 이행 여부를 떠나 중국에서 상당히 호의적인 반응을 불러일으켰다. 1919년의 파리강화회의의 결정으로 서구열강에 대한 감정이 극도로 악화된 상황하에서 나온 소련정부의 이러한 호의적 조치는 중국인들의 호감을 얻기에 충분한 것이었다.

게다가 러시아에서 성공한 10월혁명과 그들이 내세운 사회주의에 대한 중국인들의 동경심은 동방우회 전략의 전개를 위한 혁명적 토양을 마련하는데 충분한 조건을 제공해 주었다.

중국공산당의 창당 작업은 1920년 4월 코민테른의 극동부장인 보이틴스키Gregory Voitinsky가 화교인 양명제楊明齊를 대동하고 북경에 도착하여 이대쇠를 만나고, 그의 소개로 상해로 내려가 진독수를 만나 창당에 관한 협의를 시작하면서부터 본격화되었다.

중국공산당의 탄생

이러한 상황하에서 1920년 5월 러시아에서 온 보이틴스키의 지도하에 상해의 프랑스 조계租界에서 진독수, 이한준李漢俊, 심현로沈玄盧(1892~1928) 등 9명의 지식인들이 비밀리에 모여 중국공산당 창립을 위한 발기인대회를 가졌다. 여기서 공산당 강령의 초안이 작성되었고, 중국공산당 임시중앙도 설립되었으며, 진독수가 서기로 추대되었다.

이렇게 중국공산당 임시중앙이 설립된 이후 조직 활동이 활발하게 진행되었다. 제일 먼저 1920년 8월 상해에 공산당 조직이 설립되었으며, 진독수가 서기로서 전국 단위의 창당을 위한 발기인 조직을 만들고 연락업무를 담당하는 역할을 수행하기로 결정되었다.

그해 10월에는 북경에 공산당 조직이 설립되었으며, 서기로는 이대쇠가 선임되었다. 그리고 1920년 가을부터 1921년 봄 사이에 무한武漢, 장사長沙, 제남濟南, 광주廣州 등 지역에 지방조직이 설립되었다. 뿐만 아니라 유럽과 일본에도 중국유학생과 교민들이 중심이 되어 공산당 조직을 설립했다. 공산당의 조직이 국내외로 확장되고 있었다.

특히 지방과 해외에 설립된 당 조직에게는 특별한 임무가 부여됐는데, 그 주요한 내용은 다음과 같다.

첫째, 마르크스주의를 선전하고, 진보적인 청년들을 조직하여 그들이 마르크스주의를 학습하고 중국의 실제문제를 연구하도록 한다.

둘째, 마르크스주의를 반대하는 사상과 논전을 전개하며, 일부 진보분자들이 과학적 사회주의와 기타 사회주의 간의 경계를 구분할 수 있도록 도와주어 최종적으로 마르크스주의의 길을 걷도록 한다.

셋째, 노동자를 대상으로 노조를 조직하는 사업을 진행하며 노동자들이 마르크스주의 교육을 받아 계급적 각오가 한층 향상되도록 한다.

넷째, 청년단 조작을 건립하고, 단원을 조직하여 마르크스주의를 학습하도록 하고 실제로 투쟁에 참가하도록 함으로써 당을 위해 예비역량을 양성한다.

이처럼 당 조직이 확대됨에 따라 57명의 당원과 7개 지방당을 대표하여 온 13명이 참석한 가운데 중국공산당 제1기 전국대표대회가 1921년 7월 23일 상해 프랑스 조계의 망지로望志路 106호에서 개최되었다. 정식으로 전국적 대표회의가 열린 것이다.

상해 대표로는 이한준李漢俊과 이달李達, 북경 대표로는 장국도張國燾(1897~1979)와 유인정劉仁靜(1902~1987), 광동 대표로는 진공박陳公博(1892~1946)과 포혜승包惠僧(1894~1979), 무한 대표로는 동필무董必武와 진담추陳潭秋(1896~1943), 장사 대표로는 모택동과 하숙형何叔衡(1876~1935), 제남 대표로는 왕신미王燼美와 등은명鄧恩銘, 일본 대표로는 주불해周佛海(1897~1948)가 참석했다. 진독수와 이대쇠는 일이 있어 참석하지 못했으며, 진독수를 대신하여 포혜승이 광동 대표로 참석했다.

그러나 4일째 되던 날 저녁 조계지를 관할하던 프랑스 경찰의 수색을 받게 되어 그 다음 날인 7월 31일 장소를 절강성浙江省의 가흥嘉興으로 옮겨 선상船上에서 마지막 회의를 가졌다.

〈회의〉는 공산당의 창당 작업을 지원해 온 코민테른 대표인 마링G. Maring과 적색직공국제대표赤色職工國際代表인 니콘스키Nikonsky 두 사람의 지도하에 장국도가 사회를 맡고 주불해와 모택동이 기록을 보면서 진행되었으며, 주로 당의 조직과 노동운동 및 대회 선언문의 내용에 관해 집중적인 토의가 있었다.

또한 진독수와 이달 그리고 장국도 등 3인으로 구성된 중앙국 설립을 결정했으며, 이어서 진독수를 서기로, 그리고 장국도와 이달을 각각 조직위원과 선전위원으로 선출했으며, 주불해, 이한준, 유인정 등을 후보위원으로 선출했다.

뿐만 아니라 다음과 같은 내용을 골자로 하는 중국공산당의 강령을 채택했다.

첫째, 무산계급의 사회주의혁명을 통해 자본계급을 전복시키고 무산계급독재를 실행하여 계급투쟁의 목적인 계급의 소멸을 달성한다.

둘째, 계급투쟁 정신으로 노동자를 조직하고 교육시켜 독자적으로 계급투쟁을 전개한다.

셋째, 모든 생산수단을 몰수하며 자본의 사유제를 폐지한다.

넷째, 코민테른의 지도를 받으며, 매월 보고를 하고, 필요하다면 극동서기처에 대표를 파견한다.

다섯째, 기존의 모든 정당에 대해서는 독립적이며 자주적이고 배타적인 태도를 취하며, 무산계급의 입장을 견지하면서 어떠한 당파와도 관계를 맺지 않는다.

이와 같이 당 제1기 전국대표대회는 무산계급을 조직하고 계급투쟁을 전개함으로써 노농독재의 정치를 건립하며 사유제를 폐지하여 공산주의사회를 실현하는 것을 중국공산당의 최고강령으로 결정했다. 그 뿐만 아니라 여하한 당파와도 관계를 맺지 않는다는 비타협非妥協 정책을 당의 방침으로 채택하여 앞으로 투쟁적인 활동을 예고했다.

제3장

제1차 국공합작과
중국공산당의 혁명전략

국공 양당의 민족과 민주 문제

중국국민당의 탄생

모택동의 공산당과 대결하게 되는 장개석의 정치적 배경인 국민당도 비슷한 시기에 탄생하게 된다. 사실 청말 이후에 중국의 지식인들은 중국으로 밀려오는 서양의 강국들에 대해 '열강'이라는 용어를 사용했으며, 이는 우수한 무력을 가지고 중국을 침탈하는 여러 서방국가라는 의미를 내포하고 있는 것이었다.

'열강'은 1916년에 "제국주의는 자본주의의 최고단계이다."라는 제하의 글이 레닌에 의해 발표되기 이전까지만 일반적으로 사용되었던 용어였다.

그러므로 '열강'이라는 용어는 사실상 중국인의 오랜 역사적 문화우월주의가 추락했음을 반영하는 것이었고 동시에 중국과 서방세계와의 관계에 있어서 새로운 시대가 도래했다는 것을 알려주는 말이기도 했다.

흔히들 아편전쟁 이후의 중국사회를 '반봉건·반식민적 사회'라고 하는데, 그것은 중국인들이 대내적으로는 청 왕조의 봉건통치와 군벌정치로 인해 정치적 억압을 당하고 있었으며, 대외적으로는 관세의 제한과 불평등조약, 그리고 조계와 치외법권으로 인해 사실상 서구열강의 침탈에 무방비 상태였음을 의미하는 것이었다.

예를 들면, 중국세관은 제2차 아편전쟁 이후부터 관세의 제한으로 인해 5%의 관세를 거둘 수밖에 없었으며, 협정국 전체의 동의가 있을 때만 관세율을 개정할 수가 있었다. 뿐만 아니라 1911년 청 왕조가 무너지기 이전부터 많은 외국인들은 조차지租借地와 조계租界에서 치외법권을 누릴 수 있는 특권을 향유하고 있었다.

이러한 반식민·반봉건적 사회에서 제국주의에 반대하는 정치적 민족주의와 중국의 전통에 반대하는 문화적 반전통주의가 결합된 성격의 5·4운동이 아무런 성과를 거두지 못하고 끝나게 되자 손문에 의해 조직되었던 흥중회興中會를 전신으로 하는 새로운 정당 조직이 출현했다. 이것이 곧 중국국민당이었다.

국공 양당의 같은 목표 다른 길

앞서 말한 바와 같이 중국공산당 역시 5·4운동의 반제·반봉건적 민족주의와 민주주의 구호가 전국으로 울려 퍼지는 시대적 요구

속에서 탄생했다는 점에서 민족주의와 민주주의 문제는 공산당에게서도 주요한 문제였다. 따라서 같은 시기에 탄생하게 되는 국민당과 공산당에게 모두 태생적으로 민주와 민족문제는 중요한 과제가 될 수밖에 없었다.

그러므로 생각하기에 따라서는 국공 양당은 어느 정도 공동으로 문제를 풀 수 있는 여지도 있어 보였다. 그리하여 1924년에 중국국민당은 중국공산당과의 합작을 시작했다. 이러한 합작을 하면서 손문의 중국국민당은 제국주의에 대한 인식이 바뀌기 시작했고, 이에 따라서 그는 중국국민당 제1기 전국대표대회에서 조계, 치외법권, 그리고 중국세관에 대한 외국의 통제권과 관련된 불평등조약의 폐지를 선언했다. 이는 손문이 가지고 있던 기존의 제국주의 열강에 대한 입장을 바꾼 것이었다.

중국공산당 역시 제국주의의 침략정책에 대해서는 국민당과 같은 입장을 취하고 있었다. 중국공산당은 1922년 7월에 개최한 제2기 전국대표대회에서 확실하게 입장을 밝혔다.

> "연합전선 정책은 결코 자본가에게 투항하는 것과 같은 것이 아니며, 그것이 추구하는 단기목표는 중화민족의 완전한 독립을 달성하기 위해 군벌을 타도하고 내란을 종식시키며 국제적 제국주의의 억압을 무너뜨리는 것이다."

창당 초기 중국공산당 중앙은 비록 마르크스·레닌주의를 그 사상적 기초로 삼고 있었지만, 중국인들의 반제국주의 정서는 역사적 경험과 민족감정에서 비롯된 것이지 결코 마르크스·레닌주의 때문은 아니라는 것이었다. 레닌의 제국주의이론은 단지 중국이 제국주의의 침략행위를 반대하는 이론적 근거로 사용되는데 도움을 주었을 뿐이라는 것이었다. 공산당의 이론과 국제적인 힘을 빌려 중국의 완전한 독립을 취하려는 의도였다.

이와 같이 중국공산당 중앙은 제국주의 열강이 중국을 침략하려는 목적은 결코 봉건적인 중국을 자본주의의 중국으로 변질시키려는 것이 아니라, 그와는 정반대로 중국을 반식민지와 식민지로 변질시키는데 있었다고 보았다.

때문에 중국공산당은 제국주의와 중화민족 간의 모순, 그리고 봉건주의와 인민대중 간의 모순을 중국사회의 주요한 모순으로 설정해야 하며, 바로 이들 모순을 해결하는 것이 중국혁명의 투쟁목표가 되어야 한다는데 대체로 공감하고 있었다.

중국공산당내의 이러한 민족주의적 정서는 레닌의 제국주의론이나 코민테른의 세계혁명전략과도 일치하는 것이었다. 그것은 중국사회의 기본모순이 제국주의와 봉건주의, 즉 제국주의 국가의 자본계급과 중국의 지주계급이 되어야 했기 때문이었다.

그래야만 중국공산당과 무산계급 및 농민계급을 배반하고 제국주의와 결탁하여 중국인민을 억압하고 있는 중국의 상층자본계급을 옹호하는 국민당을 중국혁명의 제1단계에서 취해야 할 타격대상으로 삼을 수 있다는 것이었다. 이러한 점에서 공산당과 중국국민당은 노선을 달리하게 될 수밖에 없었다.

때문에 코민테른이나 중국공산당 모두가 중국혁명의 성격을 민족·민주혁명으로 규정하고 중국혁명이 2개 임무, 즉 대외적으로는 제국주의의 침략에 대응하여 그들의 억압을 무너뜨리는 민족주의혁명, 그리고 대내적으로는 봉건지주를 무너뜨리는 민주주의혁명의 2개 임무를 가지고 있음을 분명히 했으며, 그로부터 민족주의와 민주주의 구호가 혁명투쟁의 단골 메뉴로 등했다.

요컨대, 중국의 민족주의 문제와 현대화 문제는 아편전쟁 이후 중국인에게 부여된 역사적 사명이었기 때문에 중국국민당이나 중국공산당을 막론하고 모두가 해결해야 하는 최우선적 과제가 되고 있었다. 그러나 이들은 각기 그 탄생의 바탕이 달랐던 만큼 이들 과제를 해결하기 위한 혁명이념과 가치, 혁명전략과 혁명구호, 혁명을 위한 사회 주도계급의 설정, 그리고 혁명세력의 동원방법 등에 있어서 서로 다른 길을 가고 있을 뿐이었다.

다시 말하면, 국민당과 공산당은 같은 목표를 가졌으되 그 태생의 차이로 그 목표에 달성하는 방법의 차이를 갖게 되었고, 결국 목표는 같지만 서로 다른 길을 갈 수밖에 없다는 것이다.

중국공산당의 혁명전략과 타협정책

코민테른의 지시에 따라 전략적으로 타협하는 중국공산당

레닌은 1920년 7월 19일부터 8월 7일까지 개최되었던 코민테른 제2차 대회에서 제출한 '민족과 식민지문제 요강초고'를 발표했다. 이 속에서 레닌은 공산당은 봉건관계가 우세한 후진국가에서는 자본계급의 민주해방운동을 지원해야 한다고 했다. 따라서 중국에서는 민주인 중국국민당과 임시동맹을 결성할 것을 촉구했다.

그 2년 뒤인 1922년 1월 중국공산당은 코민테른이 모스크바에서 소집한 극동의 각국 공산당 및 민족혁명단체 제1차 대표회의에 대표를 파견했다. 드디어 중국공산당이 국제적 활동에 참가하게 된 것이다.

이 〈대회〉는 레닌의 민족과 식민지 문제에 관한 이론에 근거하여 중국이 당면한 제1차적 문제를 결정했다. 중국을 외국의 속박으로부터 해방시키고 군벌을 무너뜨려 민주주의공화국을 수립하는 것이라고 정의했다. 나아가서 바로 이러한 투쟁목표가 중국공산당이 혁명강령을 제정하는데 도움이 될 것이라고 분명하게 지적했다. 이는 분명히 민주주의 공화국을 수립하는 중간 단계를 거치도록 타협한 것이라고 할 수 있다.

하여간 1922년 7월 16일부터 23일까지 상해에서 개최된 중국공산당 제2기 전국대표대회는 공산당 제1기 전국대표대회에서 채택된 '무산계급의 사회주의혁명'과 그리고 여하한 당파와도 관계를 맺지 않는다는 '비타협정책'은 중국이 당면하고 있는 정치경제적 상황을 무시한 비현실적 전략이었다는 점을 지적했다.

물론, 코민테른의 지적과 권고에 따른 것이었지만, 공산당 제2기 전국대표대회는 반식민지·반봉건적 사회의 특성을 지니고 있는 중국의 정치경제적 현실에서 출발하여 농민과 소자본계급 및 지식인들이 제국주의에 반대하고 군벌에 반대함으로써 민주정부를 수립하도록 지원하는, 이른바 '자본계급의 민주주의혁명'을 현 단계의 혁명전략으로 결정했다.

무산계급의 사회주의 혁명으로는 공산혁명에 도달할 수 없다는 현실에 부딪치어 타협적 방법을 채택한 것이라고 할 수 있다.

뿐만 아니라 중국공산당은 기존의 비타협정책도 자본계급의 민주주의혁명 목표를 달성하기 위해서는 사회 각계각층의 민주세력과 연합전선을 구축하는 것이 불가피했기 때문에 국민당과도 합작할 수 있다는 타협정책으로 바꾼 것이었다.

요컨대, 공산당 제1기 전국대표대회의 혁명전략인 '무산계급

사회주의혁명'을 이루기에 앞서 먼저 거쳐야 할 단계로 '자본계급 민주주의혁명'이라고 결정하고 이를 당의 최고강령으로 채택했고, 또한 그 어느 당파와도 타협하지 않는다고 한 비타협정책을 포기하고 타협정책으로 전환한 공산당 제2기 전국대표대회의 전략적 선택은 중국의 정치경제적 상황을 고려한 것 이외에도 코민테른의 직접적인 지시에 따른 것이었다.

코민테른은 레닌의 민족과 식민지 문제 요강에 근거하여 중국사회가 무산계급의 사회주의혁명을 주도할만한 세력과 의식이 아직 성숙하지 않은 반봉건사회라고 전제하고, 먼저 군벌인 오패부 吳佩孚와 연합하려 했으나 뜻을 이루지 못했다.

때문에 코민테른은 눈을 돌려 군벌을 타도하기 위한 북벌전쟁을 준비하고 있던 손문의 광동정부를 지원하고 연합하기로 한다는 내부방침을 정해 놓고 있었다.

왜냐하면, 코민테른은 중국국민당의 북벌로 반제·반봉건의 '자본계급 민주주의혁명'이 성공할 경우 자신들이 바라는 '무산계급의 사회주의혁명' 시기를 앞당길 수 있다고 보았기 때문이었다. 전략적으로 최종 목표를 숨긴 채 민주혁명세력을 이용하려는 것이었다.

손문과 요패의 합작선언

오패부를 이용하려 한 코민테른과 중국공산당

중국공산당이 출현하기 이전에 이미 중국대륙에는 흥중회로부터 시작하여 27년의 역사를 가지고 있는 손문의 중국국민당이 혁명 정당을 자처하면서 삼민주의를 실현하는 중국을 만들겠다는 목표로 혁명활동을 수행 중에 있었다.

손문은 제1차 세계대전이 끝나자 곧바로 서구열강의 도움을 받아 군벌세력을 타도하고 중국대륙을 통일시킨다는 목표를 가지고 동분서주했다. 그러나 패전국인 독일이 밀려나고, 프랑스는 국가의 재건문제로 중국에 관심을 가질 여력이 없었다. 그 외에 일본과 영국은 중국의 군벌들과 결탁하여 이권을 챙기고 있었기 때문에 그 어느 국가도 군벌을 타도하고자 하는 손문의 요구에 호의적인 반응을 보이지 않았다.

그러나 당시 소련은 이들 열강들과는 서로 다른 처지에 있었다. 소련은 노일전쟁 이후 극동 지역에서 일본의 영향력이 확대되는 것을 몹시 두려워하고 있었다. 소련은 자국의 국경과 인접한 중국 대륙의 동북 3성을 장악하려는 시도를 노골화하고 있는 일본을 경계하지 않을 수가 없었다.

이런 이유로 인해서 소련은 중국대륙으로 파고들어갈 틈새를 찾을 요량으로 코민테른과 중국공산당을 통해 북방에서는 오패부吳佩孚와의 연합을 꾀했다. 오패부는 중국 산동성 봉래현 출신으로 청말의 수재秀才였다. 그는 원세개의 북양군벌 내에서 이미 가장 커다란 군벌의 한 사람이었으며, 낙양과 개봉 등 중원 지역에 포진한 군벌의 수령이라고 할 만한 인물이었다.

이렇게 중북부 지역과 연합하면서 남방에서도 연합할 세력을 찾았다. 코민테른이 남부 지역에서 연합할 세력으로 찾은 인물은 진형명陳炯明(1878~1933)이었다. 진형명은 일찍이 월군粤軍 총사령관과 광동성장, 중화민국 육군부 육군총장 겸 내무총장을 겸임한 인물이었다. 그 위에 그는 국민혁명군의 북벌을 반대하며 손문과 대립하고 있었다. 코민테른은 이러한 인물과 연합을 계획한 것이다.

이를 위해 코민테른 대표인 보이틴스키Gregory Voitinsky는 낙양洛陽으로 가 오패부를 만나서 레닌을 대표하여 경의를 표했다. 그리고 이대쇠와 동향과 동학으로서 오패부의 정무처 처장을 담당하고 있던 백견무白堅武(1886~1937)를 통해 오패부를 끌어들이려고 노력했다.

이를 위해 보이틴스키는 오패부를 '사회주의의 실행자'라고 극찬하면서 그가 장악하고 있는 철도회사에 노조를 설립하여 노동

모택동 vs 장개석_중국국공혁명사

자를 통제함으로써 그들을 서남 지역의 각 성으로 발전하기 위한 군사작전에 지원군으로 활용할 것을 건의했다.

이러한 보이틴스키의 태도 때문에 오패부는 결국 그의 건의를 받아들였고, 결국 1922년 2월 경한철로京漢鐵路 총노동조합을 설립했다. 이어서 경수京綏, 경봉京奉, 농해隴海, 정태正太, 진포津浦 등 5개 철로에 노동조합을 설립했다.

더 나아가 오패부의 이용가치를 충분히 이해하고 있었던 중국 공산당 북경당부는 이대쇠를 통해 오패부의 어용내각 교통총장인 고은홍高恩洪(1875~1943)에게 각 철로회사 마다 비밀요원을 둘 것을 건의하여 허락을 받아냈다.

그리하여 중국공산당은 이들 6개 철도회사에 이대쇠가 추천한 공산당원을 비밀요원으로 파견했으며, 특히 포혜승包惠僧과 등중하鄧中夏 등 핵심간부들을 파견하여 이들에게 오패부의 세력 확장보다는 공산당의 발전을 위해 노조를 책임지도록 했다. 결국 공산당은 역시 오패부를 이용하려 한 것이다.

그 후 노조의 세력이 급속히 확장되자 중국공산당은 1923년 2월 7일 경한 철로회사의 노동자들을 책동하여 총파업을 일으켰다. 이에 당황한 오패부는 총파업이 공산당의 소행인 것으로 드러나자 관련 노동자를 잡아들여 처형하는 등 모든 철도회사의 노조를 해산시켰다. 결국 파업사건으로 인해 중국공산당은 더 이상 오패부와 연합하려던 계획을 추진할 수가 없게 되었다.

다시 손문에게 접근한 코민테른과 중국공산당

코민테른과 중국공산당은 오패부는 물론이고 진형명과 연합하려는 시도가 실패로 끝나게 되자 이번에는 손문과의 접촉을 시도하기 위해 중국국민당의 환심을 사기 위한 선전활동에 집요하게 매달렸다.

바로 이때 코민테른 대표인 마링G. Maring은 1921년 12월 카라한L.M. Karakhan 선언으로 기대에 부풀어 있었던 손문을 만나 3가지 건의사항을 제의했다.

> 첫째, 국민당을 개조하고, 사회의 각계각층, 특히 노동자와 농민대중과 연합한다.
> 둘째, 군관학교를 세워 혁명을 추진할 무력을 양성하는 기지로 삼는다.
> 셋째, 국민당과 공산당이 합작한다.

그러나 손문은 소비에트러시아와 손을 잡을 경우 장강長江 일대의 오패부 세력과 결탁하고 있는 영국은 물론이고 일본과의 마찰이 불가피할 것으로 보았다. 게다가 국민당을 개편하는 문제와 중국공산당과 합작하는 문제에는 별로 관심이 없었고, 특히 공산주의라는 사상과 제도가 중국에는 적용될 수 없다고 생각했기 때문에 선뜻 수락하지 못하고 있었다.

그러던 중 손문은 군벌인 진형명의 반란에 자극받아 마링이 제의한 군관학교의 설립 필요성을 절감하기 시작했다. 그는 혁명군

없이는 아무것도 해 낼 수 없다는 것을 깨달았으며, 군관학교를 세워 혁명군을 양성하는 것이 급선무라는 일념으로 마링이 제의한 3가지 조건을 모두 받아들였다.

손문이 마링의 요구조건을 받아들이자 소비에트러시아 대표인 요페Adolph Joffe가 1922년 12월 북경을 떠나 상해에 도착하게 되는데, 여기서 그는 손문을 만나 중국은 절대로 공산주의를 실행할 수 없으며 오직 손문의 삼민주의를 실행해야 한다는 점을 분명히 했다. 뿐만 아니라 코민테른은 중국공산당원들에게 중국국민당에 가입하여 중국국민당의 혁명이 성공할 수 있도록 협조하라는 명령을 하달했다고 밝혔다.

손문은 소비에트러시아와의 관계를 보다 분명하게 하기 위해 과거 제정러시아가 중국으로부터 강탈한 일체의 권익을 포기한다고 천명한 사실을 재확인해 줄 것을 요구했으며, 이를 토대로 하여 1923년 1월 26일 손문·요페의 〈공동선언〉이 발표되었다.

공동선언은 소련이 공산조직과 소비에트제도가 중국에 적용될 수 없다는 손문의 견해에 동의하면서 삼민주의에 의한 중국의 통일을 지원하겠다는 의사를 표시했으며, 이를 근거로 중국국민당은 소련과 연합하고 공산당을 용인하는 것에 그다지 거부감을 느끼지 않게 되었다.

손문과 요페의 공동선언을 구체화하기 위한 작업은 요페가 신병 치료차 일본의 아타미熱海로 요양을 갔을 때 손문이 료중개廖仲愷를 급파하여 협의하도록 한 지 1개월이 지난 후에야 마무리가 되었다. 그러나 손문의 용공정책은 손문과 요페의 공동선언이 발표되기 이전에 이미 결정된 것이었다.

이것은 중국국민당이 공산주의와 합작을 기도했던 첫 번째 사건이었다. 그러나 소련이 국민당의 손문에게 접근한 것은 국민당을 이용하려는 전략이었지 진정한 합작을 기도한 것은 아니었다.

국공합작과 중국공산당의 분열공작

개인자격으로 중국국민당에 가입하는 공산주의자

중국공산당은 소련의 의도를 받아서 전략적으로 중국국민당과 합작해야 한다는 정책을 이미 결정한 뒤라, 중국공산당 중앙위원회는 1922년 6월 선언문을 발표하고 국·공동맹을 주장했으며, 공산당원과 공산주의청년단원이 개인자격으로 중국국민당에 가입할 수 있다는 약속을 손문으로부터 받아냈다.

겉으로 본다면 중국공산당이 국민당으로 흡수되는 모습을 보인 것이어서 중국국민당과 중국공산당의 합작은 중국국민당의 뜻대로 되는 것처럼 보일 수가 있었다.

뿐만 아니라 코민테른 대표인 마링Maring은 동년 8월 항주杭州의 서호西湖에서 개최된 중국공산당 중앙위원회의 회의 석상에서 코민테른의 결정에 따라 중국공산당원이 개인자격으로 국민당에 가입하여 민주연합전선을 구축할 것을 제의했으며, 그 제안은 당 내의 반대여론이 있었음에도 불구하고 무난히 통과되었다. 코민 테른의 입장에서도 공산당원의 국민당 가입이 정식으로 인정된 것이다.

사실 국공합작과 관련하여 중국공산당내부에서는 적지 않은 반 대여론이 있었던 것으로 알려지고 있다. 당 총서기인 진독수를 비 롯하여 상당수의 지역 대표들은 코민테른이 직접 국공합작을 통 제하는데 대해 불만을 토로했다.

이들은 중국공산당의 근본취지와 지지기반이 중국국민당의 그 것과는 근본적으로 다르다는 점을 지적했다. 그것은 중국국민당 이 당의 강령을 발표하지 않은 상태에서 군벌과의 야합을 통해 권 력과 이권 만을 챙기려는 정당이기 때문에 만약 공산당원이 국민 당에 가입한다면 중국공산당과 공산주의의 미래는 보장받지 못할 것이라고 주장하는 것이었다.

그러나 전체 공산당 당원 420명을 대표하여 30여 명이 참석한 가운데 1923년 6월 12일부터 20일까지 8일 동안 광주에서 개최 된 중국공산당 제3기 전국대표대회는 국공합작을 정식으로 결정 했다.

뿐만 아니라 〈대회〉는 다음과 같이 강조했다.

"공산당원은 국민당에 개인 자격으로 가입한 후 조직을 보존하고 확 대하며, 당원과 단원을 일치단결시키고, 비타협정책을 계속 추진하면 서 대중운동을 경시하고 군사를 중시하는 국민당의 정책을 저지함과 동시에 국민당이 열강을 멀리하고 소련과 가깝게 되도록 하는데 최선을 다해야 한다."

　이러한 대회의 결정은 국공합작의 앞날이 순탄할 수 없을 것을 처음부터 예고하는 것이었다. 국공 양측 모두가 상대방을 이용하여 자기 세력을 확장할 의도를 가지고 타결된 것이었기 때문이었다.

중국국민당 내 직책을 장악한 공산당원들

　한편, 손문은 요페와의 공동선언이 발표된 지 9개월 후인 1923년 10월 25일 국민당 임시중앙집행위원으로 등택여鄧澤如(1869~1934), 료중개廖仲愷(1877~1925), 담평산譚平山(1886~1956), 진수인陳樹人(1884~1948), 손과孫科(1891~1973), 허숭청許崇淸(1888~1969) 등 모두 9명을 선임했다.

　이들 속에는 공산당을 지지하거나 혹은 국공합작을 추진했던 인물도 포함되었으므로 조직적 측면에서도 국공합작은 이루어진 셈이었다. 그 밖에도 코민테른이 파견한 보로딘Michael Borodin을 고문으로 초대해 국민당의 개편작업에 착수하도록 했다.

　물론, 국민당 임시집행위원회의 주요임무는 국민당의 강령과 조직운영을 확정하는 것이었다. 국민당의 정강과 당장 및 조직은 보로딘이 고문 자격으로 초안을 작성하여 손문의 재가를 득한 후 결정되었는데, 그 당장의 내용을 보면 소련공산당의 조직과 민주집중제 원칙을 그대로 옮겨다 놓은 것에 불과했다.

　드디어 1924년 1월 20일부터 30일까지 8일 동안 중국국민당 제1차 전국대표대회가 손문의 주재하에 광주廣州에서 개최되었다. 개막식에 참석한 165명의 대표 중 공산당원이 20여 명이었으며, 이대쇠는 손문에 의해 대회 주석단 요원으로 지명되었다. 이대쇠는 중국의 공산주의를 수용한 대표적 인물 가운데 한 사람인 점을 볼 때에 이때에 중국국민당 속에는 공산당이 정식으로 들어와서 활동하게 되었음을 말해 주는 것이다.

이 〈대회〉에서는 선언문을 통해 손문의 삼민주의를 새롭게 해석했다. 민족주의는 제국주의를 반대하는 내용을 부각시켰으며, 민권주의는 일반 평민들이 모두 민주를 공유해야 한다는 점을 강조했고, 민생주의는 지권의 평균[平均地權]과 자본의 절제[節制資本]를 2대 원칙으로 삼는다는 점을 분명히 했다.

뿐만 아니라 〈대회〉는 러시아와 연합하고, 중국공산당과 연합하며, 노동자와 농민을 도와준다는 3대혁명정책을 확인했다. 바로 이러한 국공합작의 방침에 따라 공산당원인 이대쇠李大釗, 담평산譚平山(1886~1956), 우수덕于樹德(1894~1982) 등 3명을 중앙집행위원회 위원으로 선정했다. 그리고 임조함林祖涵(1886~1960), 한린부韓麟符(1900~1934), 모택동毛澤東(1893~1976), 장국도張國燾(1897~1979), 우방주于方舟(1900~1928), 구추백瞿秋白(1899~1935) 등 6명을 후보집행위원으로 선출했다.

말하자면 공산당원이 대거 중국국민당 속에 들어가게 된 것이다. 따라서 이제 중국국민당 내에서 국공투쟁이 벌어지게 된 것이다. 밖에서 다투던 것을 안으로 끌어들인 사건이라고 할 것이다.

그런데 특히 주목할 만한 대목은 집행위원인 담평산과 후보위원인 임조함이 국민당 중앙의 조직부장과 농민부장을 각각 맡게 되었다는 것이었다. 이는 당 조직을 장악하는 실무책임자와 공산당의 뿌리로 생각하는 농민에 관한 업무가 공산당원의 수중으로 넘어간 것을 의미하는 것이니 앞으로 중국국민당에 큰 영향을 미치게 될 것을 예고하는 것이었다.

황포군관학교를 맡은 장개석

이 〈대회〉에서는 또한 광주 부근의 황포黃埔에 육군군관학교, 일명 황포군관학교를 창설하기로 결정했다. 이 결정에 따라서 1924년 5월 드디어 황포군관학교가 문을 열게 되었으며, 손문이 총리를 겸임하고 장개석蔣介石(1887~1975)이 교장, 그리고 료중개가 당 대표에 임명되었다.

황포군관학교는 비록 손문이 전체적으로 관리하고 손문이 죽은 다음에 장개석이 맡았다는 것은 이 중요한 기관을 중국국민당이 장악한 것으로 볼 수도 있을 것이다. 즉 장개석은 이미 1908년에 일본으로 건너가서 손문이 이끄는 동맹회에 가입했던 만큼 확실한 손문의 사람이고 국민당 인물이었기 때문이다.

료중개는 본래 미국 캘리포니아에서 출생했으며, 그 후에 중국국민당 혁명원훈 가운데 하나가 된 인물이다. 1923년 1월에 손문이 소련과 연합하기로 성명을 발표한 후에 손문은 그를 모스코바로 파견하여 협상을 진행하게 했었다.

이러한 상황하에서 그해 11월에는 프랑스에서 돌아온 주은래(중국공산당 광동지구위원회 위원장)가 군관학교 정치부 주임에 임명됨으로써 모든 정치 사업을 관장하기 시작했다. 혁명을 진행하는데 필요한 무력을 기르기 위한 황포군관학교에 공산당원이 참여하여 활동하게 된 것이다.

이러한 상황이다 보니 비록 장개석이 교장에 취임했다고 해도 그곳에서 양성한 인물이 모두 국민당을 위해 무력을 행사할 생각을 가진 사람이라고 보기 어려웠다.

아니나 다를까 중국공산당은 혁명군을 양성하기 위해 전국 각지에서 당원과 단원 및 혁명청년들을 선발하여 황포군관학교로 보냈다. 그 결과 제1기 졸업생 중 공산당 당원과 공산주의청년단 단원이 56명으로서 전체 졸업생의 1할을 차지하고 있었으며, 이들은 졸업 후 중국국민당 정부군에 배속되어 중국국민당 정부군의 신분을 가지고 있으면서 국민당이 아닌 중국공산당의 지령에 따라 움직이고 있었다.

비록 황포군관학교를 졸업한 사람 가운데 공산당원이 10%에 지나지 않는다고 해도 이 숫자는 결코 무시할 수 있는 것이 아니었다. 이는 앞으로 본격적으로 활동하게 되는 모택동과 장개석의 간접적 조우였다고도 할 수 있다.

하여간 이와 같이 국공합작을 통한 연합전선이 형성된 것은 국공 양당의 전략적 이익이 맞아떨어진 때문이라고 할 수 있었다. 일단 국공 양당은 당장 중국이 당면하고 있는 문제인 제국주의를 몰아내고 군벌을 타도한다는 국민혁명운동의 차원에서 그 목표와 주장이 일치하고 있었기 때문이다.

또한 당시 중국 실정에서는 국민당이든 공산당이든 자기들이 활동하는 데는 모두가 소련의 지원을 절대적으로 필요로 하고 있었기에 표면적으로는 거부하지 않고 합작을 수용한 것이었다.

그러나 연합전선이 형성되게 된 이면을 들여다보게 되면, 그 것은 분명히 국공 양당 간의 혁명투쟁을 알리는 시발점이기도 했다. 왜냐하면, 중국공산당은 중국국민당의 발전을 돕기 위해 국민당에 가입한 것이 아니기 때문이었다. 또한 국민당도 당장 소련의 도움을 받아 무력을 양성해야 한다는 목표를 달성하기 위해 공산당을 이용하고자 했다.

이러한 양당의 입장 차이와 다른 목표는 비록 국공합작이 진행되었다고 하더라도 언제든지 갈라설 수 있는 상황이었으며, 각기 그 목표를 달성했을 때에는 언제든지 등을 돌리게 될 수 있는 것이었다. 따라서 이것은 앞으로 반세기에 걸쳐서 전개되는 6살 차이의 장개석과 모택동의 대립과 반목, 그리고 합작이라는 사건의 연속이 일어나게 되는 속내를 볼 수 있는 첫 번째 단추인 셈이었다.

중국공산당은 소련과 코민테른의 직접적인 지시에 따라 국민당과 합작한 것이지만, 개인 자격으로 국민당에 가입했다. 이것은 국민당에 가입했으니, 국민당원이 되는 것이고 당연히 형식상으로는 국민당 강령을 따르겠다는 표시이지만, 내용적으로 공산당에서 탈퇴한 것은 아니므로 공산당 활동을 개인 자격으로 국민당 내에서 하겠다는 셈인 것이었다.

따라서 이들이 공산당원을 포기하지 않은 이상 국민당 내에서 합법적인 활동을 통해 국민당을 장악함과 동시에 중국혁명의 주도권을 수중에 넣겠다는 확고한 목적을 실행한 것일 뿐이었다.

중국국민당 분화작업에 투입된 공산당원

이러한 공산당의 속내는 실제로 당시 중국공산당 중앙집행위원장인 진독수가 재일在日 대표로서 부위원장이기도 한 주불해周佛海(1897~1948)에게 보낸 서신 속에서 잘 나타나고 있었다.

그는 다음과 같이 이 점을 분명하게 밝힌 것이다.

> "국공합작은 코민테른이 결정한 전략이다. …… 공산당이 국민당에 가입하기로 한 것은 2가지 이유가 있는데, 하나는 국민당의 간판을 이용하여 공산당의 세력을 발전시키는 것이고, 또 하나는 국민당을 공산화시키는 것이다."

뿐만 아니라 진독수는 1924년 4월 국민당원 중에서 혁명적 방법을 채택한 쪽은 좌파이며 타협적 방법을 채택한 쪽은 우파라고 규정하면서 국민당을 좌우 양파로 분열시켜야 한다고 공개적으로 선언하기도 했다.

어쨌든 중국공산당이 코민테른의 명령으로 국민당에 가입한 근본적인 목적은 국민당을 분열시킨 후 점차적으로 공산화하여 당권을 장악하는 것이었다. 때문에 중국공산당 당원과 중국사회주의 청년단 단원은 개인 자격으로 국민당에 가입했지만 기존의 공산당 조직을 유지한 채 소기의 목적을 달성하기 위해 공개적이고 합법적인 방법으로 활동을 전개할 수가 있었다.

특히 중국사회주의 청년단 단원들은 국민당에 가입한 후 각급 집행위원회의 지휘를 받고 있었는데, 그 집행위원회는 상급 기관인 중국공산당 중앙 및 각급 집행위원의 지휘하에 있었다. 그래서 단원들은 자체의 독립적인 비밀조직을 유지하면서 중국공산당 당원의 주장에 적극적으로 협조했다. 따라서 공산당은 국민당 속으로 합법적으로 침투하여 합법적으로 활동공간을 마련한 셈이었다.

뿐만 아니라 앞에서도 말했지만 중국국민당의 중앙조직부는 공산당원인 담평산이 부장으로 있으면서 당 조직사업의 전반을 관장하고 있었다. 국민당의 조직과 당장(黨章, 黨憲 혹은 黨規)은 모두 그의 손에서 만들어졌으며, 각 지방의 당부黨部 책임자도 그가 직접 지명하여 파견했다.

게다가 공산당을 지지하거나 공산당과 가까운 사람들을 당원으로 모집했으며, 국민당에 충성하는 사람들은 당원 심사에서 탈락시켰고, 공산당에 반대하는 사람들은 무조건 입당을 거부하는 등 국민당내에서 공산당의 세력을 확장해 나갔다.

조직부 이외에도 노동부와 농민부 역시 명의상으로는 모두 국민당 당원이 맡고 있었으나 그 비서들은 모두 공산당 당원이었다. 농민부는 처음에 공산당원인 임조함이 부장직을 맡았으나 후일 료중개가 겸임했다. 뿐만 아니라 지방 당부의 핵심부서는 거의가 공산당원에 의해 장악되고 있었다.

게다가 당내에서 주요직책을 맡고 있던 국민당원들은 모두가 정부의 직책을 겸임하고 있었기 때문에 당보다는 정부쪽의 일로 분주했으며, 이로 인해 당무는 거의 다 비서들이 처리하고 있었다. 그런데 그 비서들은 대부분이 공산당원이었다.

바로 이러한 당내 실정이 공산당에게는 자체의 세력을 확장할 수 있는 절호의 기회가 되고 있었다. 말하자면 높은 관직은 대부분이 국민당 당원이 맡았지만 하부구조는 공산당의 수중으로 들어가는 구조가 되고 만 것이다.

비록 극소수에 불과한 공산당원들이었지만 그들은 국민당에 가입한 후 장차 혁명의 주력군이 될 수 있는 노동자와 농민을 대상으로 조직과 선전 활동에 집중했다. 뿐만 아니라 이들은 각종 강습소와 훈련반을 운영하면서 삼민주의를 비판하고 공산주의를 선전하는 등 국민당을 위해 인재를 양성하기보다는 오히려 공산당 간부를 양성하는데 집중했다.

결국 이렇게 하여 양성된 졸업생들은 곧바로 각지의 국민당 당부로 파견되어 중요한 사업을 담당하기 시작했다. 따라서 공산당의 의도대로 점차 지방당부에서 세력을 확장해 나가면서 국민당을 분화하고 공산화하는데 있어서 주역을 담당했다.

중국국민당의 내홍과 좌우 대립

공산당원을 출당시키지 못한 중국국민당

이미 예견된 일이었지만 하급 당 조직에서부터 국민당원과 공산당원 간의 마찰이 점차 심각해지자 광주시 당부 집행위원인 손과孫科와 황계륙黃季陸(1899~1985) 등이 문제점을 제기했다. 손과는 손문의 아들이며 황계륙은 후에 장개석을 좇아 대만에 와서 교육분야를 책임진 인물이다. 하여간 이들은 1924년 6월 1일 국민당 집행위원회에 당내의 실상을 일일이 열거하면서 당의 기율을 위배하는 일체의 행동을 제지해주도록 요구했다.

당의 기율이란 당의 지시를 따르지 않고 은밀히 공산주의를 전파하는 활동을 한 것을 말하는 것이다. 따라서 이는 공산당이 국민당내에서 활동하는 것을 제지해야 한다는 말이었다.

국민당 중앙감찰위원인 사지謝持(1876~1939) 역시 공산주의를 전파하려한 중국공산주의청년단의 의결사항과 선언 및 간행물 등을 수집하여 중앙감찰위원회에 심사를 요청했다. 결국 중앙감찰위원회는 중국공산당과 청년단의 이러한 행위가 국민당의 당규를 위반하고 국민당의 생존과 발전을 심각하게 위협하고 있음을 인정했다. 그리하여 중앙감찰위원인 등택여鄧澤如(1869~1934), 장계張繼(1882~1947), 사지 등은 중앙집행위원회에 공산당원에 대한 탄핵안을 제출했다.

탄핵안이 제출된 이후 국민당은 1924년 7월 4일 중앙집행위원회를 개최했으며, 3일 후인 7월 7일 '중국혁명운동의 유일한 길은 삼민주의를 실현하는 것이며, 이를 사명으로 삼고 있는 국민당에 가입한 공산당원들의 언행은 마땅히 국민당의 주의와 정강 및 당장에 근거해야 하며, 이를 위배할 시는 당의 기율에 따라 엄중한 제재를 받게 된다'는 내용의 선언문을 발표했다. 국민당의 공산당에 대한 경고였다.

그러나 그것은 경고에 불과한 것이었다. 이 경고를 실행할 힘과 방법을 국민당은 갖고 있지 못했기 때문이다. 하여간 국민당의 이러한 경고에도 불구하고 중국공산당원과 청년단의 단원들은 국민당의 주의와 정강 및 당장에 위배되는 언행을 서슴지 않았다.

이에 대해 국민당은 이들을 어디서부터 어떻게 손을 써야 할지를 몰라 전전긍긍했다. 왜냐하면 국민당의 하부조직이 공산당원들에 의해 장악되었기 때문이기도 했지만 또한 이들을 색출하여 출당시킬 경우에 소련과의 연합정책에 부정적인 영향이 미칠 수도 있다고 여겼기 때문이었다. 국민당은 결국 진퇴양난에 빠진 셈이 되었다.

손문의 사망과 좌우파의 충돌

이러한 소용돌이 속에서 1925년 3월 12일 손문이 사망하자 국민당은 큰 혼란에 빠졌다. 손문이 죽은 다음에 국민당을 새로이 이끌 인물이 당장 없었던 것이다. 이리하여 국민당은 당을 이끌 영도자가 부재하게 되자 급격하게 내분에 휩싸이게 되었다.

이에 중국에 공산주의를 전파할 목적으로 가진 코민테른에서 파견된 고문인 보로딘Borodin은 이를 절호의 기회로 삼고 공산당이 당권을 장악할 수 있도록 노골적으로 지원했다.

하지만 국민당은 이를 적절히 해결하지 못했고, 결국 국민당내부에서는 공산당을 받아들여 계속 국공합작을 하자는 좌파와 이에 반대하는 우파 간에 대결국면이 형성되었으며, 결국에는 몇 가지의 역사적 사건까지 발생하기에 이르렀다.

첫째는 료중개의 피살사건이었다. 료중개는 1925년 8월 20일 오전 9시 중앙집행위원회 회의에 참석하고 나오는 도중에 저격을 당해 사망했다. 그는 요폐와 제일 먼저 만나 용공容共을 주장했으며, 손문의 신임이 두터웠던 인물이었다. 따라서 료중개의 피살은 우파의 소행으로 볼 수 있는 개연성이 있었다.

그러자 사건 당일에 중앙집행위원회, 국민정부위원회, 군사위원회는 연석회의를 소집하여 왕조명汪兆銘(일명 汪精衛, 1883~1944), 허숭지許崇智, 당시 군사위원회위원과 육군군관학교 교장이었던 장개석 등 3인으로 특별위원회를 구성하고 이들에게 정치와 군사 및 경찰의 전권을 부여하기로 결정했다.

이러한 결정이 있자, 보로딘은 특별위원회에게 국민당내의 우파에 속하는 호한민胡漢民(1879~1936), 등택여, 사지, 추로鄒魯 (1885~1954) 등 10여 명을 체포해 줄 것을 요구했다. 그러나 허숭지는 아무런 증거도 없이 단지 정치적 견해가 다르다는 이유만으로는 그들을 체포할 수 없다고 맞섰다. 하지만 보로딘은 끝까지 호한민의 형인 호의생胡毅生(1883~1957)이 료중개 피살사건에 연루되었다고 하면서 군인을 풀어 그를 체포하도록 명령했다. 료중개의 피살 사건을 둘러 싼 좌우의 대립이 표면화된 것이었다.

둘째는 국민당 제4차 전체회의에서 일어난 논쟁이었다. 료중개가 피살되기 이전 다수의 중앙집행위원들은 공산당원들이 국민당 조직에 침투하여 당단黨團을 운영하고 있는 것에 격분하여 제1기 제4차 전체회의를 소집하여 대책을 강구할 것을 촉구했다. 그리하여 1925년 8월 10일 중앙집행위원회의 결의를 거쳐 동년 10월 15일 4차 중앙전당대회의 개최를 결정했다.

그런데 그 당시 중앙집행위원회는 24명의 위원이 있었는데, 그 중에서 공산당원으로는 담평산, 이대쇠, 우수덕 등 3명이 이었다. 또한 17명의 후보중앙집행위원 중에서 공산당원으로는 심정일沈定一, 임조함, 모택동, 우방주, 구추백, 한린부, 장국도 등 7명이 있었다.

이처럼 국민당에서 상당수의 공산당원이 그 자리를 차지하고 있었다고 하더라도 아직은 수에서 국민당에 대해 열세를 면하지 못하고 있었다. 따라서 공산당이 마음대로 국민당을 움직일 수는 없는 처지였다.

보로딘의 우파공격과 서산회의

이와 같이 손문이 사망한 이후에도 중앙집행위원회를 우파가 다수를 차지하고 있었기 때문에 보로딘은 중앙집행위원회를 마음대로 조종하지 못했다. 그러자 중요한 정책을 결정하는 역할을 중앙집행위원회에서 정치위원회로 옮겼다. 그리고 보로딘은 고문 자격으로 출석했으며, 왕조명을 그 정치위원회의 주석으로 추천했다.

정치위원회는 극소수의 위원으로 구성되어 있었고 공산당원도 구추백 1인 뿐이었지만, 대다수 위원들이 왕조명과 보로딘을 추종하고 있었다. 특히 보로딘은 왕조명과 각축을 이루면서도 서로 이용하는 처지에 있었기 때문에 정치위원회를 손쉽게 조종할 수가 있었다.

이와 같이 보로딘에 의해 장악된 좌파 성향의 정치위원회는 우파가 우세했던 중앙집행위원회를 무력화시키면서 모든 의사결정을 주도했다. 예를 들면, 정치위원회는 중앙집행위원회의 권한을 무시한 채 결석중인 중앙집행위원회 농민부장직을 진공박陳公博(1892~1946)으로 충원하는 심의안을 제출해 통과시킬 정도였다.

뿐만 아니라 보로딘은 료중개의 피살 사건을 구실로 삼아 중앙집행위원회의 우파 위원들을 축출하기 시작했다. 이에 더 이상 물러설 길이 없는 우파 위원들은 북경의 서산西山에 있는 국민당 총리인 손문의 묘소 앞에 모였다. 이들은 8월 18일의 중앙집행위원회 결의에 근거하여 제4차 전체위원회회의를 개최했는데, 여기에 참석한 이들을 후일 서산회의파라고 했다.

〈회의〉는 1925년 11월 23일에 개최되었으며, 모조권茅祖權(1883~1952), 엽초창葉楚傖(1887~1946), 장계張繼, 거정居正(1876~1951), 대전현戴傳賢(1891~1949), 석영石瑛(1879~1943), 심정일沈定一(1883~1928), 소원충邵元冲(1890~1936), 추로鄒魯, 임삼林森(1868~1943), 담진覃振(1884~1947), 석청양石靑陽(1879~1935), 사지謝持, 부여림傅汝霖(1896~1930) 등이 참석했다.

〈회의〉에서는 다음과 같은 내용을 주요골자로 하는 결의안을 통과시켰다.

첫째는 공산당원들의 국민당 당적을 취소하고 모든 공산당원들을 국민당에서 퇴출시키자는 것이었다. 공산당원들이 국민당에 가입한 후 당단黨團활동을 통해 국민당이 아닌 공산당에 충성하고 공산세력을 확장하려는 기도를 중단하지 않기 때문에 내린 조치였음을 강조했다.

〈결의문〉에서는 국민당 총리가 공산당의 가입을 허락한 것은 오로지 개인 자격으로서 국민당의 주의를 신봉하며, 국민당이 혁명을 수행하는 과정에서 국민당의 주의를 선전하고 국민당을 위해 사업을 전개하는데 노력한다는 약속이 있었기 때문이었음을 지적했다. 뿐만 아니라 당시 공산당이 당단이 아닌 개인 자격으로만 가입하여 국민당의 주의를 위해 분투하겠다고 누차에 걸쳐 성명을 발표했음을 상기시켰다.

둘째는 총리의 유훈에 따라 국민당을 평등하게 대하는 세계의 모든 민족과 연합하여 공동으로 분투하겠다고 밝혔다. 국민당은 공산당원을 축출하는 것과는 별개로 소련이 제국주의노선을 걷지 않는 한 소련과의 연합정책은 계속적으로 유지한다는 것이었다.

이는 당시 국민당의 고민을 그대로 반영한 것이었다. 당시 국민당으로서는 공산당원을 국민당 내에서 축출해야 했다. 그렇지 않다면 국민당의 당권을 공산당에게 넘겨 줄 수도 있다는 위기감이 팽배했다. 그렇다고 소련과의 협조를 거절할 수 없는 처지라는 것도 고려할 수밖에 없었다.

그러나 서산회의파에 반대하는 세력의 반격도 만만치가 않았다. 특히 왕조명은 서산에서 개최된 제4차 전체위원회회의는 법정인원을 충족시키지 못했기에 그 결의안도 효력이 없다고 주장했다.

사실 중앙집행위원회의 위원은 모두 24명이었는데, 호한민은 소련에 끌려가 있었고, 웅극무熊克武(1885~1970)는 감옥에 감금되어 있었으며, 이대쇠, 담평산, 우수덕, 임조함 등은 공산당원이었기 때문에 참석하지 못했다. 따라서 사실상 18명의 위원만 남게 되는데, 이중에서 서산회의에 참석한 것은 10명이었다. 그리고 5명의 감찰위원 중 사지와 장계 2명이 서산회의에 참석했다. 그러므로 보기에 따라서는 이 회의가 효력이 없다고 할 수는 없지만 왕조명은 이를 반대한 것이다.

제4차 전체위원회회의가 끝난 이후 곧바로 상해의 환용로環龍路 4호에 위치한 국민당 당부에서는 정식으로 중앙당부가 설립되었으며, 여기서 주요인사들의 직책도 결정되었다.

예를 들면, 계숭기桂崇基(1901~1990)가 비서장으로 임명되었고, 유로은劉蘆隱(1894~1969)은 조직부장, 랑성석郎醒石은 청년부장, 마초준馬超俊(1886~1977)은 노동부장, 그리고 유계명劉啓明은 상업부장으로 임명되었다. 또 심의빈沈儀彬(1882~?)과 황계륙黃季陸(1899~1985) 및 주불해周佛海(1897~1948)는 부녀부장과 해외부장 및 선전부장으로 각각 임명되었으나 사직했다.

그러나 서산회의파의 결정에 반발한 좌파는 자신들이 장악하고 있던 광주의 중앙집행위원회가 중앙집행위원회 제3차 전체회의에서 이미 제2차 전국대회와 중앙집행위원회 전체회의를 반드시 광주에서 개최하기로 의결했다고 주장하면서 서산회의파의 결의가 무효임을 선언했다.

뿐만 아니라 좌파는 1926년 1월 광주에서 열린 중국국민당 제2차 전국대표대회에서 서산회의파를 제명처분하고 당의 주도권을 다시 장악했다. 이는 국민당의 당권을 공산좌파가 장악한 셈이었고, 그러한 면에서 공산당의 원래 목표를 어느 정도 달성한 셈이었다.

그럼에도 불구하고 공산당의 입장에서는 당시 국민당의 실력파이자 중도파로서 황포군관학교 교장 겸 광주위수지구 사령관을 맡고 있던 장개석의 존재 자체가 부담이 되고 있었다.

이는 정치적으로 좌파가 국민당을 장악했다고 하더라도 실제로 군사력을 가지지 않는다면 하루아침에 무너질 수 있는 것이기 때문이었다. 그리고 장개석은 그 군사권을 쥐고 있는 사람이었으므로 좌파들이 이를 부담스럽게 생각한 것은 당연했다.

중산함사건과 장개석의 등장

중산함사건과 장개석의 공산주의자 축출

코민테른이 조종하는 좌파세력에 의해 국민당이 장악된 상태에서 뜻밖의 사건이 발생했다. 그것은 1926년 3월 18일 광주廣州에서 발생한 중산함中山艦사건이었다.

중산함은 손문의 아호를 딴 함선인데, 당시 황포에서 이른바 비도匪徒들에게 공격을 받은 함선을 구원해야 했다. 그리하여 1926년 3월 18일에 당시 황포군관학교의 관리과 교통국 국장이던 구양종歐陽鐘(1890~1943)이 중산함의 함장이던 공산당원 이지룡李之龍(1897~1928)에게 문제의 함선을 구하도록 명령했다.

그런데 중산함이 황포에 도착하자 이지룡은 소련사절단이 중산함을 참관한다는 이유를 내세워 다시 광주로 돌아가게 해 달라고 장개석에게 요청했다. 이 과정에서 장개석은 이지룡이 자신을 납치하여 블라디보스톡으로 갈 것이라는 말을 듣고, 즉각 계엄령을 내렸다. 그 이유는 중국공산당과 소련 고문인 니콜라이 꾸이브이쉐프Николай Владимирович Куйбышев(중국명 季山嘉, 1893~1938)가 군사정변을 일으키려고 하기 때문이라는 것이었다.

뒤이어서 장개석의 명령을 받은 구양격歐陽格(1895~1940)과 진조영陳肇英(1888~1977)이 중산함을 점령하고, 집에 있는 이지룡을 체포했으며, 소련의 고문과 공산당기관을 포위했다. 또한 제1군과 황포군관학교에 있는 주은래 등 공산당원을 억류하고 등연달鄧演達을 엄히 감시하는 한편, 중산함의 함장을 구양격으로 교체했다. 이 사건이 3월 20일에 일어났다하여 3·20사건으로 불리기도 한다.

어쨌든 이 사건은 국민당과 공산당이 정식으로 충돌한 사건이었다. 중국공산당 측에서는 이 모든 것이 국민당의 자작극이라고 주장했다. 하지만 국민당 측에서는 당시 공산당원으로서 국민정부의 대리 해군국장이었던 이지룡이 광주에 주재하는 소련영사관과 내통해 장개석이 중산함에 승선하여 광주 성역에서 황포黃浦로 돌아갈 때 그를 납치하여 블라디보스토크를 경유하여 시베리아 철도를 타고 모스크바로 압송하려고 일으켰던 일종의 납치극으로 단정지었다.

조사 결과 당시 광주 주재 소련고문단 주임이 꾸민 음모였음이 밝혀졌지만, 장개석은 소련과의 관계를 고려하여 더 이상 문제를 삼지 않았다.

그러나 장개석은 중산함사건을 계기로 중국공산당이 광동廣東 지역을 혁명근거지로 삼기 위해 황포군관학교의 혁명을 위한 무력을 장악함과 동시에 궁극적으로는 국민정부를 장악하려 하고 있다고 판단했으며, 이에 대한 조치를 취하기 시작했다.

우선 장개석은 중산함사건이 일단락된 이후 당 대표 및 공산당의 당적을 가진 군인들을 모두 제1군에서 퇴출시키기 시작했다. 이를 계기로 청년군인연합회도 자동적으로 해산되었으며, 손문주의학회 역시 명령에 따라 해산되었다.

정치 전면에 나서는 장개석

장개석은 정치위원회 주석인 왕조명의 부인 진벽군陳璧君(1891~1959)이 수차에 걸쳐 자신의 기밀비서인 진립부陳立夫(1900~2001)와 통화를 하면서 자신의 행방을 물었다는 사실을 듣고 왕조명 역시 사전에 중산함사건의 음모를 알고 있었던 것으로 추측하고, 그의 행동을 계속해서 의심하기 시작했다.

국민당 중앙집행위원회는 중산함사건 이후 국민정부위원회와 연석회의를 개최하고 담연개譚延闓(1880~1930)를 정치위원회 주석으로 선출했다. 그리고 이어서 황포군관학교 교장이었던 장개석을 군사위원회 주석으로 추대하기로 결의했다. 장개석이 정식으로 정치의 전면에 나선 것이었다.

군사위원회 주석으로 추대된 장개석은 모스크바에서 호한민과 함께 돌아온 보로딘과 당무를 정리하는 방안에 대해 상의했다. 보로딘은 처음에는 장개석의 의견을 대부분 받아들였다. 그러나 보로딘은 끝까지 우파를 반대하고 타격하며 제거할 것을 조건으로 내세우면서 그것을 국공 임시협정에 명문화할 것을 요구했다.

당시 보로딘과 중국공산당이 당무정리 방안에 동의한 것은 실제로는 1926년 3월 13일, 즉 중산함사건이 발생하기 일주일 전 코민테른 집행위원회 제6차 전체회의에서 국공 양당의 합작 필요성을 인정한 중국문제 결의안에 근거한 것이었다.

결국 장개석은 1926년 5월 15일 중앙위원 자격으로 담연개 등 9명과 공동으로 중국국민당 제2기 집행위원회 제2차 전체위원회에서 당무정리안을 제출하여 통과시켰다.

당무정리안은 모든 당원들의 의무와 조직활동을 규정하는 9개 조항의 내용으로 구성되었으며, 특히 아래와 같이 국민당에 가입한 공산주의자들을 규제하는데 초점이 맞추어져 있었다.

[제1조] 기타 당원으로서 국민당에 가입한 자는 모두 국민당의 기초가 손문이 제창한 삼민주의라는 것을 분명하게 이해해야 하고, 총리와 삼민주의를 의심하거나 비판해서는 안 된다.

[제2조] 기타 당원으로서 국민당에 가입한 자는 모두 국민당에 가입한 당원명부를 국민당 중앙집행위원회 주석에게 제출하여 보관하도록 해야 한다.

[제3조] 기타 당원으로서 국민당에 가입한 자는 모두 고급당부(중앙당부, 성당부, 특별시당부)의 집행위원을 임명하는데 있어서 그 인원수가 해당 당부 정수定數의 3분의 1을 초과해서는 안 된다.

[제4조] 기타 당원으로서 국민당에 가입한 자는 모두 국민당 중앙기관의 부장직에 임명될 수 없다.

[제5조] 국민당의 당적을 가진 자는 모두 당부의 허가를 받지 않으면 국민당 명의로 소집하는 어떠한 당무회의에도 참석할 수 없다.

[제6조] 국민당의 당적을 가진 자는 모두 최고 당부의 허가를 득하지 못하면 정치와 관련된 별개의 조직을 가지거나 행동을 해서는 안된다.

[제7조] 국민당에 가입한 다른 당의 당원에 대해 해당 당이 하달하는 모든 훈령은 반드시 먼저 연석회의에 제출하여 통과되어야 한다. 만약 특별히 긴급한 사항으로 사전에 보고할 수 없을 경우에는 반드시 차후에 연석회의의 추인을 받아야 한다.

[제8조] 본당의 당원은 탈당을 허가받기 이전까지는 다른 당에 가입하여 당적을 가져서는 안 된다. 본당을 탈당하여 다른 당에 가입한 자는 다시 본당에 가입할 수 없다.

[제9조] 당원이 이상의 각 항을 위반할 시는 반드시 그 당적을 즉각 취소하거나 또는 그 위법 정도에 따라 징벌을 가해야 한다.

원래 당무정리안의 원안은 모두 8개 조로 되어 있었으나 제3조가 추가되고 제9조가 수정되었다. 그리고 기타 조항들은 원안대로 통과되었으며, 다만 '공산당'이라는 명칭이 '타당'으로 바뀌었을 뿐이었다. 또한 원안의 '국민당과 공산당의 연석회의'라는 호칭도 '연석회의'로 바뀌었다.

새로 정리된 당 조직

통과된 당무정리안에 근거하여 광주廣州에서 국민당 제2기 2차 중앙전체회의는 연석회의에 출석한 대표로서 장인걸張人傑(1877~1950),

담연개譚延闓, 장중정蔣中正(장개석), 오경항吳敬恒(1865~1953), 고맹여顧孟餘(1888~1972) 등을 추대했으며, 공산당은 3명의 대표를 출석시킬 수 있었으나 명단을 제출하지 않았다.

그밖에도 당무정리안에 따라 중앙집행위원회 상무위원회 주석직을 신설하기로 했는데, 중앙집행위원 중에 공산당원들이 대다수를 차지하고 있었기 때문에 선거 결과 감찰위원인 장인걸張人傑이 주석으로 당선되었다. 하지만 얼마 후 다시 장개석으로 교체되었다.

특히 광주의 국민당 중앙당부는 '타당 당원으로서 본당에 가입한 자는 본당의 중앙기관의 부장 직에 임명될 수 없다'라는 당무정리안의 제4조에 근거하여 공산주의자들을 배제하고 국민당원들만 부장직에 임명했다.

이에 따라 장개석이 조직부장, 소원충邵元冲(1890~1936)이 청년부장, 고맹여가 선전부장, 감내광甘乃光(1897~1956)이 농민부장, 그리고 엽초장葉楚傖(1887~1946)이 비서장에 각각 임명되었는데, 곧이어서 장개석이 군인부장으로 임명되었다.

특히 장개석은 조직부장과 군인부장을 겸임하면서 혁명군과 군사기관의 당 대표를 임면할 수 있는 권한을 갖게 되었다. 국민당의 군권을 장악하게 된 것이다. 이를 계기로 당내의 모든 공산당원들을 축출하기 위한 작업에 본격적으로 착수했다.

중국공산당은 사태가 불리하게 돌아가자 결국 당원명부를 국민당 당부에 넘겨주기로 한 약속을 지키지 않았다. 뿐만 아니라 모든 훈령은 먼저 연석회의에 넘겨 통과된 이후 하달하거나 사후에 추인을 받아야 한다는 약속도 이행하지 않았다.

장개석의 북벌전쟁

군벌의 토벌에 나선 장개석

광동廣東과 광서廣西를 지지기반으로 삼고 있던 국민정부는 1926년 6월 5일 장개석을 국민혁명군 총사령으로 임명하여 곧바로 북벌北伐을 준비하도록 지시했다. 그런 후 동년 7월 1일 국민정부 군사위원회는 북벌군 동원령을 공포했으며, 7월 9일에 북벌을 위한 본격적인 진군을 시작했다.

당시에 중국대륙에는 군벌이 장악한 북경정부와 국민당의 남방정부 등 2개 정부가 있었으며, 여타 지역은 지방군벌의 수중에 있었다. 여러 군벌들이 장악하고 있는 지역을 보면 오패부吳佩孚의 25만 병력이 하남河南, 호북湖北, 호남湖南, 사천四川, 귀주貴州를 장악하고 있으면서 광동과 광서에서 밀려난 패잔부대를 거느리고 있었다. 또 손전방孫傳芳(1885~1935)의 20만 병력이 강소江蘇, 절강浙

江, 안휘安徽, 복건福建, 강서江西를 점거하고 있었다.

그리고 봉군奉軍과 직군直軍 및 로군魯軍을 포함한 장작림張作霖 휘하의 50만 병력이 동북東北, 열하熱河, 찰합이察哈尔, 하북河北, 산동山東 등 지역을 장악하고 있었다. 전통적인 지역분할 구도인 북부와 중서부, 남부에 군벌들이 나누어 자리하고 있었다.

그러나 이 군벌을 치겠다는 장개석의 국민혁명군은 광동의 6개 군 이외에 새로 편성된 제7과 제8군을 포함하여 10만 병력뿐이었 으니 군벌군에 비해 훨씬 열세에 있었다.

때문에 국민혁명군은 병력을 집중하여 적을 각개 격파시킨다는 전략방침하에 먼저 오패부 군대를 공격하고 그 다음에 손전방 군 대를 붕괴시킨 후에 마지막으로 장작림 군대를 타격하여 북경정 부를 몰락시킨다는 작전계획을 세웠고, 이에 따라 북벌을 개시했 다.

그런데 예상했던 것과 달리 국민혁명군의 북벌은 의외로 순조 롭게 진행되었다. 국민혁명군은 그해 7월 10일 장사長沙를 점령한 후 3로군路軍으로 나누어 진군을 계속했다.

국민혁명군의 제4군, 제7군, 그리고 제8군으로 편성된 중앙군 은 무한武漢을 향해 진격했으며, 제2군, 제3군, 제5군과 독립 제 1사단으로 편성된 우익군右翼軍은 남창南昌과 구강九江을 향해 진격 했다. 그리고 제1군의 일부 부대는 복건福建으로부터 절강浙江을 향해 진군한 후 우익군과 만나 상해上海와 남경南京을 향해 북상했 다. 또한 제9군과 제10군으로 편성된 좌익군左翼軍은 형사(荆門과 沙市)를 향해 진군했다. 국민혁명군의 중앙군은 10월 10일 무창武 昌을 점거했고, 우익군도 11월 9일 남창南昌을 접수하는 등 파죽지

세로 북진을 계속했다.

오패부의 위세는 정사교汀泗橋 전역에서 그 주력인 제3사단이 전멸함으로써 크게 꺾였고, 손전방의 동남 세력도 국민혁명군에 더 이상 저항하지 못하고 와해됨으로써 북벌의 대세는 장개석의 국민혁명군 쪽으로 기울기 시작했다.

결국 국민당의 장개석은 통일정부를 수립한 후인 1928년 2월 북벌을 재개하여 4개월 만인 같은 해 6월 북경에서 만주군벌인 장 작림을 몰아내는데 성공함으로써 비록 산해관山海關 이남의 중국 영토에 한정된 것이긴 했지만 중국인의 오랜 염원인 천하통일의 대업을 달성했다.

사실 중국역사에서 남방에서 시작하여 북경까지 판도를 넓힌 것은 명明의 주원장朱元璋(1328~1398)만 있었는데, 결국 장개석이 이 일을 해 낸 것이다. 역사상 두 번째로 남방에서 시작하여 북경까 지 그 범위를 넓히는데 성공한 것이다.

중국국민당의 북벌을 반대한 중국공산당

그러나 중국공산당과 러시아공산당 및 코민테른은 당초부터 국민 당의 북벌을 반대했다. 그 이유를 살펴보자.

> 첫째, 북벌이 제국주의를 타도하고자 하는 민족혁명이 아니고 단지 국민당의 남방 혁명세력이 북쪽으로 발전하기 위해 북양군벌을 토벌 하고자 나선 군사행동에 지나지 않는 것이기에 동참할 수 없다.

둘째, 국민당내부는 물론이고 국민군대 내부에 혁명을 주도할 만한 충분한 세력을 가지고 있지 않았기 때문에 조건이 성숙할 때까지 기다려야 한다.

셋째, 만약 북벌이 성공적으로 끝날 경우 중도파로 분류되고 있는 장개석의 세력이 급격히 부상하여 후일 공산혁명에 크나큰 장애가 될 것이다.

이러한 공산당과 소련의 반대 때문에 장개석은 비록 북벌에 성공했지만, 전국을 장악하기도 전에 이미 어려운 상황에 봉착할 수 있는 요소를 안고 있었던 것이다. 결국 장개석이 소련의 지휘를 받는 공산당과 합작했던 후유증이라고 할 수 있을 것이다.

중국국민당의 청당운동과
남경정부의 수립

중국공산당의 방해를 받는 장개석

장개석은 북벌을 시작하기 이전 중앙위원 자격으로 담연개 등 9명과 공동으로 당무정리방안을 제출하고 광주에 본부를 두고 있던 중앙당부를 개편하여 당의 상부구조를 공고히 했다.

그러나 성 당부 이하 조직에서는 많은 공산주의자들이 여전히 요직을 맡고 있었다. 이로 인해 국민혁명군 내에는 공산당의 구호가 난무하고 있었으며 주의와 사상 및 활동이 불분명하여 누가 국민당원이고 누가 공산당원인지를 구분하기가 어려웠다.

이러한 상황하에서 광주의 국민당 중앙당부는 1926년 10월 15일 중앙위원회를 개최했으며, 여기서 보로딘은 정치위원회 주석 겸 대리 국민정부 주석인 담연개와 대리 중앙집행위원회 상무위원회 주석인 장인걸 두 사람에게 장개석이 맡고 있는 직책 중 군사분야를 제외한 당정분야의 모든 직책을 거두어들이도록 압력을 가했다.

뿐만 아니라 그는 장개석보다는 왕조명이 대중적 지지도와 평판이 매우 높다는 것을 구실로 삼아 장개석을 내쫓고 왕조명을 불러들여 당정분야의 전권을 맡겨야 한다고 주장했다.

1926년 12월 31일 주석인 담연개와 장인걸을 포함하여 각 위원들은 광주를 떠나 남창에 도착했다. 장개석은 이들을 환영하는 연회를 열었는데, 이 자리에 배석한 보로딘은 매우 오만한 자세로 당부와 군대 및 정부 부서의 과오를 질타했다.

보로딘은 장개석을 격분케 하여 겸직을 스스로 포기하도록 함으로써 왕조명의 자리를 만들어 줄 속셈이었으나 장개석은 이를 눈치 채고 심적 동요 없이 그의 계략에 말려들어가지 않았다.

동년 겨울 국민혁명군은 이미 무한을 완전히 장악하고 있었으며, 그해 11월 중앙임시정치회의는 정부를 무한으로 옮기기로 결정했다. 그리고 그 다음 달인 12월 당정 부서의 요원들이 두 팀으로 나뉘어 이동했는데, 제1진은 무한에 도착했고 제2진은 잠시 남창에 머물렀다.

그러나 1927년 1월에 소집된 중앙정치회의는 중앙 당부를 잠시 남창에 두는 것으로 결정했다. 이러한 결정은 무한의 각 기관이 이미 공산당과 그 동조자들의 조종을 받고 있었으며, 게다가 아무런 법적 근거도 없이 중앙집행위원회와 국민정부위원연석회의가 구성되어 공산당원들의 수중으로 넘어가 있었기 때문이었다.

장개석은 전문을 보내 당정기관을 조속히 무창으로 옮길 것을 재촉했으나 상황이 여의치 않게 되자 남창에 머무는 것에 동의했다.

이때 무한정부는 '새로운 군벌을 타도하자'라는 구호를 외치면서 장개석 총사령관이 중앙기관의 이전을 가로막고 있다고 비난했다. 때문에 1927년 2월 장개석은 마찰을 피하기 위해 중앙 당정기관의 무한 이전을 허용했다.

무한정부의 구성과 장개석

담연개, 이열균李烈鈞, 정유분丁維汾(1874~1954), 하향응何香凝(1878~1972) 등 중앙위원들도 남창으로부터 한구漢口를 향해 떠났으며, 그해 3월 7일 무한에 도착했다. 이들이 도착하자 장개석의 정적인 왕조명의 무한정부는 회의 소집을 서둘렀으며, 드디어 1927년 3월 10일 제2기 중앙집행위원회 제3차 전체회의를 개최하고 다음과 같은 내용의 결의안을 통과시켰다.

우선 당무분야에 있어서는, 중앙당부의 조직을 개편하고, 주석제主席制를 폐지했다. 그 대신 9명으로 구성된 상무위원회를 구성하여 당의 최고지도권을 행사하도록 하며, 당무와 정치, 군사, 행정에 대해 최종결정권을 가지도록 했다.

뿐만 아니라 왕조명을 중앙조직부 부장으로 추천했으며, 광동성廣東省과 강서성江西省 당부, 그리고 광주시廣州市 당부의 집행위원과 감사위원 선출은 무효라고 규정했다.

정치 분야에서는 국민정부의 조직법을 개정하고, 주석제를 폐지하며, 위원 28명과 상무위원 5명을 두도록 했다. 또한 정치회의를 개편하고 주석제를 폐지하며, 위원 15명을 두도록 했으며, 7명으로 구성된 주석단을 신설하도록 했다.

군사 분야에서는, 국민혁명군총사령부를 폐지하고 그 대신에 군사위원회를 신설하여 중앙집행위원 6명과 고위군사요원 10명으로 구성된 16명의 위원을 두었다. 그리고 3명에서 7명으로 구성된 주석단을 신설하도록 했다.

그러나 무한정부의 장개석 국민정부에 대한 적대적 행위가 노골화되자 장계, 사지, 거정, 추로鄒魯(1885~1954) 등 상해의 중앙당부 중앙위원들, 그리고 광주의 중앙집행위원회 상무위원회 주석인 장인걸 등 국민당 우파들은 당내의 공산주의자들을 몰아내는 대대적인 청당淸黨운동을 더 이상 늦출 수가 없다고 판단했다.

장개석의 국민혁명군 우익군은 원래의 작전계획대로 남경과 상해를 공격목표로 삼고 장강長江 하류를 향해 진격 중에 있었으며, 북벌군이 1927년 3월 24일 남경에 도착했을 때 이른바 남경사건이 발생했다.

장개석의 남경정부 수립

장개석의 북벌 작업은 계속되어 북벌군 지휘관 정잠程潛(1882~1968)은 제2군과 제6군을 이끌고 남경에 입성했다. 그런데 제2군과 제6군의 당 대표 겸 정치부주임은 모두 공산당원인 이부춘李富春(1900~1975)과 임조함林祖涵(1886~1960)이었다.

이들은 의도적으로 병사들이 영국인들과 충돌하도록 유도했으며, 외국인들이 이것을 국민당정부의 소행으로 믿고 국민정부에 대해 반감을 가지기를 바랐다.

　이와 같이 국민당내에 공산주의자들이 득세하고 파괴활동이 심화되면서 나날이 수세에 몰려 위기감을 느끼고 있던 국민당의 우파들은 결국 반격에 나서기 시작했다. 중앙감찰위원인 오경항이 중앙감찰위원회에 보낸 공산당원 색출을 요청하는 서한의 내용을 보면 그 위기감이 잘 반영되어 있었다.

　그는 공산당이 당단黨團을 통해 국민당원들의 정치활동을 감시하는 등 국민당을 없애버리려는 음모를 단념하지 않고 있었으며, 중국국민당 정부가 완전히 보로딘 개인에 의해 놀아나고 있어 장차 중국은 공산당에게 갈취당하여 소비에트·러시아의 직접적인 지배로부터 벗어날 수 없을 뿐만 아니라 또 다른 제국주의의 속국으로 변질될 수도 있다고 주장했다.

　결국 1927년 4월 2일 중앙감찰위원회는 상해에서 전체긴급회의를 소집했으며, 채원배蔡元培(1868~1940), 이종인李宗仁(1891~1969), 고응분高應芬, 장인걸張人傑, 황소굉黃紹竑(1895~1966), 오경항吳敬恒, 진과부陳果夫(1892~1951) 등 참석자들은 공산주의자들을 검거하는 안건을 만장일치로 통과시켰다.

　당시 광주의 대표대회에서 선출된 제2기 중앙집행위원 중에는 공산당에 편향된 인사들이 상당수 포함되어 있었다. 때문에 오경항은 중앙집행위원회 내에 반역이 의심되고 그 증거가 충분한 공산당원 및 그 추종세력들을 색출하여 모든 직권을 행사하지 못하도록 하자고 제안했다.

　이 검거안이 통과되기 하루 전 날인 4월 1일 무한정부는 돌연 장개석의 총사령관직을 면탈하는 명령을 하달했으며, 이에 장개석은 전체 장병에게 한 치의 동요함이 없이 혁명의 사명감을 가지고 북벌을 성공리에 끝내줄 것을 당부했다.

무한정부의 계획을 알아차린 장개석은 동년 4월 9일 남경에 진주한 후 중앙집행위원회와 감찰위원회의 연석회의에서 통과된 청당淸黨 결의안에 근거하여 대대적인 청당운동을 전개했으며, 동월 18일 남경에서 정식으로 국민정부를 수립했다.

코민테른의 공작과 무한정부

무한연합정부의 수립

중국공산당의 비협조적인 행동에도 불구하고 북벌군의 진격이 예상 밖으로 빠르게 전개되자 국민당 인사들의 주의력은 광주를 떠나 온통 북방의 전선과 수복지구에 집중되고 있었다.

이 틈을 타서 보로딘은 국민당 중앙의 좌파인사들을 포섭하여 무한으로 자리를 옮겨 그곳에서 1926년 12월 13일 국민정부와 국민당 중앙의 연석회의를 조직했다. 그리고 서겸徐謙(1872~1940)을 주석으로 추대하고 그로 하여금 당의 최고직권을 행사하도록 했다.

무한의 연석회의는 동년 12월 31일 국민당 중앙과 국민정부가 광주에서 남창으로 옮겨온 이후에도 그대로 그곳에 남아 있었으며, 오히려 남창중앙의 결의를 거부했다.

뿐만 아니라 연석회의는 1927년 3월 10일 한구漢口에서 국민당 제3차 전체회의를 소집하고 국민당 중앙과 각 군정기관을 개편했으며, 공산당원들을 중앙과 성급정부에 끌어들여 보로딘과 중국 공산당의 조종을 받는 무한연합정부를 수립했다.

왕조명과 진독수의 연합선언

한편, 오경항과 채원배 등은 북벌군이 상해를 공격한 이후인 1927년 4월 1일 유럽으로부터 상해에 도착한 왕조명에게 공산당의 모든 음모와 청당계획을 알리고 그의 동의를 얻어내려 했으나 실패했다. 왕조명은 오히려 제반 문제를 공산당의 당수인 진독수와 상의했으며 주변의 조언에는 그다지 귀를 기울이지 않았다.

원래 왕조명의 귀국은 애당초 무한정부와 밀접한 관련이 있었다. 그는 귀국 시 모스크바를 경유하여 올 정도로 소련의 적극적인 지지를 받고 있었을 뿐만 아니라 군대 내의 좌파 성향 군사지휘관인 당생지唐生智(1889~1970)와 장발규張發奎(1896~1980)의 도움도 받고 있었다. 특히 권력욕이 지나칠 정도로 매우 강한 인물이었다.

왕조명은 진독수와 함께 무한으로 숨어들어갔으며, 1927년 4월 6일 진독수와 함께 국민당과 공산당 양당 명의로 공동선언을 발표했다. 뿐만 아니라 무한정부는 국민정부가 남경에서 수립되던 당일 중앙집행위원회의 명의로 장개석을 몰아내거나 당원 명부에서 제명시키라는 전문을 발송했다.

연합선언을 통해 진독수는 '무산계급독재'를 실행하지 않고 '민주독재제도'를 수립한다고 말한 데 반해서 왕조명은 손문의 용공

容共정책을 연공聯共정책을 바꾸고 국공 양당의 대등한 지위를 인정한다고 천명했다. 또한 이들은 무한정부를 지지하며 장개석의 국민정부를 반대한다고 발표했다.

코민테른의 공작

북경의 군벌정부, 남경의 국민정부, 그리고 무한의 국민당 좌파정부가 삼각을 이루고 있는 대치국면하에서 무한정부는 1927년 4월 19일 코민테른과 중국공산당의 적극적인 지지하에 당생지唐生智가 군대를 이끌고 하남河南을 향해 발진하여 풍옥상馮玉祥(1882~1948)과 회합한 후 평진平津을 공격한다는 이른바 제2차 북벌을 선언했다.

사실 풍옥상은 일찍이 모스크바에서 소련과 내통하고 있었다. 소련은 1925년 4월에 이미 36명의 군사 및 정치요원들을 장가구張家口의 풍옥상 군대에 파견하여 활동하도록 했을 뿐만 아니라 각종 무기와 장비도 제공했다. 이런 연유로 광동의 국민혁명군이 북벌을 시작한 후인 1926년 9월 8일 소련에서 귀국한 풍옥상은 국민당에 가입하여 무한좌파정부의 제2차 북벌에 참가했다.

이때만 해도 보로딘과 중국공산당은 코민테른의 직접적인 지시에 따라 중국국민당과의 연석회의를 개최하여 합작방법을 모색하고자 했으며, 국민당 좌파인사들을 포섭하여 무한정부를 공산화시킨다는 목적을 가지고 있었다.

그래서 중국공산당은 코민테른의 직접적인 지시하에 무한정권이 수립된 직후인 1927년 5월 1일 제5기 전국대표대회를 개최했다. 〈대회〉에는 57,900여 명의 공산당원을 대표하여 80명의 대표가 참가했으며, 코민테른 대표단과 국제노동자 대표단은 물론이고 무한정부의 국민당 좌파인사를 포함하여 왕조명도 참가했다.

〈대회〉는 '중국혁명의 특성은 소자본계급이 반드시 무산계급과 함께 사회주의의 방향으로 전진해야 하는 것이며, 이를 위해 국민당과의 합작이 필요하다'라는 코민테른 제7차 확대회의의 '중국문제결의안'을 확인함과 동시에 향후의 국민혁명은 반드시 토지혁명으로 전환되어야 한다는 내용의 농민정강을 결의했다.

뿐만 아니라 중국공산당은 '소련과 연합하며, 공산당을 용인하고, 노동자와 농민을 기본역량으로 하는' 정책을 기준으로 삼아 이를 찬성하는 사람은 좌파로 분류하고 그렇지 않은 사람은 우파로 분류한 후에 좌파를 끌어들이고 우파를 타격함으로써 세력을 확장해 나가는 원칙을 재확인했다.

그 결과 무한정부 내의 국민당 좌파분자들은 비록 수적으로는 우세를 점하고 있었지만 공산당의 분열공작으로 인해 사분오열되고 있었다.

때문에 무한정부는 주로 국민당 우파인사들이 당내 요직을 장악하고 있는 남경정부와는 달리 국민당 좌파인사들과 공산당원들에 의해 조종되고 있었으며, 사실상 알게 모르게 보로딘의 직접적인 지시에 따라 움직이는 공산당에 의해 점차 공산화되는 과정을 밟고 있었다.

코민테른의 입장 변화

이 무렵 중국에 파견된 코민테른 대표인 보로딘Borodin과 로이 M.N.Roy는 중국의 혁명노선과 관련하여 서로 상반된 생각을 가지고 있었다.

보로딘은 약세에 처해 있는 중국공산당이 세력을 확장하기 위해서는 여전히 국민당과의 협력관계가 필요하며, 북벌의 성공 역시 도움이 된다는 우파노선을 주장했다. 그러나 로이는 북벌의 성공이 중국공산당의 세력 확장에 결코 도움이 되지 않는다고 주장하면서, 오직 토지혁명을 통해 군대를 확충하고 혁명근거지를 확대하며 국민당의 좌파를 끌어들여 국민당을 와해시킨다는 좌파노선을 고집하고 있었다.

그러나 트로츠키와 권력투쟁을 벌리고 있던 스탈린은 중국혁명의 성격을 무산계급독재를 반드시 실행해야 한다고 주장한 트로츠키의 관점과는 달리 무산계급이 농민, 소자본계급 및 일부 자본계급과 연합하여 제국주의와 봉건주의에 반대하는 자본주의 민주혁명으로 규정했다.

따라서 혁명을 위한 구체적인 방법에 있어서도 스탈린은 토지혁명과 무장투쟁 및 소비에트정권의 수립 등을 주장한 트로츠키와는 달리 국민당과의 합작과 무한정부와의 연합을 옹호했다.

그런데 스탈린은 1927년 5월 18일부터 5월 30일까지 개최된 코민테른 제8차 집행위원회 전체회의에서 기존의 입장을 버리고 갑자기 강경노선으로 돌변했다.

그리고 바로 그 다음 날인 6월 1일 그는 〈회의〉에서 통과된 '중국문제결의안'을 근거로 하여 무한에 있는 코민테른의 중국대표인 로이와 보로딘에게 다음과 같은 내용이 담긴 비밀전문을 보냈다.

첫째, 토지혁명이 없으면 성공할 수 없으며, 토지혁명이 없으면 국민당 중앙위원회는 믿을 수 없는 장난감으로 변질된다. 그러니 토지혁명을 밑으로부터 시작하여 토지를 몰수해야 하며 국민정부의 법령에 따라 몰수할 필요는 없다.

둘째, 중국공산당 당부의 역량으로 농민의 과격한 행동을 제지한다. 그러나 군대를 사용할 수는 없다. 반드시 농민협회를 통해 이루어지도록 하며 절대로 노농운동을 멀리해서는 안 된다.

셋째, 국민당 중앙위원회의 일부 연로한 지도자들은 심적으로 동요하고 타협을 원하고 있으니 밑으로부터 보다 많은 새로운 노농 지도자들을 끌어들여 국민당 중앙위원회에 포진시킨다. 국민당을 개편해야 하는데, 그 상층부에는 토지혁명을 통해 발탁된 새로운 지도자들로 충원하며, 지방조직은 노동조합원과 농민조합원을 중심으로 확대한다.

넷째, 신뢰할 수 없는 장교들을 제거하며, 2만 명의 공산당원을 무장시키고, 호남과 호북으로부터 5만 명의 혁명적인 노농분자를 선발하여 몇 개의 새로운 군대를 편성하며, 군관학교의 학생들을 지휘관으로 임명하여 믿을 수 있는 군대를 조직한다.

다섯째, 공산당원이 아니면서 명성이 있는 국민당 당원을 책임자로 하는 혁명군사법정을 설치하여 장개석과 연락을 하고 있거나 사병을 사주하여 인민을 살해하거나 또는 노동자와 농민을 살해하는 반동적 군관들을 재판하도록 한다.

그런데 전문을 받은 로이와 보로딘 두 사람은 서로 다른 입장을 가지고 있었다. 보로딘은 전문 내용을 왕조명에게 알리지 말자고 주장했으나 로이는 "보로딘은 이 전보를 당신에게 보여주는 것에 찬성하지 않았지만 나는 당신이 이 전보의 내용을 마땅히 알아야 한다고 생각하며, 뿐만 아니라 나 역시 당신이 반드시 찬성할 것으로 믿는다."라고 말하면서 왕조명에게 전문을 보여주었다.

비밀전문의 내용을 확인한 왕조명은 일단 찬성을 표시했다. 그러나 한 달 정도가 지난 후 그는 다른 문제가 생기자 이를 구실로 갑자기 태도를 바꾸어 반대했다.

좌우파 통합정부를 구성한 장개석

당시 왕조명을 지지하던 당생지唐生智 휘하의 하건우何健又가 동년 6월 29일 한구에서 무한정부가 공산당과 갈라서야 한다고 주장하면서 반공선언을 발표하는 사건이 일어났다. 그 후 며칠이 지난 7월 3일 장개석은 왕정정王正廷(1882~1961)을 낙양洛陽으로 보내 그로 하여금 풍옥상에게 무한정부가 남경정부와 일치된 행동을 취하도록 도와줄 것을 요청하도록 했다.

부탁을 받은 풍옥상은 무한정부에 수차례 전문을 보내 몇 가지 사항을 반드시 이행할 것을 요구했는데 그 내용은 다음과 같다.

첫째, 보로딘은 전문을 받은 후 5일 이내에 무한을 떠나 귀국해야 하며, 기한을 넘겨 떠나지 않을 시는 구금될 것이다.

둘째, 공산당을 반대하는 청당운동을 즉시 선포해야 한다.

셋째, 정부 내의 공산주의자들을 모두 축출해야 한다.

넷째, 공산당이 조종하는 대중단체를 모두 폐쇄하도록 한다.

다섯째, 진독수와 공산당 간부들을 체포하여 억류해야 한다.

여섯째, 등연달鄧演達를 해외로 보내 그의 모든 직책을 박탈해야 한다.

그러나 풍옥상의 이러한 요구는 중국공산당의 입장에서는 도저히 수용할 수 없는 것들이었다. 그래서 동년 7월 13일 중국공산당 중앙집행위원회는 무한에서 무한국민당을 통렬히 비난하는 성명을 발표하면서 무한정부에 참가한 공산당원은 모두 철수시키지만 국민당내에 있는 공산당원은 그대로 두기로 하는 결정을 내렸다.

중국공산당의 이러한 결정이 내려지자 왕조명은 1927년 7월 15일 국민당 중앙상무위원회 확대회의를 소집하고 정식으로 중국공산당과의 결별을 선언했다. 이어서 무한의 국민당 중앙은 그해 7월 17일 소집된 중국국민당 중앙집행위원회의 결의를 통해 공산주의자들을 무한정부의 요직에서 모두 축출하는 등 공산주의자들에 대한 정풍운동을 전개했다.

결국 공산당원들은 무한정부로부터 축출되고, 보로딘은 몽고를 경유하여 귀국했으며, 로이는 귀국하여 트로츠키파로 몰리면서 5년형을 선고받고 옥살이를 했다.

국민당 좌파와 중국공산당 사이에 결성되었던 연합전선의 붕괴는 사실상 왕조명에게 큰 영향을 미쳤다. 그동안 국민당내에서 중요한 위치에 있으면서 "혁명을 하는 사람은 좌로 돌아서고 혁명을 하지 않는 사람은 꺼져버려라.", "공산주의를 반대하는 것은 혁명을 반대하는 것이다."라는 구호를 외치면서 국민당원들과 일반청년들의 심리를 뒤흔들었던 왕조명이었기에 중국공산당과의 결별은 그의 정치생명이 마감되는 불운의 전기로 작용할 수밖에 없었다.

무한의 국민당 좌파정부와 중국공산당 간의 합작이 붕괴된 이후인 1927년 9월 장개석은 무한정부와의 통합을 통해 남경정부를 대표로 하는 국민당의 통합정부를 구성했다. 이를 계기로 그동안 중도파로 분류되었던 장개석은 국민혁명의 주도권을 장악함으로써 사실상 국민당의 실권자로 부상했다.

이렇게 좌우파로 갈라졌던 국민당 좌파의 무한정부와 국민당 통합정부를 남경에 구성한 장개석이 국민당의 실권을 장악하긴 했지만 국민당의 입장에서는 해결해야 될 문제들이 산적해 있었다.

비록 통합정부가 수립되긴 했지만 국민당의 혁명군 내에는 여전히 상당수의 공산주의자들이 진을 치고 있었기 때문이었다. 다만 무한정부가 공산당과의 결별을 선언함에 따라 공산주의자들은 일시적인 보신과 향후 적극적인 폭동 획책을 위해 중국국민당 정부군 안에 잠복해 있는 상태였다.

제4장
중국공산당의 무장투쟁과
홍군의 건설

국공분열과 87회의의 결의

코민테른 지도하의 중국공산당

코민테른은 중국공산당이 무한정권과 결별하기 이전에 이미 중국 공산당이 기회주의의 과오를 범하고 있다고 비난하는 내용의 긴 급훈령을 중국공산당 중앙에 하달했다.

그 훈령의 요지는 중국공산당이 국민정부를 탈퇴한다고 즉각 선언할 것과, 공산주의자들이 국민당 지도부에서 대거 축출되었 지만 국민당을 탈퇴하지 말고 국민당의 하층 민중을 조직하고 동 원하여 국민당 지도부에 대항하도록 하는 것이었다.

중국공산당 중앙은 이 긴급훈령에 따라 1927년 7월 13일 국민 정부 탈퇴를 선언했지만 국민당에는 그냥 잔류하기로 결정했다.

그리고 1927년 7월 12일 중국공산당 중앙은 코민테른 집행위 원회의 직접적인 지시에 따라 지도부를 개편했는데, 장국도, 이유한李維漢(1896~1984), 주은래, 이립삼李立三(1899~1967), 장태뢰張太雷(1898~1927) 등 5인으로 중국공산당 중앙 임시정치국상무위원회를 구성했다.

새로 구성된 임시정치국상무위원회는 3가지 중요한 사항을 결정했다.

> 첫째, 중국공산당이 장악하거나 조종하고 있는 부대를 남창에 집결시켜 폭동을 준비한다.
> 둘째, 호남, 호북, 강서, 광동 4개 성의 농민을 조직하여 추수기에 폭동을 일으킨다.
> 셋째, 중앙회의를 소집하여 새로운 시기의 방침과 정책을 토의하고 결정한다.

그러나 코민테른은 무한의 좌파정부와 공산당이 결별을 선언함에 따라 로미나즈Besso Lominadze와 노이먼Heirz Neumann 두 사람을 새로운 대표로 중국에 급파했다.

이들 두 사람은 한구에 도착하여 진독수와 담평산 등을 즉각 징계할 것을 주장하면서 토지혁명을 찬성하지 않은 장국도에게도 욕설을 퍼붓는 등 중국공산당 중앙을 즉각 개편할 것을 요구했다.

코민테른이 주관한 87비밀회의와 폭동정책

이러한 상황 속에서 공산당은 남창南昌폭동을 일으킨다. 남창폭동이란 1927년 8월 1일 중국공산당은 중국국민당이 무력으로 청당淸黨정책을 결정한 것에 반대해 남창에서 무장봉기를 일으킨 사건이다. 이 사건은 후에 중국공산당이 중국국민당을 향해 일으킨 첫 번째의 무장투쟁이라는 점에서 중국인민해방군의 건군기념일로 삼을 정도로 투쟁의 양식이 달라지는 계기가 된다.

하여간 이 남창폭동이 있은 지 7일째가 되는 1927년 8월 7일 로미나즈의 주관하에 한구에서 비밀리에 이른바 '87회의'라는 긴급회의가 소집되었다. 〈회의〉에는 중앙위원인 구추백瞿秋白, 향충발向忠發(1879~1931), 이유한李維漢, 채화삼蔡和森(1895~1931), 등중하鄧中夏(1894~1933), 소조징蘇兆徵(1885~1929), 장태뢰張太雷, 임필시任弼時(1904~1950), 팽공달彭公達(1903~1928), 육침陸沉(1900~1941), 그리고 후보 중앙위원인 모택동을 포함하여 모두 11명이 참석했다.

〈회의〉는 진독수를 기회주의자로 몰아 그의 총서기직을 박탈했다. 그리고 그 대신에 구추백, 향충발, 이유한 등 3인으로 중앙임시정치국상무위원회를 구성했으며, 중국공산당 중앙 총서기로 구추백을 선출했다.

뿐만 아니라 〈회의〉는 진독수의 기회주의를 청산함과 동시에 다음과 같은 몇 가지의 전략방침을 결정했다.

> 첫째, 각지의 빈농과 소농을 조직하고 동원하여 대지주와 중지주의 토지를 몰수하는 토지혁명을 실행한다.
> 둘째, 노동자와 농민을 동원하여 혁명적인 좌파국민당의 기치아래 총폭동을 일으키며, 특히 추수시기 호남·호북·강서·광동[湘鄂贛粵] 등 4개 성에서 농민들의 조세저항을 유도하여 추수폭동을 일으킨다.

셋째, 각지에 소비에트정권을 수립한다.

이와 같이 토지혁명, 무장폭동, 소비에트 건립 등 3대혁명과제와 4개 성의 추수폭동이 87회의에서 결의됨에 따라 중국공산당은 먼저 좌파 국민당의 기치 아래 추수기를 대비한 4개 성의 추수폭동을 준비하기 시작했다.

실패로 끝난 폭동과 소비에트 건립

중국공산당의 남창폭동

코민테른의 지도하에서 폭동정책을 사용하기로 결정한 것은 87회의였다. 그러나 남창폭동은 87회의가 개최되기 1주일 전에 일어났다하여 코민테른의 지도와 무관한 것으로 볼 수 없다. 왜냐하면 남창폭동은 원래 추수폭동의 일환으로 계획된 것이었으며, 코민테른의 직접적인 지시에 따라 제일 먼저 실천에 옮겨진 무장투쟁이었다. 그러므로 87회의라는 것은 이미 폭동을 실천에 옮기면서 소집된 것이라고 보아야 할 것이다.

남창폭동은 당시 코민테른 대표인 로미나즈의 직접적인 지시를 받고 남창에 도착한 당 중앙 상무위원회 위원인 장국도, 주은래, 이립삼 등 3인의 계획하에 실행에 옮겨졌다.

코민테른과 중국공산당은 좌파 국민당과의 연합정부가 붕괴되었음에도 불구하고 상당수의 공산분자들이 무한 좌파정부의 군대 내에서 활동하고 있었기 때문에 이들을 동원하여 무장투쟁을 전개하여 남창에 소비에트정권을 수립하고자 했다.

공산당과 결별을 선언한 후 무한의 국민당 좌파정부는 '동정東征'을 결정했으며, 이로 인해 제2방면군 장발규張發奎(1896~1980) 휘하의 4군과 11군 및 20군은 동쪽으로 이동하여 구강九江과 남창의 제1선으로 이동을 완료한 상태였다.

그런데 이 부대는 공산분자인 운대영惲代英(1895~1931)이 총지휘부의 총참의總參議를 맡고 있었기 때문에 중국공산당의 직접적인 지시만 떨어지면 얼마든지 폭동에 동원될 수가 있었던 상태였다.

뿐만 아니라 11군의 24사단 사단장인 엽정葉挺(1896~1946)과 20군의 군사령관[軍長]인 하룡賀龍(1896~1969)도 공산분자였고, 공산분자인 주덕朱德(1886~1976)의 교도단敎導團 병력 일부도 남창에 주둔하고 있었다.

중국공산당은 엽정의 5개 연대[團], 하룡의 6개 연대, 주덕의 2개 중대[連] 등 대략 16,000여 명의 병력을 장악하고 있었으며, 채정개蔡廷鍇(1892~1968)의 11군 제10사단 병력 5,000여 명도 흡수한 상태였기 때문에 중국국민당 정부군에 대적할 만한 충분한 병력을 확보하고 있었다.

때문에 중국공산당은 국민당에 반대하거나 또는 공산당에 동조하여 국민당 정부군으로부터 이탈한 이들 병력 2만여 명을 총동원하여 1927년 8월 1일 남창에서 폭동을 일으킨 후 곧바로 국민당 명의를 이용하여 국민당 혁명위원회를 설립했다.

중국공산당은 국민당 혁명위원회 위원으로 국민당의 우파분자를 배제한 채 공산당원인 담평산, 주은래, 장국도, 이립삼, 고어한高語罕(1887~1948), 임조함林祖涵, 오옥장吳玉章(1878~1966), 하룡, 곽말약郭沫若(1892~1978), 운대영, 하희夏曦(1901~1936), 서특립徐特立(1877~1968), 엽정, 소조징, 향충발, 한린부, 양포안楊匏安(1896~1931), 방유하方維夏(1880~1936) 등을 임명했으며, 좌파분자인 등연달鄧演達, 강제환姜濟寰(1879~1935,) 장시서張時曙, 팽택민彭澤民(1877~1956) 등도 위원으로 임명했다.

뿐만 아니라 중국공산당은 담평산을 주석단, 오옥장을 비서장, 임조함을 재정위원회 주석, 장국도를 노농위원회 주석, 곽말약을 선전위원회 주석, 유백승劉伯承(1892~1986)을 참모단 주석, 이립삼을 정치보위처 처장, 곽말약을 총정치부 주임, 하룡을 총지휘 겸 20군 군사령관, 엽정을 전적총지휘 겸 11군 군사령관, 그리고 주덕을 제9군 군사령관에 각각 임명했다. 이 자체로 본다면 공산당이 국민당을 장악한 셈이었다.

그러나 국민당 정부군의 반격으로 남창폭동은 결국 실패로 끝났으며, 중국공산당의 혁명부대들은 패잔병을 이끌고 남창을 떠나 지방으로 숨어 들어갔다. 하룡과 엽정의 잔여부대 2만 여명의 병력은 8월 5일 남창을 떠나 남쪽을 향해 퇴각을 계속하면서 3일째인 8일 임천臨川에 도착했다. 임천에서 3일간 휴식을 취한 후 다시 남행을 계속했으며, 결국에는 모택동의 유격부대와 합류할 수가 있었다. 공산당이 획책한 1차 무력투쟁은 결과적으로 실패한 셈이었다.

동시다발적인 추수폭동

남창폭동이 실패로 돌아갔지만 중국공산당은 폭동정책을 변경하지 않았다. 중국공산당 중앙은 87긴급회의에서 특히 추수시기에 호남·호북·강서·광동[湘鄂贛粤] 등 4개 성에서 농민들을 동원하여 추수폭동을 일으키라고 결의했기 때문이었다. 이에 따라 무한에서 추수폭동을 직접 지휘하기로 했으니 이른바 노농혁명군을 동원하여 4개 성에서 동시다발적으로 폭동을 일으키려는 계획이었다.

이 추수폭동은 3개 권역으로 나뉘어 전개되었는데, 하나는 하룡과 엽정의 남창폭동과 광동의 농민폭동, 또 하나는 호남의 농민폭동, 그리고 또 다른 하나는 호북의 농민폭동이었으며 그 지휘자 속에는 모택동도 포함되어 있었다.

그러나 중국국민당 정부군의 반격에 밀려 추수폭동은 아무런 성과도 얻지 못한 채 모두 실패로 끝났다. 중국공산당 중앙은 특히 호남과 호북의 농민폭동이 실패한 책임을 물어 모택동을 포함한 일부 책임자들을 징계하기도 했다.

추수폭동이 실패로 끝났음에도 불구하고 중국공산당 중앙 임시정치국은 1927년 11월 9일 확대회의를 소집했으며, 회의를 통해 87회의의 결의사항인 토지혁명과 유격전 형태의 무장투쟁 및 소비에트 건설을 적극적으로 전개한다는 기본노선을 재확인했다. 비록 무장폭력에 실패했다고 하여 그 기본적인 중국의 공산화를 버릴 수가 없었던 것이다.

광주의 폭동과 소비에트

남창폭동에 실패한 후 엽정과 하룡의 부대는 남진을 계속하여 광동으로 잠입했으며, 제2방면군 장발규張發奎의 잔여부대 역시 1927년 9월에 강서를 출발하여 광주에 도착했다.

광주에 도착한 장발규와 황기상黃琪翔(1898~1970)은 바로 그해 10월 17일 중국공산당을 보호한다는 명분 아래에 정변을 일으켜 이제침李濟琛(1885~1959)과 황소굉黃紹竑(1895~1966)을 몰아내고 광주정권을 장악했다. 이른바 장황사변張黃事變이다. 이로 인해 광동에 있는 서강西江에서 광동과 광서 군벌 간의 월계粵桂전쟁이 발생했다.

월계전쟁이 진행되고 있는 동안 중국공산당은 그대로 방관만할 수는 없었다. 중국공산당으로서는 폭동을 일으키는데 이보다더 좋은 기회가 없었기 때문이었다.

때문에 중국공산당은 이때를 틈타 폭동을 위한 기본 정강을 확정하고 노동자와 농민 및 병사들을 동원하여 대규모적이고 조직적인 폭동을 일으킴으로써 광주 소비에트정권을 건립한다는 계획을 세워놓았다.

우선 중국공산당은 '노동자에게는 먹을 음식을 주고, 농민에게는 밭을 갈고 농사를 지을 수 있는 토지를 돌려주며, 군벌을 타도하고, 모든 정권은 소비에트와 노동자와 농민 및 병사에게 귀속되어야 한다'라는 구호를 내걸었으며, 이러한 구호는 일반대중들에게 폭동의 목적과 당위성을 알려 폭동에 동참하도록 하는데 초점이 맞추어지고 있었다.

마침 계계系에 대항하기 위해 군대를 이끌고 광주를 떠나게
된 황기상은 광주에 대한 방어 임무를 교도단단장敎導團團長인 엽
검영葉劍英(1897~1986)에게 맡겼다. 그러나 지하 공산당원이었던 엽
검영은 기회를 틈타 12월 11일에 광주폭동을 일으켰던 것이다.

이처럼 중국공산당은 광주폭동을 일으킨 이후 중국 최초로 도
시에 광주소비에트정부를 수립했으며, 정부 요직에 공산당원을
임명했다. 광주노동자농민의 민주정부라는 광주 소비에트정부의
주석과 인민위원회 위원장에 소조징蘇兆徵(1885~1929)을, 그리고 해
육군위원에 장태뢰, 외교위원과 내무위원에 황평黃平(1901~1981), 토
지위원에 팽배彭湃(1896~1929), 비서장에 운대영惲代英(1895~1931), 홍군
총사령에 엽정, 홍군부총사령에 엽검영 등을 임명했다.

그러나 광주소비에트정부 역시 홍군이 워낙 수적 열세에 있었
을 뿐만 아니라 전투경험이 없는 농민과 노동자로 구성되어 있었
고, 게다가 각파 군벌들의 무력으로 구성된 연합부대의 거센 공격
에 이상 버티지 못하고 와해되는 운명을 맞게 되었다.

이립삼 노선의 실패와
국제파의 등장

이립삼의 출현과 코민테른의 지시

남창폭동과 추수폭동에 실패하자 중국공산당내에서는 또 다시 책
임소재를 놓고 격론이 일기 시작했다. 결국 1928년 7월 9일 코민
테른의 지도하에 모스크바에서 개최된 중국공산당 제6기 전국대
표대회는 구추백의 모험冒險주의를 청산하고 새로운 온건노선을
채택하기로 결정했다.

그러나 모험주의가 코민테른에 의해 결정된 것이었기 때문에
구추백 개인에게 책임을 묻는다는 것은 사실상 이치에 맞는 것이
아니었다. 그러므로 코민테른의 입장에서도 무리한 책임추궁으로
인해 일어날 수 있는 당내의 동요를 의식하지 않을 수가 없었다.

이런 문제를 고려하여 코민테른은 대회가 끝난 후 구추백, 장국
도, 여비余飛, 등중하鄧中夏(1894~1933), 관향응關向應(1902~1946) 등을 모

스크바에 그대로 머물도록 했으며, 향충발向忠發(1879~1931), 주은래, 이립삼李立三(1899~1967), 항영項英(1898~1941) 등 4명만 상해로 보내 당무를 주관하도록 했다. 적절한 타협을 모색한 것이다.

그런데 당 제6기 전국대표대회 이후 당 중앙 총서기에 임명된 향충발이 너무나도 무능했기 때문에 중국공산당의 실권은 사실상 중앙군사부장인 주은래와 중앙선전부장인 이립삼의 수중으로 넘어갔다.

한편, 코민테른은 중국의 혁명정세가 새로운 전기를 맞고 있으니 계급투쟁을 적극적으로 전개하여 소비에트형태의 노농독재를 수립하라는 내용의 직접적인 지시문을 중국공산당에게 보냈다. 중국공산당은 코민테른의 이러한 지시에 따라 1930년 2월 26일 모험주의노선을 핵심내용으로 하는 '제70호 진격을 위한 통고'를 하달했다.

그 주요한 내용은 다음과 같다.

> 첫째, 중국공산당이 당면한 총정치노선은 국민당의 통치를 전복하고 소비에트정권을 건립하기 위해 군벌전쟁을 국내계급투쟁으로 바꾼다.
>
> 둘째, 목전의 혁명정세의 발전은 1개 성이나 또는 몇 개 성에서의 우선적인 승리 가능성, 특히 무한 및 그 인근 성省 지역에서의 성공 가능성을 보여준다.
>
> 셋째, 과거 소비에트정권이 농촌에 피해있거나 비밀리에 버려온 수세적이고 보수적인 경향을 탈피하고 소비에트구역을 도시로 확대한다.
>
> 넷째, 홍군을 건설하고 증강하는 기본전략은 농민을 무장시키는 것에 집중되어야 하며, 홍군은 노동자들의 투쟁과 결합할 수 있도록 중

심도시를 향해 발전해야 한다.

이상의 내용은 노동자들의 파업과 중심도시에서 무장폭동이 일어나지 않으면 1개 성이나 또는 몇 개 성에서의 우선적인 승리는 사실상 불가능하다는 전제가 깔려 있는 것이었다.

다시 말해서 도시에서의 혁명활동을 중시하지 않고 오직 농촌으로부터 도시를 향해 포위해 들어가거나 또는 단순하게 홍군에만 의존하여 도시를 쟁취하려는 전략적 사고는 시정되어야 한다는 의미를 지니고 것이었다.

이립삼 노선의 실체

어쨌든 당시 중국공산당의 실권자였던 이립삼은 1930년 6월 11일에 통과된 '새로운 혁명의 고조기와 1개 성 또는 몇 개 성의 우선적 승리'를 결정한 〈목전의 정치임무의 결의〉, 그리고 동년 7월 21일에 하달된 중국공산당 중앙의 제84호 통고를 근거로 하여 구체적인 실행방안을 결정해야 했다.

그 내용은 다음과 같다.

첫째, 당이 청년단과 노동조합을 흡수하며 전국의 폭동을 지휘하는 최고기구로서 총행동위원회를 설치한다.

둘째, 총정치동맹파업을 본격적으로 선동한다.

셋째, 모든 공업도시에서 폭동을 준비한다.

넷째, 무장폭동을 발동한다.

다섯째, 팽덕회彭德懷의 3군단은 장사長沙를, 그리고 주덕과 모택동의 1군단은 남창을 공격하는 것을 지휘하도록 한다.

이상의 내용을 핵심으로 하는 이립삼 노선은 장사長沙폭동이 실패로 끝남에 따라 중국의 실정을 무시한 모험주의정책이었다는 것이 그대로 드러났다.

그러나 따지고 보면 이것도 1개나 또는 수개의 공업과 행정의 중심도시를 점령할 수 있도록 홍군을 조직하고 강화하는데 주의력을 집중시켜야 한다고 주장한 코민테른의 결정을 충실하게 이행했을 뿐이었다. 그러한 점에서 이립삼은 코민테른의 지시를 충실히 하다가 모험주의분자가 된 것이라고 할 수 있다.

그럼에도 불구하고 코민테른은 극동국과 진소우陳紹禹(일명 王明, 1904~1974)와 하맹웅何孟雄(1898~1931)의 보고, 그리고 당시 코민테른의 중국대표인 장국도의 건의를 근거로 하여 중국공산당 지도부를 힐책했다. 그리고 중국공산당 중앙에 전문을 보내 이립삼 노선의 과오를 시정하도록 함과 동시에 구추백을 귀국시켜 그로 하여금 이립삼 노선을 공격하도록 직접적으로 지시했다.

사실 중국공산당은 이립삼 노선에 따라 1930년 6월에서 8월 사이에 무한을 점령할 목적으로 수개의 성에서 폭동을 일으켰으며, 장사를 점령함으로써 크게 고무되기도 했다. 게다가 1930년 9월 24일 여산廬山에서 개최된 당 중앙위원회 제3차 전체회의에서 이립삼 노선이 코민테른의 중국문제결의안의 기본내용과 완전히 일치한다고 주장한 주은래의 발언이 설득력을 얻기까지 했다.

이를 계기로 이립삼 노선은 정확한 것이었으며 코민테른의 노선과도 일치하는 것으로 인정됨으로써 더 이상 문제가 되지는 않을 것으로 보였다.

국제파의 등장과 중국공산당의 내분

중국공산당 내부의 정서와는 달리 코민테른의 이립삼 노선에 대한 불신은 여전했다. 때문에 중국공산당은 코민테른의 직접적인 지시에 따라 그동안 구추백의 모험주의의 연장으로 간주되어 논쟁의 중심에 서 있었던 이립삼 노선, 그리고 코민테른 집행위원회의 주석단회의에서 소단체의 이익에서 출발한 것으로 규정된 구추백의 조화調和주의를 모두 청산할 목적으로 1931년 1월 8일 상해에서 당 중앙위원회 제4차 전체회의를 소집했다. 보기에 따라서는 중국내의 공산주의자들의 입장에 대한 전체적인 평가를 하기 위한 것이였다.

아니나 다를까! 이 회의는 국제파가 전면에 나서 새로운 당권파로 부상하게 되는 계기가 되었다. 그러한 점에서 이 회의는 역사적으로 매우 중요한 의의를 가지는 것이었다.

이 회의에서 반격에 나선 진소우를 중심으로 한 국제파는 이립삼 노선의 역사적 근원이 제6기 전국대표대회를 계기로 형성된 기회주의와 모험주의라고 규정했으며, 코민테른의 지지를 받아 대세를 장악하는데 성공했다.

여기서 말하는 국제파란 1920년 겨울 모스크바에 설립된 스탈린동방노동대학과 1925년 손문 선생을 기념하기 위해 모스크바에 설립된 손일선孫逸仙중국노동대학 출신을 말한다. 이들 대학은 동방 각국에 공산혁명을 수출하기 위한 인재를 양성할 목적으로 세워졌는데, 특히 손일선중국노동대학의 학생들은 모두 중국인이었으며 국민당원이 절반을 차지하고 있었다.

회의 결과 당 중앙의 총서기인 향충발만 그대로 유임되었고, 이립삼, 구추백, 이유한, 허창賀昌(1906~1935) 등이 중앙위원회 위원 및 정치국 위원직에서 제거되었다. 그 대신에 진소우, 장문천張聞天(1900~1976), 심택민沈澤民(1900~1933), 진방헌秦邦憲(1907~1946) 등 국제파들이 중앙위원회 위원 및 정치국 위원으로 보선補選되었다. 이때에 주은래가 중앙군사부장이 되어 군권을 장악하게 되었고, 사실상 중국공산당의 당권은 국제파의 수중으로 넘어갔다.

당시 당내의 종파주의에 따른 계파의 형성관계를 본다면, 구추백, 이립삼, 나매羅邁(1896~1984) 등을 중심으로 한 부류가 있었고, 또 장국도, 하맹웅何孟雄, 나장용羅章龍(1896~1995), 서석근徐錫根(1903~?) 등을 중심으로 한 부류가 있었으며, 그리고 진소우, 진방헌, 심택민, 장문천 등을 중심으로 한 부류와 채화삼蔡和森(1895~1931), 모택동 등을 중심으로 한 부류 등 네 부류로 나뉘어져 있었다.

이와 같이 당내에 존재하고 있는 여러 계파 간의 이해관계로 인해 회의에 참석한 39명 중 16명에 이르는 하맹웅과 나장용 일파는 국제파의 논점과 주장을 거세게 비난했다. 이들은 자신들의 주장이 받아들여지지 않게 되자 국제파와의 결별을 결심했으며, 이를 계기로 중국공산당의 내분은 걷잡을 수 없을 정도로 확산되었다.

드디어 1931년 1월경 하맹웅을 위시한 25명이 체포되고, 이어서 4월에는 중앙위원 겸 특무공작 총책임자인 고순장顧順章(1903~1934)이 체포되었으며, 또 6월 22일에는 당 총서기인 향충발마저 체포되어 처형됨으로써 당 중앙은 완전히 마비상태가 되었다.

당내 사정이 이 지경에 이르자 코민테른은 소련에 유학중이던 손문대학의 중국유학생들을 귀국시켜 국제파로서 당 중앙 총서기인 진소우를 적극적으로 지원하도록 하는 한편, 1931년 2월부터는 코민테른의 중국대표인 장국도를 포함하여 채화삼, 황평 등을 귀국시켜 그들로 하여금 우파간부들을 설득하여 진소우를 돕도록 했다.

뿐만 아니라 코민테른은 1931년 9월 중국공산당에 대한 지도력을 강화함과 동시에 진소우에 대한 우파의 원한을 누그러뜨릴 목적으로 그를 소련으로 불러들여 장국도의 귀국으로 공석이 되었던 코민테른의 중국수석대표로 임명했다. 그리고 진소우가 소련으로 가면서 공석이 된 당 총서기직에는 역시 국제파인 진방헌이 임명되어 당권은 여전히 국제파의 수중에 있게 되었다.

홍군의 출현과 유격근거지 건설

홍군의 탄생

중국공산당의 초기 무장세력은 대부분이 폭동에 참가하여 실패한 패잔병들로서 구성되었는데 출신성분이 매우 다양했다. 초기 폭동을 계획할 때에 전문적인 직업 군인인 군벌 출신의 군대와는 달리 노동자와 농민을 대상으로 조직했기 때문이었다.

노동자의 경우는 노동자군, 노동자단체군, 노동자적위대 또는 규찰대糾察隊 출신이었고, 농민의 경우는 농민군, 농민자위군 또는 자위대自衛隊 출신이 대부분이었다. 이들은 대부분 유격遊擊활동에 투입되었다.

그러나 이들 유격대는 일정한 명칭을 가지고 있지 않았으며, 후일 지휘 상의 통일을 위해 노농혁명군이라는 명칭으로 바뀌었으나 후일 또 다시 코민테른의 직접적인 지시에 따라 홍군紅軍과 노농홍군이라는 명칭으로 바뀌었다. 차츰 그 명칭을 붙여 간 셈이다.

이처럼 '홍군'이라는 명칭이 처음으로 사용된 것은 광주폭동 때였으며, 그로부터 중국공산당은 '중국노농홍군'이라는 명칭을 정식으로 사용하기 시작했다. 홍紅이란 공산당을 의미하는 것이고, 노농이란 그 구성원인 노동자와 농민이며, 그들의 목표도 노동자와 농민 등 프로레타리아의 독재를 목표로 했기 때문이 그러한 이름을 붙인 것이었다.

그동안 코민테른과 중국공산당 중앙의 도시폭동전략을 부정하면서 중국혁명의 성격 자체를 농민폭동으로 규정하고 이를 위해 농민을 주력군으로 하는 농촌근거지 건설을 주장했던 모택동은 남창폭동과 추수폭동 및 광주폭동이 실패함에 따라 자신의 혁명전략에 대해 더욱 더 확신을 가지기 시작했다.

정강산에 마련한 유격근거지

일찍이 모택동은 당 중앙정치국 후보위원 겸 호남성 당 서기로 있을 당시인 1927년 1월 4일부터 32일간 호남의 장사를 비롯한 5개 현을 돌아보고 〈호남농민운동시찰보고〉라는 제하의 글을 당 중앙에 제출했다.

그는 이 글 속에서 중국혁명의 주력군은 도시노동자가 아닌 농촌의 대다수를 차지하는 빈농과 소작농이어야 한다고 강조했었다. 그러나 당 중앙과 코민테른은 모택동의 의견을 받아들이지 않고, 원래의 계획대로 폭동을 추진하게 했던 것이다.

이에 따라서 중국공산당은 1927년 9월 9일 5천여 명의 병력을 이끌고 추수폭동을 일으켜 장사를 공격했다가 실패했다. 이에 모택동은 남은 병력 1천5백여 명을 이끌고 정강산井崗山으로 향했다. 그러나 가는 도중에 중국국민당 정부군의 기습을 받아 남아있던 대부분의 병력마저 상실했다.

그는 살아남은 잔존 병력을 이끌고 1927년 9월 29일 영신현永新縣의 삼만촌三灣村에 이르러 5일 간의 휴식을 취했다. 바로 이때 노농혁명군은 모택동의 건의에 따라 부대의 전투력을 강화하기 위해 다음과 같은 내용의 유명한 삼만개편三灣改編을 단행했다.

첫째, 1천 명도 못남은 병력을 1개 연대[團]로 축소하여 개편한 후 부대 명칭을 노농혁명군 제1군 제1사단 제1연대로 했으며 그 연대장에 진호陳浩를 임명했다.

둘째, 부대 내에서 민주제도를 실행하고, 장교와 사병이 평등한 대우를 받도록 했다. 구타를 엄금하고 사병이 회의에서 자유롭게 말할 수 있는 자유를 보장했다. 그리고 중대 이상에는 사병위원회를 설치하여 부대의 행정관리와 경제 관리에 참가하도록 했으며, 지휘관이 그 감독을 받도록 했다.

셋째, 홍군이 중국공산당 전적위원회의 통일적인 영도를 받도록 했다. 각급 부대에 당 조직을 설립했다. 분대와 소대 단위에는 소조小組를, 중대에는 지부支部를, 대대와 연대에는 당위黨委를 설치했다. 중대 이상에는 당 대표를 설치했으며, 동급 당 조직의 서기가 그 당 대표직을 맡도록 했다. 뿐만 아니라 부대의 모든 중대한 문제는 반드시 당 조직의 집단토론을 거쳐 결정하도록 했다.

삼만개편이 진행되는 동안 모택동은 중국공산당 강서성 성위원회의 소개로 강서성의 영강현寧岡縣 당 조직과 연락을 유지했으며, 영강현의 모평茅坪에 주둔하고 있던 원문재袁文才의 농민자위군과도 연결이 닿았다.

그 후 1927년 10월 7일 강서江西의 영강현 모평에 도착한 모택동의 노농혁명군은 영강현 위원회 서기인 용초청龍超淸(1905~1931)과 원문재 부대의 문서담당인 진모평陳慕平(1902~1930)의 영접을 받았다. 이로부터 장개석과의 혈전을 예고하는 모택동의 정강산井岡山 혁명근거지 시대가 시작되었다.

가명으로 활동한 주덕과 모택동의 만남

한편 삼하패三河壩에 고립된 주덕朱德의 잔여부대 1천여 명도 복건福建으로 들어선 후 다시 강서江西 남부 지역에 도착하였다. 여기서 주덕은 광동廣東 북부의 소관韶關에 주둔하고 있던 중국국민당 정부군 제16군 군사령관軍長인 범석생范石生(1887~1939)이 자신과 운남雲南 강무당講武堂의 동창 관계인 점을 이용하여 일시 피신할 목적으로 1927년 11월 19일 그의 부대로 투항했다.

주덕의 부대는 그 후 범석생의 제16군 140연대로 개편되었으며, 주덕은 왕해王楷라는 가명으로 군사령관[軍長]직을 맡고, 진의陳毅(1901~1972)가 연대 정치지도원을, 그리고 임표林彪(1907~1971)가 제

1대대 제3중대장을 맡았다.

　주덕은 1928년 1월 자신의 부대를 이끌고 범석생의 부대를 벗어나 호남湖南의 남부 지역을 거쳐 의장宜章을 점령했으며, 그해 1월 23일 자신의 부대를 2개 연대[團]로 나누어 제28연대와 제29연대로 개편했다.

　그 후 주덕과 진의는 중국국민당 정부군의 협공을 받아 퇴각을 거듭한 끝에 정강산 아래의 영강현 마을에 부대를 이끌고 도착하였다. 모택동이 용강서원龍江書院으로 찾아 와 두 사람의 만남이 이루지는데, 그때 주덕의 나이는 42세였고, 모택동의 나이는 35세였다.

　모택동과 주덕은 용강서원에서 중대급 이상의 간부들이 참석한 간부회의를 소집했으며, 여기서 이들 두 사람의 부대를 합쳐 노농혁명군 제4군으로 개편하기로 결정했다.

정강산에서 조직한 노농혁명군

이어서 중국공산당 노농혁명군 제4군 제1차 당 대표대회가 소집되었다. 〈대회〉는 23명으로 구성되는 제4군 군사위원회를 설립하기로 결정했고, 그 위원으로 모택동, 주덕, 진의 등을 선출하고, 모택동을 서기로 임명했다. 그 후 1928년 5월 중국공산당 호남·강서 변경특위가 설립되었으며, 모택동이 서기로 임명되었고, 진의가 노농혁명군 제4군 군사위원회 서기직을 물려받았다.

　노농혁명군 제4군이 창설된 이후 주덕이 군사령관, 모택동이 당 대표, 그리고 왕이탁王尔琢이 참모장, 진의가 정치부 주임 직을 각각 맡았다. 제4군은 3개 사단 9개 연대로 편성되었으나 얼마 후 다시 2개 사단 6개 연대로 개편되었다. 즉 제28연대, 제29연대, 제30연대, 제31연대, 제32연대, 제33연대, 그리고 1개 교도대대로 편성되었다.

그런데 남창폭동에 참가했던 잔여부대로 구성된 것이 제28연대였다. 또 의장宜章에서 폭동을 일으켰던 농민부대로 구성된 것이 제29연대이고, 추수폭동에 참가했던 잔존부대로 구성된 것이 제31연대였다. 그리고 원문재袁文才(1898~1930)와 왕좌王佐(1898~1930)의 부대로 구성된 것이 제32연대이며, 호남 남부의 침현郴縣, 내양현來陽縣, 영흥현永興縣, 자흥현資興縣 지역에서 폭동을 일으켰던 농민들로 구성된 것이 제30연대와 제33연대였다.

그 후 1928년 6월 중국공산당 중앙의 규정에 근거하여 노농혁명군 제4군은 다시 홍군 제4군으로 그 명칭이 바뀌었으며, 그 후부터 '홍4군'이라는 약칭으로 사용되기 시작했다.

주덕과 모택동의 부대가 합류한 후 정강산의 홍4군 병력은 원래의 1천여 명에서 3천여 명으로 증가했다. 홍4군은 1928년 4월부터 7월 사이에는 호남과 강서에서 정강산을 공격해 오는 중국국민당 정부군을 격퇴했으나 동년 8월 중국국민당 정부군의 공격을 받아 제29연대와 제28연대 모두가 대패하여 큰 손실을 입기도 했다.

그리고 1928년 7월 22일 광주폭동 이후 첫 번째로 평강平江에서 군사정변을 일으켰지만 실패로 끝나고 '중국노농홍군 제5군'의 군호를 얻은 팽덕회彭德懷(1898~1974)가 잔여병력 약 800여 명을 거느리고 정강산에 도착하여 주덕과 모택동의 홍4군과 합류했다.

그 후 모택동과 주덕은 정강산을 유격근거지로 하여 홍군을 이끌고 강서江西와 복건福建 변경지역 일대에서 유격활동을 전개하면서 혁명근거지를 넓혀 가는데 주력했다. 그리고 팽덕회는 홍5군을 이끌고 정강산 수비를 전담했다.

1928년 12월 모택동과 주덕은 약 2500여 명에 달하는 2개 주력연대와 보충연대 병력을 이끌고 정강산 근거지를 떠나 강서 남부와 복건 서부 지역을 향해 동정東征을 시작했다. 그 후 팽덕회 역시 중국국민당 정부군의 공세를 견디다 못해 패잔병을 이끌고 강서 남부에 위치한 서금瑞金으로 쫓겨 와서 홍4군과 합류하게 됨으로써 홍군의 정강산 혁명근거지 시기는 사실상 막을 내리게 되었다.

전국의 주요유격근거지와 홍군

당시 중국공산당이 무력투쟁으로 전환하면서 홍군이 유격활동을 한 근거지는 정강산 이외에도 여러 곳이 있다. 중국공산당은 1927년 말부터 1930년까지 국민당 내부의 모순과 전쟁을 이용하여 각지에서 토지혁명을 실행하고 유격전을 전개하면서 소비에트 변구 근거지를 건립하기 시작했다.

특히 홍군에 의해 건립된 근거지 중 대표적인 것으로는 각 지역별로 보면 중앙 근거지, 호남·호북·강서[湘鄂贛] 근거지, 호북·하남·안휘[鄂豫皖] 근거지, 홍호·호남·호북서부[洪湖湘鄂西] 근거지,

복건·절강·강서[閩浙贛] 근거지, 광서우강·좌강廣西右江·左江 근거지 등이 있었다.

① 중앙 근거지

중앙 근거지는 강서성 남부와 복건성 서부의 근거지를 말하는 것이다. 강서 남부 근거지는 홍군 제4군에 의해 1929년 1월에 건립되었으며, 복건 서부 근거지도 1929년 2월부터 12월 사이에 홍군 제4군에 의해 건립되었다.

1930년 3월에는 복건 서부와 강서 남부에 노농병정부소비에트 정부가 수립되었다. 그리고 그해 6월에는 노농홍군 제1군단이 설립되었으며, 이어서 8월에는 제1군단과 제3군단이 합편하여 홍1방면군으로 발전했는데, 주덕이 총사령관직을, 그리고 모택동이 총정치위원직을 맡았다.

② 호남·호북·강서 근거지

상·악·공湘鄂贛 근거지라고 하는데, 상·악·공이란 각기 호남·호북·강서 지역을 가리키는 옛말로, 이 근거지는 1928년 7월 평강폭동 이후에 설립된 홍군 제5군에 의해 호남성의 평강平江과 류양瀏陽, 그리고 강서의 만재萬載와 수수修水 일대에 건립되었다.

1930년 2월 이후 홍군 제5군은 호북의 동남 지역에서 유격전을 전개하고 병력을 확충함으로써 홍군 제3군단으로 발전했다.

③ 호북·하남·안휘 근거지

악·예·환鄂豫皖 근거지라고 부르는데, 악·예·환이란 호북·하

중국 홍군의 유격근거지 분포도

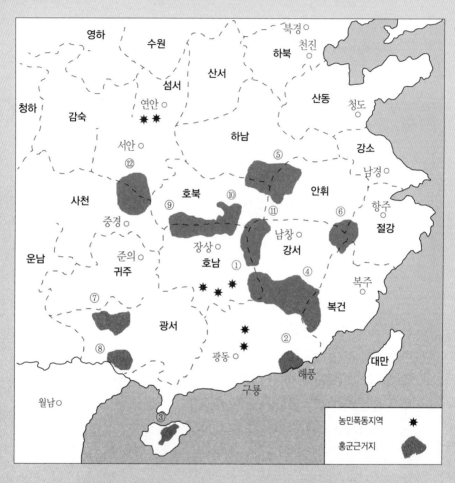

① 삼·공湘·贛근거지(1917. 가을)　② 해육풍海陸豊근거지(1917. 4~1918. 4)
③ 해남도海南島근거지(1929. 3)　④ 공남贛南근거지(1929. 가을)
⑤ 악·예·환鄂·豫·皖근거지(1929. 가을)　⑥ 민·절·공閩·浙·贛근거지(1929. 겨울)
⑦ 우강右江근거지(1929. 겨울)　⑧ 좌강左江근거지
⑨ 상·악서湘·鄂西근거지(1930. 여름)　⑩ 홍호洪湖근거지(1930. 여름)
⑪ 상·악·공湘·鄂·贛근거지(1930. 가을)　⑫ 천섬川陝근거지(1933. 말)

남·안휘를 부르는 옛 명칭이다. 이 근거지는 1927년 10월 황안黃安, 마성麻城, 육안六安을 중심으로 세워졌으며, 1930년 2월 호북·하남·안휘특구가 설립되었다. 그리고 다음 해인 1931년에는 근거지의 모든 병력이 제4방면군으로 개편된 후 서향전徐向前(1901~1990)의 총지휘를 받았다.

④ 홍호·호남·호북서부 근거지

홍호·상·악서洪湖湘鄂西 근거지라고 부르는데, 홍호는 호북성에 위치한 제일 큰 담수호이고, 상은 호남의 옛 이름이며, 악은 호북을 말하는 옛 이름이므로 악서는 호북 서북 지역을 말한다.

먼저 1927년부터 1930년 초 사이 호북의 남부와 장강의 북안 사이인 홍호 유격근거지에 홍군 제6군이 설립되었다. 그리고 추수폭동 이후에 호남의 서남부와 호북의 서남부 유격근거지에 홍군 제2군이 설립되었다. 그 후 1930년에 이르러 이들 제6군과 제2군이 공안公安에서 제2군단으로 합편된 후 하룡賀龍이 총지휘를 맡고 관향응關向應(1902~1946)이 정치위원직을 맡았다.

⑤ 복건·절강·강서 근거지

민·절·공閩浙贛 근거지라고 하는데, 민·절·공은 각기 복건·절강·강서의 옛 명칭이다. 이 근거지는 1927년에 일으킨 남창폭동에서 패배한 방지민方志民이 부대를 이끌고 들어와 무장폭동을 일으켜 구축한 것이었다.

특히 장개석과 풍옥상馮玉祥, 염석산閻錫山 등이 서로 전쟁을 하고 있는 사이 세력범위를 계속 확장해 나갔으며, 1930년에는 강서 동북 노농민주정부가 설립되고 홍군 제10군이 편성되었다.

⑥ 광서 우강·좌강 근거지

1929년 3월에서 6월 사이에 중국국민당 정부 내부에서 장개석과 계계桂系사이에 전투가 있었는데, 계계란 광서성과 당지 인물을 중심으로 결성된 하나의 군벌을 말하는 것이다.

장개석과 이 계계가 전투를 벌였는데, 이 장계蔣桂전쟁이 발생한 이후 1929년 10월 중국공산당이 우강에서 농민군과 경비군 제4대대를 이끌고 폭동을 일으켜 세운 것이 광서우강·좌강廣西右江·左江 근거지이다. 그해 2월 우강노농민주정부가 수립되고 홍군 제7군이 편성되었다. 1930년 2월에는 우강에서 경비군 제5대대가 홍군 제8군으로 개편되었으며, 그 후 홍군의 주력은 우강에서 북상하여 호남과 강서에 도착한 후 중앙홍군과 합류했다.

이밖에도 섬서陝西, 광동, 강소, 하북, 산서山西, 사천 등 많은 지역에 유격근거지가 구축되어 있었다. 1930년에 이르자 전국 각지의 유격대 총 병력은 이미 6만여 명을 넘어섰으며, 유격근거지도 124개 현으로 확대되었고, 소비에트정부도 전국 각 지역에 건립되기 시작했다.

고전회의 결의와 건군노선

고전회의

전국에 유격근거지가 세워지고 홍군의 역할도 점차 강화되고 있었지만 유격대와 홍군의 대부분은 구추백의 모험주의식 폭동을 일으켰다 실패한 잔여부대였다. 특히 추수폭동에서 실패한 잔여부대가 홍군의 주류를 형성하고 있었다.

모택동은 〈정강산의 투쟁〉이라는 글 속에서 변계邊界에 있는 홍군의 근원에 관해 언급한 일이 있다. 그의 말에 의하면, 홍군은 대체적으로 6개 부류로 구성되어 있었는데, 그중에서 주류를 형성하고 있던 것은 역시 엽정과 하룡의 잔여부대로 편성된 제28연대와 무한의 경위단警衛團과 일부 당해 지역의 토적土賊, 그리고 뒤늦게 정강산井崗山에 도착하여 모택동 부대와 합류한 주덕과 팽덕회 휘하의 2천여 명 정도였다는 것이었다.

정강산으로 들어 온 모택동은 노동자계급에 의한 도시폭동을 통해 도시소비에트정부를 수립하려는 코민테른의 혁명전략과는 달리 농민계급의 유격활동을 통해 유격근거지를 구축하는데 집중했다.

더군다나 정강산의 유격근거지는 상해에 위치한 당 중앙 본부에서 멀리 떨어져 있어서 당 본부의 직접적인 지휘나 간섭으로부터 벗어나 독자적으로 홍군을 양성할 수 있었다. 뿐만 아니라 성과 성 사이의 경계에 위치하고 있었기 때문에 관할 지역이 분명하지 않아서 정부군의 공격도 피할 수 있다는 장점을 가지고 있어 혁명무력을 양성하는데 적격이었다.

정강산으로 들어 온 후 모택동은 우선 오합지졸의 홍군을 가지고는 혁명에 성공할 수 없다고 판단했다. 그리하여 이들을 공산주의의 혁명임무를 수행하는 중국공산당의 군대로 만들기로 결심했다. 그래서 그는 홍4군의 당 대표로서 홍4군의 병사들을 무산계급의 계급의식에 투철할 뿐만 아니라 중국공산당의 직접적인 지휘에 복종하는 당의 군대로 건설하는 작업에 착수했다.

모택동은 드디어 1929년 12월 하순 고전古田에서 홍4군당 제9차 대표대회를 개최했으며, 여기서 이른바 고전古田회의의 결의를 통해 중국공산당의 건군노선을 확정하고 홍군을 새로운 모습의 혁명군으로 건설하는데 온 힘을 경주했다.

고전은 복건성 영덕寧德지구에서 관활하는 현縣으로 복주福州에 있는 10개의 읍 가운데 하나였다. 복건성의 동북부이며 민강閩江의 지류인 고전계古田溪의 중하류 지역에 위치하고 있던 현이었다.

이 회의를 주관한 사람은 홍4군의 전적前敵위원회의 지도자인 모택동, 주덕, 진의이었으며, 홍4군의 각급 당 대표와 사병대표, 그리고 지방당 조직대표, 부녀대표 등 120여 명이 참석했다.

이 〈고전회의〉는 우선 홍군의 성격과 임무에 관해 아래와 같이 규정했다.

> 첫째, 군사는 단지 정치임무를 완수하는 도구의 하나이다.
> 둘째, 홍군은 혁명적인 정치임무를 수행하는 무장집단이다.
> 셋째, 홍군의 임무는 전투 이외에 생산활동과 대중사업을 포함한다.

즉 홍군의 전투는 대중을 향해 선전하고 대중을 조직하며 무장시켜 대중이 혁명정권을 수립하는 것을 돕도록 하는 것임을 분명히 했다.

뿐만 아니라 〈고전회의〉에서는 홍군 내에 존재하고 있는 각종의 그릇된 관점 및 기풍과 관련해서는, '단순한 군사관점', '극단적 민주화경향', '비조직적 관점', '절대적 평균주의', '주관주의', '개인주의', '모험주의의 잔재', 그리고 '유구사상' 등을 청산되어야 할 대상으로 지적했다.

선택된 대중노선 전략

특히 모택동은 정강산을 유격근거지로 삼은 후 단순한 군사 활동보다는 대중적 기반을 구축하기 위한 대중노선을 견지하면서 농민을 끌어들이는데 게을리 하지 않았다. 그래서 그는 농민이 주력을 이루고 있는 대중을 향해 선전하고 대중을 동원하며 조직하고 무장시켜서 유격대를 양성하는데 진력했다.

특히 그는 '눈에 보이는 물질적 이익', 즉 지주로부터 몰수한 토지를 소작농이나 빈농에게 제공하도록 요구했다. 요컨대, 소작농이 가난한 것은 장개석의 국민정부가 지주를 옹호하고 있기 때문이며 혁명활동을 통해 장개석의 국민정부를 무너뜨리고 공산주의 사회를 실현한다면 모두가 농사를 지을 수 있는 토지를 향유할 수 있게 된다는 주장이었다.

이러한 대중노선 전략은 경제적 문제를 정치적 문제로 전환시킴으로써 농민들의 호응을 이끌어 냄은 물론 유격대가 필요로 하는 대중기반을 구축하는데 결정적 도움이 되도록 하는데 그 목적이 있었다.

대중노선의 실천방안과 유격전략

모택동은 대중노선의 실천방안으로서 유격대원들이 반드시 준수해야 할 3대 기율과 주의해야 할 8개 조항을 제시함으로써 홍군의 대중사업이 지니고 있는 전략적 의미를 강조했다.

여기서 3대 기율을 보자.

① 명령에 절대 복종한다.
② 인민의 바늘이나 실오라기 하나라도 취하지 않는다.
③ 모든 노획품은 공적인 것으로 한다.

그리고 8개 조항을 보자.

① 말할 때는 부드럽게 해야 한다.

② 물건을 사고파는 것은 공평하게 해야 한다.

③ 빌린 물건은 반드시 되돌려주어야 한다.

④ 물건을 파손하면 반드시 배상해야 한다.

⑤ 사람을 때리거나 욕하지 않는다.

⑥ 덜 익은 농작물에 피해를 입히지 않는다.

⑦ 부녀자를 희롱하지 않는다.

⑧ 포로를 학대하지 않는다.

뿐만 아니라 모택동은 유격전을 전개하는 데 있어서 필요한 전략과 전법을 개발하여 유격전을 승리로 이끄는 데에도 앞장섰다. '적의 의도를 미리 알아채고 미리 나서서 적을 억제한다[先發制人]'고 하는 선제공격의 유격전략을 반대하고 '적을 아군이 의도한 곳으로 깊숙이 유인한 후에 타격을 가한다[誘敵深入]'는 유격전략을 채택한 것도 이때였다.

유격전법으로는 '적이 공격해 오면 나는 후퇴하고[敵進我退], 적이 후퇴하면 나는 추격하며[敵退我追], 적이 머물러 있으면 나는 시끄럽게 하고 어지럽히며[敵據我擾], 적이 피로해지면 나는 타격한다[敵疲我打]'라는 그 유명한 16자 전법이 채택되었다.

또한 아군이 후퇴 시에 피해를 최소화하기 위해 '적이 공격해 오면 맷돌을 굴리듯이 원을 그리면서 적의 추격권을 벗어난다[旋磨打圈, 脫離敵人]'라는 퇴각전법을 사용하자고 했다.

또 '적이 공격해 올 때면 모여 있던 유격대원들을 즉각 분산시켜 각기 하나가 되도록 하고, 적이 되돌아가면 흩어져 있던 유격대원을 즉각 불러들여 집합시키는[化整爲零, 集零爲整]', 이른바 유격전의 분산과 집중 및 이동의 원칙이 강조되었다.

이러한 모택동의 전략은 그가 정규군의 허虛를 찌르는데 크게 기여했다. 아마도 모택동이 그동안 많은 고전을 탐독했던 결과로 나온 전략으로 보인다.

제5장

국부군의 소공작전과
홍군의 대응전략

코민테른과 중국의 소비에트 문제

소련에서의 소비에트 논쟁

원래 소비에트Soviet란 회의 또는 대표회의를 말하는 것이다. 러시아공산당은 1905년 짜르Czar정권을 전복하기 위한 혁명을 일으켰을 때, 그것을 주도하는 기구로서 페테르브르그와 모스크바에 소비에트를 조직했다.

그 후 1917년 2월부터 10월까지 러시아공산당은 재차 소비에트를 건립하여 '모든 정권은 소비에트로 돌아간다'라는 구호를 내걸고 10월혁명을 성공으로 이끌었다. 그로부터 소비에트란 용어는 러시아공산당 특유의 정치제도로 널리 사용되기 시작했다.

스탈린과 트로츠키 두 사람은 1927년 4월 13일에 개최된 전연방공산당 중앙전체회의와 1927년 5월 18일에 개최된 코민테른 집행위원회 제8차 전체회의에서 중국에 소비에트를 건립하는 문제를 놓고 첨예하게 대립했다.

〈회의〉에서 스탈린은 트로츠키를 위시한 반대파를 향해 맹비난을 퍼부으면서, 소비에트는 혁명의 고조기에나 세울 수 있는 것이며, 현존 정권을 향해 투쟁을 전개하여 정권을 탈취하는 기구로 중국에 소비에트를 건설하는 것은 아직 시기상조라고 주장했다. 그러나 트로츠키는 스탈린의 이러한 관점에 동의하지 않았다.

중국에서 전개된 코민테른의 지도

모스크바에서 전개되고 있는 스탈린과 트로츠키 사이의 소비에트 건립에 관한 논쟁은 당시 중국의 혁명과 무한정부의 진로에 지대한 영향을 미쳤다.

보로딘M.M.Borodin과 진독수 일파는 코민테른의 지시에 따라 소비에트를 건립하지 않고 오직 무한의 좌파정권을 공고히 하는 데 진력했다. 그러나 7월 15일 중국공산당과 무한정권이 결별을 선언하게 되면서 진독수는 결국 우경 기회주의자로 낙인이 찍혀 속죄양이 되었다.

한편, 로이M.N.Roy를 대표로 하는 일파는 소비에트의 건립을 공개적으로 주장하지는 않았지만 트로츠키의 영향을 받아 중국대륙의 호남과 호북에서 폭동을 일으키고 국민당 중앙을 전복하여 농민과 노동자가 중심이 되는 독재체제를 건립해야 한다는 입장을 견지했다.

앞에서도 이미 언급되었듯이 코민테른은 무한정부와 중국공산당이 결별을 선언한 이후 그 대표인 보로딘과 로이를 모스크바로 불러들이고 그 대신에 로미나즈B. Lominadz와 노이먼H. Neumann 두 사람을 코민테른 대표로 파견하여 중국공산당을 지휘하도록 했다. 이들 두 사람은 중국에 도착하여 중국공산당이 무장폭동을 일으키고 전국 각지에 소비에트정부를 수립할 것을 촉구했다.

로미나즈의 지시에 따라 팽배彭拜는 1927년 11월 27일 노농폭동을 일으켜 해풍海豊소비에트를 최초로 건립했으며, 동년 12월 11일에는 장태뢰張太雷가 광주에서 폭동을 일으켜 최초의 도시소비에트정권을 수립했다.

그러나 도시에 세워진 이들 소비에트정권이 오래 버티지 못하고 그 수명을 다하게 되자 소비에트운동은 그 장소를 도시로부터 산악지방으로 옮겨 발전하기 시작했다.

중국공산당의 홍군은 주로 중앙정부의 통치력이 미치지 못하고 지방정부 간의 협조가 이루어지지 않는 성과 성 간의 경계선에 위치한 산이나 변구를 근거지로 삼아 발전을 꾀했다.

특히 홍군은 세력범위를 확장해 나가기 위해 산악지방을 할거한 후 그 지방의 토호土豪를 타도하고 논밭을 빼앗아 빈농이나 소작농에게 배분해 주면서 그들을 선동하고 조직하고 무장시켜 홍군으로 흡수하는 방법을 적극적으로 활용했다.

9·18사변과 홍군의 소비에트 건설

홍군의 전략과 소비에트운동

1930년 12월 중국공산당 중앙은 진소우陳紹禹에 대한 징계처분을 철회했으며, 그 다음해 1월 소집된 제6기 〈4중전회〉에서 실권을 장악한 진소우의 국제파는 강서江西 홍군을 지휘하면서 1931년 1월, 5월, 그리고 9월 3차례에 걸친 중국국민당 정부군의 포위공격에 대항하여 크게 승리했다.

중국공산당 중앙은 홍군이 여전히 중국국민당 정부군과의 역량 대비에서 매우 불리한 조건에 있다는 전제하에 중국국민당 정부군의 포위공격에 대응하기 위한 전략을 수립했다.

당시 중국공산당 중앙은 홍군의 주력을 보존함과 동시에 적과의 정면충돌을 가급적 피하면서, 적을 유인하여 아군 진영으로 깊숙이 끌어들인 후 타격을 가한다는 유적심입誘敵深入전략을 채택했다. 그리고 이러한 군사전략에 힘입어 약세의 홍군은 1차에서 3차에 걸쳐 공격해 오는 중국국민당 정부군의 막강한 화력을 무력화시키는데 성공할 수가 있었다.

1931년 11월 1일 소비에트중앙국은 서금瑞金에서 소비에트지구당 제1차 대표대회를 개최했다. 이 〈대표대회〉는 '최근 1년 동안 소비에트 당의 가장 엄중한 과오는 이립삼 노선을 집행했던 것으로 소비에트운동에 심각한 손실과 타격을 입혔으나 4중전회 이후 국제노선으로 전환되면서 이립산 노선이 극복되고 소비에트운동이 정상적인 길을 걷게 되면서 한층 더 발전하고 공고하게 되었다'라는 내용의 정치결의안을 통과시켰다.

당시 소비에트지구 중앙국 위원이었던 모택동 역시 그 결의안을 전폭적으로 지지했다.

9·18사변의 발생과 홍군의 전략

한편, 강서 소비에트에서 중국국민당 정부군의 제3차 포위공격이 진행되고 있을 때인 1931년 9월 18일 일본군이 심양瀋陽을 공격한 이른바 9·18사변이 발생했다. 심양을 점령한 일본군은 19일 장춘長春을 함락시키고, 11월에는 흑룡강黑龍江, 12월에는 금주錦州를 연달아 함락시킨 후 그 다음 해인 1932년 1월에는 산해관山海關 이북을 모두 장악했다.

일본군은 여기에 그치지 않고 1932년 1월 28일 상해를 공격해 왔고, 일본군의 공격을 물리치기 위한 중국국민당 정부군의 송호

항전淞滬抗戰이 시작되었다. 국민당의 공산당 소탕작전이 완료되기 전에 나타난 국공 투쟁에서의 중대한 변수가 일어난 것이다.

9·18사변이 발생하자 코민테른은 일본이 소련을 침략하지나 않을까 우려하여 미리 세계 각국의 공산당 지부와 외곽단체를 동원하여 전 세계 노동자의 조국인 소련을 보위하고 중국혁명을 보위하자는 운동을 전개했다.

뿐만 아니라 코민테른은 중국공산당을 향해, 민중을 무장시켜 일본제국주의를 포함한 모든 제국주의를 반대하는 민족의 혁명전쟁을 승리로 이끌어 중국민족의 해방과 독립을 쟁취하며, 민족을 팔아먹고 민족을 더럽히는 국민정부를 무너뜨릴 것을 촉구하면서, 오직 소비에트중국과 중국 홍군 만이 중국민족의 독립과 해방을 보장할 수 있다고 주장했다.

코민테른의 이러한 지시에 따라 중국공산당 중앙은 9·18사변 이후 1931년 1월 9일 채택된 '1개 성 또는 몇 개 성의 혁명투쟁에서 우선적으로 승리를 쟁취한다'라는 결의에 따라 본격적으로 무장투쟁을 전개한다는 방침을 재확인했다.

따라서 중국국민당 정부군이 상해에서 일본군과 접전을 계속하고 있는 와중에서도 중남 지역의 각 성에 있는 홍군은 오히려 중국국민당 정부군을 향해 맹공을 가함과 동시에 소비에트지구를 확장해 나가면서 1개 성에서의 우선적인 승리를 쟁취하기 위한 투쟁을 계속했다.

중화소비에트공화국의 수립

제1차 전국 소비에트대회의 개최

전국 각지에 소비에트지구가 건립되고 홍군의 세력이 확장됨에 따라 제1차 전국노농병소비에트대표대회가 1931년 11월 7일 소련의 10월 혁명일 강서江西의 적색도시인 서금瑞金에서 당시의 모든 소비에트지구 대표 651명이 참가한 가운데 개최되었다.

그리고 〈대표대회〉는 중화소비에트공화국의 기초가 되는 강령성 문건으로서 헌법초안, 토지법, 노동법, 경제정책 등은 물론이고 소비에트의 건설과 민족문제에 관한 결의안을 통과시켰다.

특히 〈대표대회〉는 전국의 소비에트운동을 통일시키기 위해 서금에 정식으로 임시중앙정부를 수립하고 모택동을 중앙정부 주석으로, 그리고 장국도와 항영을 부주석으로 선출했다. 이와 동시에 중앙군사위원회를 설치하고 주덕을 그 주석으로 선출했으며,

최고정권기구로서 63인으로 구성된 중앙집행위원회를 구성했다.

중앙집행위원회는 그해 11월 27일 제1차 회의를 개최하고 모택동을 중앙집행위원회 주석으로, 그리고 장국도와 항영을 부주석으로 선출했다. 또한 중앙집행위원회 밑에 중화소비에트공화국 중앙행정기관으로서 인민위원회를 설치하고 모택동을 주석으로, 그리고 장국도와 항영을 부주석으로 선출했다.

제1차 전국소비에트대표대회가 개최되었을 때 중국공산당 중앙은 상해에 있었으며, 당 중앙이 파견하여 그 대회를 주관하도록 할 예정이었던 주은래 역시 회의가 끝난 후인 1931년 12월 중순경에야 서금에 도착했다.

모택동과 주은래

중국공산당 중앙은 제6기 3중전회 이후 주은래를 소비에트지구 중앙국 서기로 결정했으며, 1931년 1월 소비에트지구 중앙국이 설립되었을 때 항영이 대리 신분으로 서기 직을 맡고 있었다.

그런데 1931년 2월 중국공산당 중앙은 사실상 모택동의 권한을 박탈하는 조치를 취했다. 모택동은 총전적위원회 서기 및 총정치위원직에서 물러나게 되었으며, 그 대신에 항영이 중앙군사위원회 주석직을 맡게 되고 주은래가 총정치위원직을 맡게 되었다.

그 후 주은래는 소비에트지구에 도착한 이후 당 중앙의 결정에 따라 항영의 소비에트지구 중앙국 서기 겸 총정치위원직을 접수함으로써 사실상 소비에트지구의 1인자로 부상했다.

소비에트지구 중앙국이 설립된 이후 모택동의 위상은 당 중앙과의 갈등을 해소하지 못한 채 날로 추락해 갔다. 모택동은 중화소비에트공화국 주석으로 선출되긴 했지만, 그 대신에 당과 군대 내의 실권을 모두 상실했다.

다시 말해서 모택동은 오직 정권만 손에 쥐었을 뿐 그가 행사했던 당권과 군권은 모두 국제파와 그리고 국제파의 지원을 받고 있었던 주은래의 수중으로 넘어간 상태였다.

이로부터 모택동의 수세적 입장은 강서 소비에트지구를 철수하여 서쪽으로 계속 나아가는 장정長征 도중에 귀주貴州 준의遵義에 도착했을 때에 개최된 1935년 1월의 준의遵義회의 때까지 이어졌다.

장개석이 당면한 소공작전의 난제

장개석의 홍군 소탕작전

한편 장개석은 1930년 8월 하순에 당시 무한 행영行營 주임인 하응흠何應欽(1890~1987)에게 호남·호북·강서 3개 성의 당·정·군 고위간부들을 소집하여 홍군과 유격근거지를 소탕하기 위한 회의를 소집하도록 명령했다. 그리고 군사를 위주로 하면서도 당무와 정무를 밀접히 배합한다는 방침을 결정했다.

그 후 중국국민당 정부군은 1930년 11월 5일 제1차 홍군 소탕작전을 개시했으나 결국 1931년 1월 3일 강서에 있는 흥국현興國縣에서 홍군의 반격에 큰 손실을 입고 패퇴했다.

다시 전열을 가다듬은 중국국민당 정부군은 3개월 뒤인 1931년 4월 1일 또 다시 홍군을 향해 제2차 소탕작전을 전개했으나 1931년 5월 31일 강서의 건녕현建寧縣에서 홍군의 포위공격을 당해 대패함에 따라 제1차 소공작전 때와 마찬가지로 큰 손실만 입은 채 퇴각했다.

두 차례에 걸친 홍1방면군과 중앙혁명근거지에 대한 소탕작전에서 패배한 장개석은 병력과 화력 면에서 더욱 강화된 제3차 소공작전을 결심했다. 그리하여 그는 다시 1개월 뒤인 1931년 6월 6일 내란을 종식시키고 공비共匪를 토벌하기 위해 직접 작전을 지휘하겠다고 선언했으며, 그해 6월 22일 군함을 타고 남경을 떠나 남창에 도착했다.

장개석은 홍1방면군을 섬멸시키고 중앙혁명근거지를 붕괴시키기 위해 중국국민당 정부군의 직접적인 지시를 받는 부대인 제14사단, 제11사단, 제6사단, 제9사단, 제10사단 병력 약 10만 명을 강서로 이동시켰다. 그리하여 원래 그곳에 주둔하고 있던 부대와 합쳐 23개 사단과 3개 여단의 총 30만 명의 병력을 투입한다는 계획을 세워놓고 있었다.

그 뿐만이 아니었다. 그는 총사령관으로서 홍군 소탕작전에 참여하는 부대를 직접 지휘했으며, 전선 총사령관인 하응흠과 함께 남창에 머물면서 영국인과 독일인 및 일본인 군사고문을 초빙하여 자문을 받기까지 했다.

드디어 1931년 7월 1일을 기해 홍군 제1방면군에 대한 대규모적인 제3차 공격작전이 시작되었으나 2개월 정도의 치열한 전투 끝에 1931년 9월 15일 중국국민당 정부군의 주력부대가 붕괴되고 말았다. 장개석은 또 다시 악몽 같은 세 차례의 패배의 늪에서 벗어나지 못했다.

홍군의 강세와 4차 소공작전

모택동은 약세의 홍1방면군이 강세의 중국국민당 정부군 공격을 세 차례나 연달아 격파함으로써 근거지를 보존할 수 있었다. 모택동은 홍군의 승리에 대해 중국국민당 정부군의 전략과는 차별화되는 홍군 나름대로의 전략을 가지고 있었기 때문이라고 평가했다.

그는 적을 아군 진영으로 깊숙이 끌어들여 포위공격을 실행한다는 '유적심입誘敵深入'을 기본적인 전략방침으로 삼았다. 또 작전형식은 운동전을 기본으로 채택했으며, 기본적으로 섬멸전을 수행하도록 요구로 하면서 우세한 병력을 집중시켜 중국국민당 정부군을 섬멸시킬 수 있었다고 평가했다.

뿐만 아니라 적의 강점을 피하고 약점을 공격하며, 기습 위주의 속결전速決戰을 실행하고, 우회하여 포위하고 접전하는 전술을 활용한 것도 홍1방면군이 대승을 거둘 수 있었던 요인으로 지적했다.

나아가서 세 차례에 걸친 중국국민당 정부군의 포위공격작전을 완전히 무력화시킨 후에 홍군은 일본이 중국 동북부에서 9·18사변을 일으켜서 중국국민당 정부군이 여기에 투입되었고, 또 일본이 다시 1932년 초인 1월 28일에 상해를 침략한 1·28사변이 벌어지자 다시 송호항전淞滬抗戰에 투입되어 홍군 소탕 작전을 계속할 수 없게 된 기회를 이용했다.

그리하여 1932년에 이르자 홍군은 이미 과거의 열세한 홍군에서 벗어나 있었다. 강서지구에 3개 주력 병단의 병력이 10만여 명에 이르고 있었으며, 홍4방면군의 병력도 약 10만여 명, 그리고 홍2군단 역시 3만여 명에 이르렀고, 기타 홍8군, 홍10군, 홍16군의 병력도 각각 수천 명에서 수만 명에 달할 정도로 증강되었다.

게다가 1931년 11월 서금瑞金에서 소비에트공화국이 수립된 데이어 1932년 3월 9일 장춘長春에서 동북 지역을 장악한 일본군에 의해 괴뢰정권인 부의溥儀의 만주국까지 세워짐에 따라 장개석의 국민정부는 안팎으로 2개의 적敵을 상대해야 하는 어려움에 처하게 되었다.

장개석으로서는 일본군을 먼저 상대해 외세의 압력을 저지해야 하는지 아니면 소비에트 홍군을 먼저 섬멸하여 대내적인 안정을 도모해야 하는지를 놓고 하나를 선택해야 하는 전략적 곤경에 처해 있었다.

결국 장개석의 국민정부는 1932년 5월 송호항전을 끝내고 일본세력을 물리치기로 했다. 먼저 국내의 안정문제를 해결하고 난 후에 외세를 몰아낸다는 정책이었다. 이에 따라 동년 6월부터 먼저 호북·하남·안휘, 호남·호북서부 2개 소비에트지구의 홍군을 공격목표로 삼아 제4차 소공작전掃共作戰을 시작했다.

홍군의 대응 전략

중국국민당 정부군의 강서 소비에트 홍군에 대한 4차 포위소탕작전은 호북·하남·안휘 지역 소비에트 홍군과 호남·호북서부 지역의 홍군을 공격목표로 삼고 북진을 하는 것으로 시작되었다.

이에 따라서 공산당도 이에 대응전략을 짤 수밖에 없었다. 원래 호남·하남·안휘 소비에트지구에는 홍군 제1군의 허계신許繼慎(1901~1931) 부대가 주력을 이루고 있었다. 이 부대는 일찍이 9·18사변을 틈타 세력을 확장한 결과 8만여 명으로 병력이 늘어났고 1931년 제4군단軍團으로 확대·개편되어 광계훈鄺繼勛(1897~1933)이 총지휘를 맡았다.

그 후 병력이 증가하면서 다시 제4방면군으로 확대·개편되어 서향전徐向前이 총지휘를 맡고 진창호陳昌浩(1906~1967)가 총정치위원을 맡고 있었다.

중국공산당 중앙은 제6기 3중전회 이후 증중생曾中生(1900~1935)을 중앙대표로 지명하고 그로 하여금 성위원회와 중앙분국을 설치하여 하남 남부[豫南], 호북 동부[鄂東], 그리고 안휘 서부[皖西]의 각 특위를 통일적으로 영도하도록 했다.

이어서 중국공산당 중앙은 제6기 4중전회 이후 1931년 2월 장국도가 소련에서 귀국함에 따라 그를 서기직에 임명하고, 그해 4월 그를 호남·하남·안휘 소비에트지구에 파견하여 진창호陳昌浩, 서향전徐向前, 증중생曾中生, 심택민沈澤民 등과 함께 중앙분국을 조직하도록 했다. 그 후 허계신許繼慎, 증중생, 광계훈鄺繼勛 등이 숙청됨에 따라 홍4방면군은 장국도張國燾와 진창호 두 사람이 지휘하기 시작했다.

또 홍호洪湖를 근거지로 한 호남·호북·강서湘·鄂西 소비에트지구에서는 하룡賀龍의 홍2군과 단덕창段德昌(1904~1933)의 홍6군을 홍2군단으로 합쳐서 편성했으며, 하룡賀龍에게 총지휘를 맡기고 등중하鄧中夏를 정치위원으로 임명했다.

홍2군단은 1931년 1월 중국국민당 정부군의 공격을 받아 큰 손실을 입고 호북湖北의 서북 지역으로 이동하여 홍3군으로 축소·개편시켰다. 이에 따라 중국공산당 중앙은 제6기 4중전회 이후인 1931년 3월 하희夏曦(1901~1936)를 호남과 호북의 서부 지역으로 파견하여 중앙분국을 설치하도록 했다.

그러나 후의 이야기이지만 호북·하남·안휘 소비에트지구와 호남·호북서부 소비에트지구의 홍군은 중국국민당 정부군의 제4차 공격으로 크게 대패한 후 자신들의 근거지를 포기할 수밖에 없었다.

다시 호북·하남·안휘 소비에트지구는 1932년 6월 중국국민당 정부군의 대규모적인 공격을 받아 함락되었다. 홍4방면군의 8만여 병력도 절반 이하로 줄어들어 더 이상 중국국민당 정부군의 공세를 견디지 못하게 되자 그해 10월 11일 장국도와 서향전의 지휘하에 평한로平漢路를 넘어 서진한 후 다시 호남湖南과 호북湖北 및 섬서陝西의 변계를 거쳐 남하를 거듭한 끝에 12월 사천四川 북부로 잠입하여 새로운 근거지를 건설했다.

또한 호남·호북서부 소비에트지구는 1932년 5월부터 중국국민당 정부군의 공격을 받기 시작하면서 9월에 결국 홍호洪湖가 함락되었다. 하룡賀龍의 잔존병력 5천여 명은 호북湖北의 서북 지역을 거쳐 호남湖南의 서부 지역에 도착한 후 다시 사천·호남·귀주川湘黔 변계 지역에 근거지를 구축했다.

영도 확대회의에서 결정한 전략

하여간 국민당 정부군의 공격을 받던 1932년 8월 초 중국공산당 중앙은 영도寧都에서 중국공산당 소비에트지구 중앙국 확대회의를 개최했다. 회의에는 중앙국위원 이외에도 중앙군사위원회, 총정치부, 강서군구 및 1군단, 3군단, 5군단 책임자 등 많은 간부들이 참석했다.

중국공산당 중앙국은 원래 강서성 동남부에 있는 무이산맥武夷山脈의 남단에 위치한 서금瑞金에 있었음에도 불구하고 회의를 영도寧都로 옮겨 소집했다. 영도는 역시 강서성 동남부에 있지만 공수貢水의 지류인 매강梅江 상류에 있었다.

이렇게 조금 북쪽으로 옮겨서 회의를 소집한 까닭은 중국국민당 정부군의 제4차 공격이 임박해 있었고 홍군의 각 군단 책임자들이 부대를 멀리 떠날 수 없었기 때문이었다. 또 다른 이유로는 회의 주제가 중국국민당 정부군의 공격에 대비한 홍군의 전략전술을 포함한 제반 군사문제에 집중되었기 때문이었다.

〈회의〉는 중앙국 서기인 주은래의 주재하에 진행되었다. 소비에트중앙국이 1932년 6월 17일 통과시킨 '강서 및 그 인근 성구 혁명의 우선적 승리를 쟁취하고 완수하는 것에 관한 결의', 중국공산당 중앙이 1932년 6월 21일 통과시킨 '제국주의 국민당의 제4차 포위토벌과 우리들의 임무에 관한 결의', 그리고 중국공산당 중앙이 1932년 7월 21일 통과시킨 '소비에트지구 중앙국과 복건과 강서 2개 성의 위원회에 보내는 서신' 등 3개 문건에 포함된 군사문제가 집중적으로 논의되었다.

〈회의〉는 전국의 주력 홍군에 대한 통일적인 지휘체계를 확립하며, 혁명전쟁을 수행하기 위한 홍군의 역량을 발전시키는데 진력하고, 정치위원조례에 근거하여 홍군 내의 정치 사업을 강화하는 것 이외에도 소비에트지구 주위의 백색 지역 내에서도 유격전을 전개하여 혁명을 승리로 이끈다는 쪽으로 결론을 내렸다.

또 중국공산당 중앙은 영도회의에서 그동안 중국국민당 정부군의 제1차 공격부터 제3차 공격까지 사용하여 재미를 보았던, 즉 적을 깊숙이 유인하여 섬멸시키다는 기존의 유적심입誘敵深入 전략을 포기했다.

중국국민당 정부군이 공격해 오기 전에 소비에트지구 주변의 백색지구에서 병력을 집중하여 중국국민당 정부군의 약점을 파고들면서 그 포위공격을 미리 격멸시킨다는 선발제인先發制人 전략 방침을 확정했다. 기존 전략을 정반대로 바꾼 것이었다.

전략의 전환을 둔 토의

이러한 전략의 전환 결정은 모택동이 원래 세웠던 유적심입 전략을 포기하는 것이었다. 이에 대해 모택동은 여전히 중국국민당 정부군의 제4차 포위소탕작전에 대응하기 위한 홍군의 전략방침으로서 선발제인 전략을 결정한 영도회의의 결정에 동의하지 않았다.

그는 선제공격을 의미하는 선발제인 전략으로는 중국국민당 정부군의 공격에 대처할 수 없으며 오직 유적심입 전략에 의해서만 중국국민당 정부군의 공격을 격퇴시킬 수 있다고 주장했다.

그러나 중국공산당 중앙은 모택동의 유적심입 전략에 대해 중국국민당 정부군의 3차 포위소탕작전까지는 효과적이었으나 전세가 크게 바뀌었기 때문에 그러한 전략은 더 이상 통용될 수 없다고 주장하면서 그 구체적인 이유를 다음과 같이 열거했다.

첫째, 유적심입 전략은 적이 공격을 위한 준비를 충분히 할 수 있는 시간을 제공하며, 적이 분산하여 포위망을 좁혀오다가 한 순간에 집중하여 공격하도록 허용함으로써 적이 포위하도록 하고 공격하도록 기다려주는 꼴이 되니 이는 당 중앙의 새로운 군사훈령에 부합되지 않는다.

호북·하남·안휘 지구, 그리고 호남·호북서부 지구 홍군이 국민당 정부군을 향해 결사적으로 응전하고 있고, 국민당 정부군은 홍4방면군과 홍2군단을 격파한 후 다시 병력을 집중하여 중앙소비에트지구를 포위 공략할 준비를 하고 있는 이때에 유적심입 구호만 외치고 출격하지 않는 것이야말로 우경기회주의이다.

둘째, 당 중앙의 지시는 적극적인 진격을 신속하게 수행하여 중심도시를 탈취하고 강서에서의 우선적인 승리를 쟁취하는 것이다. 만약 유적심입 전략만을 고집한다면 반드시 주력을 후방으로 철수시켜 적이 깊숙이 들어오는 것을 기다린 후 적의 약점을 찾아 타격을 가해야 하는데, 이는 당 중앙의 지시에 전혀 부합되는 것이 아니다.

셋째, 당 중앙의 지시는 밖을 향해 발전하여 소비에트지구를 확장하며 백색지구로 가서 적을 향해 출격하는 것인데, 만약에 유적심입 전략만을 고집한다면 홍군의 주력을 소비에트지구의 복부에 집결시키고 적이 깊숙이 진입할 때를 기다려야 하기 때문에 밖으로 발전할 여지가 없다.

넷째, 유격근거지 시기에 있을 때는 적을 깊숙이 끌어들여 격파시키는 유적심입 전략은 정확하고 필요한 것이었지만, 중앙소비에트정부가 이미 수립되고 새로운 국가가 출현한 지금은 과거와 크게 달라 유적심입 전략만을 외치면서 중앙소비에트의 적색수도인 서금瑞金을 중국 국민당 정부군에게 유린당하는 일이 있어서는 안 된다. 유적심입 전략은 당 중앙이 직접적으로 지시했듯이 소비에트지구의 땅을 한 치라도 국민당에게 내어주어서는 안 된다는 당 중앙의 지시에 위배되는 것이다.

다섯째, 유적심입 전략은 소비에트지구 내에서 적과 결전을 치를 때는 아방이 작전을 하는데 유리한 조건을 제공해주지만, 그 대신에 물질적, 정신적 손실이 막대할 수밖에 없는 전략적 약점이 있다. 홍군의 세력은 이미 소비에트지구를 벗어나 주변지구나 또는 백색지구에서 작전할 수 있는 능력을 가지고 있기 때문에 유적심입 전략을 고집하는 것은 적절하지 않다.

홍군을 확장하고 공고히 하는 문제를 놓고 모택동의 기존 전략과 이를 고치려는 격렬한 토론을 하는 과정에서 단연 유백승劉伯承의 발언이 돋보였다.

그는 홍군이 전술전략과 군사기술 분야에서 매우 낙후되었기 때문에 소련 홍군의 경험을 적극적으로 활용해야 한다고 역설했다. 또한 과거 홍군의 제갈량諸葛亮식 전술전략은 대규모적인 작전을 필요로 하는 상황하에서는 무용지물이라고 평가절하 했다. 이는 모택동의 기존 전략을 무용지물이라고 평가한 것이다.

결국 영도회의의 결정에 근거하여 소비에트중앙군사위원회는 국민당 정부군의 제4차 포위소탕작전에 대응하여 유적심입 전략을 포기하고 새로운 전략으로서 선발제인 전략을 채택했다.

내외의 적을 만난 장개석

한편 중국국민당 정부군은 1932년 11월 홍4방면군과 홍2군단을 섬멸시키고 호북·하남·안휘 소비에트지구, 그리고 호남·호북서부 소비에트지구를 점령한 후 병력을 이동하여 중앙소비에트지구인 강서 소비에트지구를 공격할 준비를 하고 있었다.

홍군으로서는 절체절명의 위기를 만난 것이다. 그러나 이때에 새로운 변수인 외세, 즉 일본의 침략이 거세지기 시작했다. 장개석은 홍군 섬멸과 일본군 격퇴라는 두 개의 과제를 동시 진행할 만큼의 여유가 없었다. 장개석이 일본의 상해 침공을 막는 사이에 홍군은 다시 재기할 수 있었으며, 홍군을 먼저 섬멸하려고 하자 이번에는 다시 일본군의 남하가 시작 된 것이다.

그러나 바로 이때 1933년 1월 일본군이 산해관山海關을 넘어 금주錦州를 함락시키고 열하熱河 전체와 찰합이察哈爾 북부를 점령했으며, 3월에는 만리장성을 넘어 파죽지세로 남진을 계속하기 시작했다.

때문에 다급해진 장개석의 중국국민당 정부군은 제4차 소탕작전에 투입하려던 병력의 일부를 북상시켜 일본군에 대항하도록 할 수밖에 없었으며, 이로 인해 강서 소비에트를 공략하려던 중국 국민당 정부군의 계획은 제대로 실행하지도 못한 채 무위로 끝나고 말았다.

중국공산당 중앙과 모택동의 노선갈등

모택동을 궁지에 몰아넣은 국제파

모택동이 장개석의 소탕작전에 대항하여 강서혁명근거지를 지키고 있을 때 중국공산당 중앙의 권력구조에 중대한 변화가 발생했다.

1931년 1월 7일 코민테른의 지시에 따라 중국공산당 제6기 4중전회가 상해에서 소집되었고 그 회의를 통해 진소우를 위시한 국제파가 당 중앙의 영도권을 장악했다. 모택동이 모르는 사이에 중국공산당의 영도자가 바뀐 것이다.

이 회의에서 모택동은 좌경노선을 걸었다는 이유로 당과 홍군의 영도권을 모두 박탈당했던 것이다. 그리하여 모택동은 1931년 11월에 개최된 중화소비에트 제1차 전국대표대회에서 중화소비에트공화국 중앙집행위원회 주석으로 당선됨으로써 당무를 벗어나

지방 사업에만 전념했다. 군사권을 빼앗긴 것이었다.

그해 11월 25일 중화소비에트공화국 중앙혁명군사위원회가 설립되었는데, 모택동은 배제되었고 주덕이 그 주석으로 임명되고, 왕가상王稼祥(1906~1974)과 팽덕회가 각각 부주석으로 임명되었다. 중앙혁명군사위원회는 전국 홍군의 최고 영도 및 지휘기구로서 처음으로 정권계통에 예속되었으나, 정권계통은 정치적으로 여전히 중국공산당의 지휘를 받기 때문에 사실상 당의 지휘기구나 다름이 없었다.

홍1방면군의 지휘기구도 명령에 의해 철폐되었으며, 그 소속부대는 중앙홍군으로 명칭이 바뀌어 중앙혁명군사위원회의 영도와 지휘를 직접 받기 시작했다. 그 후 1933년 1월 중국공산당 임시중앙은 상해에서 더 이상 버틸 형편이 되지 못하자 중앙혁명근거지로 본부를 옮겨온 후 중국국민당 정부군의 소탕작전에 대응하여 중앙홍군을 직접 지휘했다.

일찍이 1931년 9월 하순 중국공산당은 중앙위원과 정치국 위원이 절반에도 미치지 못하자 코민테른 극동국의 제의에 따라 상해에 임시중앙정치국을 설립했다. 진방헌秦邦憲(일명 博古, 1907~1946), 장문천張聞天(일명 洛甫), 강생康生(1898~1975), 진운陳雲(1905~1995), 노복탄盧福坦(1890~1969), 이죽성李竹聲(1903~1973) 등 6명이 위원으로 임명되었고, 진방헌, 장문천, 노복탄 등 3명이 상무위원으로 임명되었으며, 진방헌이 당의 총책임자가 되었다.

이와 같이 중국공산당의 당권을 장악한 국제파는 점차 강서 혁명근거지의 모택동을 견제하기 시작했으며, 특히 1931년 11월에 개최된 소비에트지구 당 대표대회와 1932년 8월에 소집된 영도회의를 계기로 지방당 문제와 토지문제는 물론이고 군사문제와 관련해서도 과오를 범했다는 구실로 모택동을 궁지에 몰아넣기 시작했다.

특히 국제파는 1931년 11월 1일에 개최된 소비에트지구당 제1차 대표대회에서 모택동의 각종 과오를 지적하면서 본격적인 권력투쟁을 시작했다.

당 중앙과 다른 모택동의 건군노선

특히 〈대표대회〉에서 중국공산당 중앙과 소비에트지구 중앙국은 군사권을 빼앗긴 채 지방 사업을 해 온 모택동이 홍군사업에 있어서 일련의 우경기회주의 과오를 범했다고 비난했다. 특히 홍군사업의 과오로 유격주의, 소단체주의, 독점주의, 농민중심주의, 보수적 관념 및 협의의 경험론 등이 지적되었으며, 군사전략에 있어서는 앉아서 적의 포위를 기다리는 과오를 범했다는 것이었다.

모택동은 홍군의 건설문제와 관련해 중국공산당 중앙과 소비에트지구 중앙국의 의견과는 거리가 너무 멀거나 아니면 완전히 상반되는 주장을 펼쳤기 때문에 코민테른의 직접적인 지시를 따르고 있던 당 중앙과는 항상 불편한 관계를 유지하고 있었다.

첫째, 중국공산당 중앙은 홍군을 무산계급이 핵심을 이루며, 대규모적인 작전을 수행할 수 있는 기술적으로 정예화 된 군대로 건설해야 한다고 주장했다. 그러나 모택동은 홍군이 농촌을 근거지로 삼고 발전해야 하기 때문에 반드시 농민이 핵심을 이루며 유격전을 할 수 있는 군대로 발전시켜야 나가야 한다고 주장했다.

둘째, 중국공산당 중앙은 홍군 내에 체계적인 정치 사업이 필요하다고 보고 이를 위해 소련 홍군의 경험을 도입하고 정치위원과 정치부의 권한과 역할을 강화해야 한다고 주장했다.

그러나 모택동은 당이 군대를 지휘해야 하며, 군대 내의 당부의 권한과 기능을 향상시켜야 한다고 하면서 정치위원과 정치부 주임은 반드시 군대 내 당위원회의 영도를 받아야 하며 군대 내 당위원회의 상위에 군림해서는 안 된다고 했다.

뿐만 아니라 그는 군대 내 전적前敵위원회가 모든 것을 지휘해야 한다고 주장하면서 정치위원과 정치부 조례의 제정은 형식주의에 불과한 것이라고 하면서 반대했다.

셋째, 중국공산당 중앙은 홍군에 대한 영도를 강화하기 위해 반드시 당 중앙군사위원회가 홍군의 모든 것을 지휘할 수 있도록 그 권한과 역할을 강화할 필요가 있다고 강조했다. 뿐만 아니라 군대 내의 개인적 영웅주의와 소단체주의를 반대해야 하며 군벌의 잔재를 청산해야 한다고 주장했다.

그러나 이와는 반대로 모택동은 홍군 내에서 개인적인 역량과 명성을 계속 쌓아나갔다. 부대를 떠난 이후에도 임표林彪, 담진림譚震林, 모택담毛澤覃 등 심복으로 대표되는 과거의 인맥을 동원하여 군대 내에서 자신의 지지기반을 넓혀갔으며, 지방에서도 고백

古柏, 등소평鄧小平, 진정인陳正人 등 측근들과의 연계를 강화하면서 강력한 계보를 형성하는데 주력했다.

넷째, 홍군의 전략전술과 관련하여 중국공산당 중앙은 마르크스레닌주의의 기초 위에서 소련 홍군의 경험을 도입하여 학습하고 적용해야 하며, 전쟁이 나날이 확대되고 있는 추세를 감안하여 유격전에서 점차 발전하여 대규모적인 운동전으로 전환해야 하고, 군사기술도 향상시켜 유격전과 산악전은 물론이고 진지전에 관한 지식을 학습해야 한다고 주장했다.

그러나 이와는 반대로 모택동은 정강산과 복건 서부 및 강서 남부에서의 유격전 경험을 바탕으로 하여 성에 들어가 지키면서 적에게 먹을 것을 주지 않기 위해 들판을 비우며[堅壁淸野], 적을 유인하여 아군 진영으로 깊숙이 끌어들인 후 섬멸하는[誘敵深入] 전략방침을 고수했다.

뿐만 아니라 그는 마르크스주의의 교과서적인 이론은 전쟁지도에 활용할 수 없으며, 소련 홍군의 경험 역시 중국의 실정에는 적용할 수 없다고 지적하면서 오직《삼국지연의三國志演義》,《수호전水滸傳》,《손자병법孫子兵法》, 그리고《증국번집曾國藩集》만이 홍군 전략전술의 경전이 될 수 있다고 주장했다.

어쨌든, 모택동은 중국의 실제와는 거리가 먼 소련의 혁명이론과 전략을 그대로 중국에 도입하여 적용하려는 코민테른과 중국공산당 지도부의 결정에 동의하지 않았으며, 끝까지 자신의 혁명노선을 실천에 옮기겠다는 의지를 굽히지 않았다.

장개석의 제5차 공격과
홍군의 퇴각논쟁

중국국민당 정부군의 지구전 전략과 경제봉쇄작전

중국공산당 소비에트지구 중앙국이 앞서 말한 대로 모택동을 반대하고 트로츠키 일파를 반대하는 운동을 전개하고 있는 가운데 상해에 본부를 두고 있었던 중국공산당 중앙이 1933년 1월 강서江西의 서금瑞金으로 옮겨왔다.

서금으로 옮겨 온 중국공산당 중앙은 1933년 6월 2일 농민대중을 동원하여 농촌의 계급투쟁을 전개할 목적으로 〈사전査田운동에 관한 결의〉를 공포했다.

사전운동이란 중농中農이나 빈농貧農으로 둔갑한 지주와 부농富農을 완전히 조사하여 지주 계급의 모든 토지재산을 몰수하고, 부농에게서 몰수한 토지, 농기구, 가옥을 과거에 당에서 나누어 준 것이 불충분하거나 아직 분배받지 못한 농촌에 온 노동자, 빈농,

중농에게 나누어 주고, 부농에게는 비교적 나쁜 토지를 주기 위해 실시한 것이었다.

이처럼 중국공산당 중앙은 농촌의 소작농과 빈농을 주력군으로 삼고 중농을 끌어들여 부농과 지주를 고립시키고 타격한다는 통일전선 전략하에 계속해서 그 세력범위를 확대해나가고 있었다.

이와 같이 중국대륙의 동북 지역에 세워져 일본의 조종을 받고 있는 만주국, 그리고 확장일로에 있는 중화소비에트공화국의 존재는 여전히 장개석의 국민정부에게 혁명의 장애요인이 되고 있었다. 때문에 장개석은 1933년 5월 하순에 군사위원회위원장의 남창행영南昌行營을 설립하여 그것을 소공작전을 위한 총지휘부로 삼았다. 남창을 기지로 하여 소공작전을 벌이려고 한 것이다.

그해 6월 8일에 강서, 광동, 복건, 호남, 호북 5개 성의 군사회의를 주재하면서 네 차례에 걸친 소공작전에서 모두 실패한 경험을 교훈삼아 새로운 작전방침을 수립할 것을 직접 지시했다.

그래서 필승의 전략카드로 나온 것이 바로 철저한 봉쇄전략이었다. 기존의 전략적 사고와는 달리 군사 30%, 정치 70%의 비율로 한다는 전략방침과 지구적 전략하에 물자 운송을 금지하여 경제봉쇄를 실시함과 동시에 스스로 보루堡壘를 구축하고 교통로를 차단하는 한편, 도로를 만들고 진지를 구축해 가면서 차근차근 적을 고립시켜 나간다는 것이었다. 이는 모택동의 유인 작전에 말려들지 않으려는 전략적 계산이 깔려있는 것이었다.

국부군의 보루주의전략에 밀린 홍군

1933년 9월 장개석은 중국국민당 정부군 66개 사단의 100만 병력을 동원하고, 200대의 항공기를 투입하면서 홍군의 혁명근거지를 향해 제5차 소공작전을 시작했다. 특히 장개석 본인은 50만 병력을 직접 지휘하면서 중앙홍군과 중앙혁명근거지를 공격했다.

1933년 9월 25일 중국국민당 정부군의 북로군인 제8종대 제5사단, 제6사단, 제56사단이 먼저 홍7군단이 수비하고 있는 강서 이천현黎川縣을 기습공격으로 점령하는데 성공했다는 소식이 남창에 있는 장개석에게 전해졌다. 이천현은 강서성 무주시에 속하는 지역으로 강서성의 중부에서 동쪽으로 치우친 무이산맥의 중간 서쪽 지역을 말한다. 공산당의 홍군이 자리했던 지역이다.

결국 이렇게 보루堡壘를 지키려는 중국국민당 정부군의 보루주의 전략은 유격전과 운동전에 능숙한 홍군의 작전범위를 비켜갔다. 홍군이 즐겨 사용하던 유적심입誘敵深入, 선발제인先發制人, 그리고 위점타원圍點打援 등 전략전술을 무력화시킴으로써 홍군을 고립무원의 궁지로 몰고 갔다.

중국국민당 정부군의 보루주의 전략에 당황한 홍군은 코민테른에서 소비에트지구로 파견된 군사고문인 이덕李德(1900~1974)의 제안으로 이른바 '단축돌격短促突擊' 작전을 수행하기로 결정했다. 이덕은 원래 오스트리아 사람으로 코민테른이 중국에 파견한 군사고문이었다. 본명은 오토 브라운Otto Braun으로 그가 내세운 단촉돌격이란 '짧은 시간 내에 적을 공격한다'는 전략이었다.

짧은 시간 내에 적을 습격한다는 기습작전은 사실상 적이 보루

국부군의 제5차 소공작전시 홍군의 지휘계통도(1934년 10월)

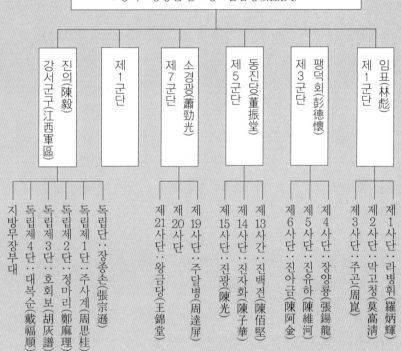

◆ 중앙군사위원회 주석 : 주덕(朱德)
◆ 중앙군사위원회 부주석 : 주은래(周恩來)
◆ 중국노농홍군 총사령 : 주덕(朱德)
◆ 중국노농홍군 정치위원 : 주은래(周恩來)
◆ 중국노농홍군 제1방면군 총사령 : 주덕(朱德)
◆ 중국노농홍군 정치위원 : 주은래(周恩來)
◆ 중국노농홍군 참모장 : 엽검영(葉劍英)

진의(陳毅)
강서군구(江西軍區)

제1군단

소경광(蕭勁光)
제7군단

동진당(董振堂)
제5군단

팽덕회(彭德懷)
제3군단

임표(林彪)
제1군단

지방무장부대
독립제4단 : 대복순(戴福順)
독립제3단 : 호회보(胡灰譜)
독립제2단 : 정마리(鄭麻理)
독립제1단 : 주사계(周思桂)
독립단 : 장종손(張宗遜)

제21사단 : 왕금당(王錦堂)
제20사단
제19사단 : 주달병(周達屛)

제15사단 : 진광(陳光)
제14사단 : 진자화(陳子華)
제13사간 : 진백견(陳佰堅)

제6사단 : 진아금(陳阿金)
제5사단 : 진유하(陳維河)
제4사단 : 장양룡(張錫龍)

제3사단 : 주곤(周崑)
제2사단 : 막고청(莫高淸)
제1사단 : 라병휘(羅炳輝)

를 멀리 벗어나 나오지 않는 상황에서는 적을 유인하여 깊숙이 들어오게 한다는 유적심입 전략도 무용지물이라는 전제하에 나온 것이었다.

그래서 요구되는 작전방법도 병력을 집중하여 짧은 시간 내에 측면에서 적의 후속부대나 선두부대를 습격하거나 또는 적과 보루 사이의 연락을 차단하기도 하고 보루 밖에서 적을 와해시킨다는 것이었다.

그러나 이덕의 새로운 전술인 기습공격작전은 중국국민당 정부군의 지구적이고 단계적으로 포위망을 좁혀오는 보루주의 공세를 저지하기에는 역부족이었다.

드디어 중국국민당 정부군의 동로군은 1934년 4월 상순에 건녕建寧을 압박했고, 북로군은 용강龍岡을 압박하면서 복건성과 강서성의 접경 지역으로서 소비에트지구의 대문인 광창廣昌을 공격할 준비를 하고 있었다.

홍군의 패배와 철군 논의

중국공산당 중앙은 중국국민당 정부군의 포위공세로 사태가 긴박해지자 중국국민당 정부군과의 결전이 임박했음을 알고 광창대회전廣昌大會戰을 준비했다. 중국공산당 홍군은 종전과 달리 이제 광창廣昌을 지키기 위해 열세의 군사력을 가지고 대대적인 방어준비를 해야 했다.

그리고 1934년 4월 중순 중국공산당 중앙 총서기인 진방헌, 중앙군사위원회 주석인 주은래, 홍군총사령인 주덕, 코민테른 군사고문인 이덕, 전적위원회 총지휘인 팽덕회, 총참모장인 유백승, 그리고 총정치부 대리주임인 고작림顧作霖 등이 결전을 앞두고 광창에 모여 작전계획을 논의한 후 전선을 직접 시찰하여 병사들을 격려했다.

중국공산당 중앙은 광창대회전에 홍1군단, 홍3군단, 홍5군단, 그리고 홍9군단의 정예부대를 투입했으며, 중국국민당 정부군은 3개 종대縱隊와 9개 사단으로 편성된 북로군을 투입했다. 광창대회전은 그해 4월 10일부터 28일까지 약 20일 동안 치열하게 전개되었으며, 쌍방 모두 적지 않은 손실을 입었다. 전투에 참여한 인원 가운데 사상자는 20%가 넘었으며, 홍군의 피해는 더욱 컸다.

광창대회전과 동시에 중국국민당 정부군의 북로군 우익부대는 용강龍岡을 점령했으며, 동로군 역시 건녕建寧을 공략했다. 결국 강서 소비에트지구의 동쪽인 건녕이 함락되고, 서북쪽의 용강도 함락되었고, 북쪽의 대문인 광창마저 뚫리게 되자 소비에트홍군은 퇴로를 걱정해야 하는 상황으로까지 몰리게 되었다.

광창대회전에서 패배한 이후인 5월 상순 중국공산당 중앙은 긴급회의를 소집하고 광창대회전의 패인과 금후의 작전계획을 논의했다. 그리고 〈회의〉는 광창회전의 패인으로 다음의 몇 가지를 지적했다.

첫째, 홍군의 전략과 전술이 잘못되어서 그런 것이 아니라 적이 병력과 화력 면에서 홍군보다 월등히 우세했기 때문이었다.

둘째, 인근 소비에트지구의 홍군, 즉 복건과 절강 및 강서, 호남과 호북 및 강서, 그리고 호남과 강서의 홍10군, 홍16군, 홍8군이 적시에 중앙소비에트지구를 공격하는 적의 병력을 분산시키지 못했기 때문이었다.

셋째, 적의 전후방과 원거리에 있는 홍군유격부대가 적을 견제하고 적의 보급로를 차단하지 못해 홍군의 주력부대가 고립되는 상황에 이르렀다.

넷째, 백색지구에서의 당의 활동이 미약하여 홍군의 작전을 지원해 줄 수 있는 대중적 기반을 구축하지 못했다.

다섯째, 새로운 전략전술에 대한 인식이 부족하고 잘못 이해함으로써 전장에서 제대로 활용되지 않았다.

〈회의〉에서 논의된 또 다른 문제는 금후의 전략방침을 확정하는 것이었다. 보다 구체적으로 말한다면 중앙소비에트지구를 포기하고 홍군의 철수계획을 결정하는 것이었다.

철군 방법의 결정

여기서 모택동은 중앙소비에트지구 주력홍군의 퇴로를 4개 방향, 즉 복건福建, 절강浙江, 강소江蘇, 호남湖南 방향으로 나누어 철수시킴으로써 중국국민당 정부군의 병력을 분산시킨 후 다시 홍군 병력을 집중시켜 강서 소비에트지구로 되돌아오는 전략방침을 제시했으나 받아들여지지 않았다.

모택동의 이러한 제안을 앞장서서 반대한 것은 이덕李德과 항영項英(1898~1941)이었다. 이들은 4개 방향으로 나누어 행군할 경우 중국국민당 정부군에게 각개격파를 당할 위험이 클 뿐만 아니라 특히 강소성江蘇省과 절강성浙江省은 국민당 세력의 중심 지역이기 때문에 유격근거지의 건설이 용이하지 않다는 점을 들어 모택동의 제안이 비현실적이라고 주장한 것이었다.

결국 금후의 전략방침은 갑론을박을 거듭한 끝에 당 중앙 군사위원회 주석인 주은래가 여러 사람의 의견을 취합하여 정리한 절충안을 당 중앙 총서기인 진방헌이 받아들임으로써 일단락되었다.

첫째, 이덕과 항영의 의견을 받아들여, 석성石城 이북에 방어공사를 튼튼히 하고 홍군의 정예를 배치하며 운동전 위주의 방어전과 빠른 시간 내의 기습작전을 전개함으로써 중국국민당 정부군의 공격을 지연시킨다.

둘째, 모택동이 주장한 적의 병력을 분산시킨다는 전략방침을 받아들이되 주력홍군에게는 그 임무를 맡기지 않는다. 홍7군단과 강서 동북의 홍10군을 복건과 절강의 심장부에 침투시키며, 호남과 강서 변계의 홍6군단을 호남에 침투시켜 하룡의 홍2군단과 합류시킴으로써 동서 양쪽으로부터 중국국민당 정부군의 병력을 분산시킨다.

셋째, 최악의 경우에는 중앙소비에트지구를 포기해야 하며, 포위망을 뚫고 철수하기 위한 계획을 수립해야 한다.

결국 중국공산당 중앙은 중국국민당 정부군의 제5차 포위소탕작전에 대한 반격작전에서 실패하고 강서근거지를 포함한 7개 근거지 모두를 상실했으며, 중앙홍군은 강서 소비에트지구를 포기하고 서진을 위한 대장정에 오를 준비를 했다.

제6장

중국공산당의 강서 소비에트
포기와 대장정

중앙홍군의 대장정

중국공산당의 비밀 철수 계획

중국공산당 중앙은 광창대회전에서 패배한 후 더 이상 중국국민당 정부군의 공격을 버티지 못하게 되자 철수작전을 위해 아래와 같은 내용의 기본계획을 비밀리에 수립했다.

첫째, 항영을 중국공산당 중앙, 인민정부 중앙, 그리고 당 중앙군사위원회 전권대표로 임명하고, 그로 하여금 소비에트지구에 남아 강서, 복건 서부, 복건과 강서 변계, 복건과 절강 및 강서, 호남과 강서, 그리고 호남과 호북 및 강서 변계를 포함한 중앙소비에트지구의 당·정·군에 관한 모든 사업을 지휘하게 한다.

둘째, 소비에트 중앙 분국을 설치하고 항영을 분국 서기로 임명하며, 하창賀昌과 진의陳毅 등을 분국 위원으로 임명하여 이들로 하여금 소

중국 홍군의 대장정 노선도

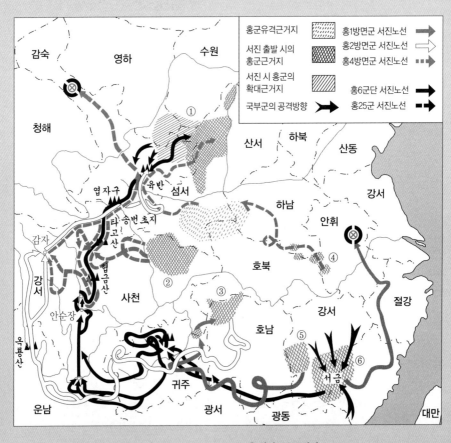

① 섬·감·녕陝甘寧근거지
② 천섬川陝근거지
③ 상악·천검湘鄂川黔근거지
④ 환·예·악皖豫鄂근거지
⑤ 상공湘贛근거지
⑥ 중앙中央근거지

비에트지구당의 조직과 사업을 책임지게 한다.

셋째, 중앙소비에트지구 군구를 설치하여 각 군구의 군사행동과 유격전쟁을 지휘하도록 하며, 진의를 사령관으로 임명하고 항영이 정치위원을 겸임하도록 한다.

뿐만 아니라 중국공산당 중앙은 중국국민당 정부군의 포위망을 뚫고 행군과 작전의 성공을 보장하기 위해 기존의 일상적인 영도체제를 비상지휘체제로 전환했다.

최고지휘기관인 중앙혁명군사위원회의 주석 겸 총사령에는 주덕을, 부주석에는 주은래를, 그리고 총참모장직에는 유백승을 임명했으며, 중앙혁명군사위원회 직속의 4개 군단 책임자도 다음과 같이 결정했다.

제1군단은 임표林彪를 군단장으로 하고, 섭영진聶榮臻을 정치위원, 그리고 나영환羅榮桓을 정치부 주임직에 임명하도록 한다.

제3군단은 팽덕회彭德懷를 군단장으로 하고 양상곤楊尙昆을 정치위원, 그리고 원국평袁國平을 정치부 주임직에 임명하도록 한다.

제8군단은 주곤周昆을 군단장으로 하고 하극전何克全을 정치위원, 그리고 유소기劉少奇를 정치부 주임직에 임명하도록 한다.

마지막으로 제9군단은 라병휘羅炳輝를 군단장으로 하고 하장공何長工을 정치위원, 그리고 왕수도王首道를 정치부 주임직에 임명하도록 한다.

당시 중국공산당 중앙은 당 총서기인 진방헌秦邦憲을 비롯하여 장문천張聞天과 진운陳雲 등 국제파가 장악하고 있었으며, 소비에트중앙정부는 주석인 모택동을 비롯하여 임조함과 서특립徐特立 등이 책임지고 있었다. 요컨대 중국공산당의 당권과 군권은 국제파가 장악하고 있었고, 모택동은 단지 힘없는 정권만 장악하고 있었을 뿐이었다.

악전고투 속의 장정 시작

1934년 10월 초 중국국민당 정부군은 중앙혁명근거지의 중심 지역을 향해 공격을 시작했으며, 10월 10일 중앙홍군은 전략적 전환을 실행했다. 중국공산당 중앙과 중앙혁명군사위원회 기관은 강서의 서금을 출발하여 집결지로 향했으며, 10월 16일 각 부대가 강서 우도하雩都河 이북의 집결지에 모두 도착했다.

드디어 10월 17일부터 중앙홍군의 주력인 홍1군단, 홍3군단, 홍5군단, 홍8군단, 홍9군단 등 5개 군단, 중국공산당 중앙과 중앙혁명군사위원회 기관 및 그 직속부대 약 8만6천여 명이 계획된 퇴각로를 따라 장정을 시작했다. 그리고 중앙홍군 제24사단과 10여 개의 독립연대 병력 약 1만6천여 명은 그대로 남아 항영과 진의의 지휘하에 중앙혁명근거지를 지켰다.

행군은 홍1군단과 홍3군단이 주력으로 선봉에 섰으며, 홍5군단은 후미를 맡았고, 홍8군단과 홍9군단은 좌우 측면을 엄호했다. 방대한 규모의 중앙종대는 전군의 엄호를 받으면서 계속되었다.

중앙홍군은 먼저 호남성 서부로 가서 하룽의 홍2군단, 그리고 소극蕭克의 홍6군단과 합류한다는 원래의 목표대로 중국국민당 정부군의 추격을 따돌리면서 밤낮을 가리지 않고 행군을 계속했다.

부대는 기본적으로 홍6군단이 지나간 행군노선, 즉 강서, 광동, 호남, 광서 변경에 있는 오령五嶺산맥을 따라 곧바로 서쪽을 향해 진군했다. 오령이란 대유령大庾嶺, 기전령騎田嶺, 도방령都龐嶺, 맹저령萌渚嶺, 월성령越城嶺(일명 南嶺)을 말하는데 이 오령은 가로로 강서와 호남, 그리고 양광 사이에 놓여 있는 산맥이다. 즉 강서와 호남과 양광 사이에 있는 오령의 험한 산길을 이용해 서쪽으로 퇴각하는 것이었다.

당시 하룽의 홍2군단과 소극의 홍6군단은 합편되어 홍2방면군으로 발전했으며, 하룽이 총지휘를 맡고 임필시任弼時(1904~1950)가 정치위원을 맡고 있었다. 홍2방면군은 중국국민당 정부군이 병력을 호남 서부로 집결시켜 홍1방면군을 추격하고 있는 틈을 타 적극적인 공세활동을 통해 세력을 확장한 결과 병력이 1만여 명으로 증가한 상태였다.

그러나 중국국민당 정부군은 홍1방면군이 호남 서부로 진입하여 홍2방면군과 회합할 것으로 미리 알고 이를 저지하기 위해 진입로를 가로막고 있었으며, 그 봉쇄망을 뚫고 호남 서부로 진입하는 것이 사실상 어렵다고 판단한 홍1방면군은 기존의 계획을 포기하고 귀주貴州로 향할 수밖에 없었다.

중앙홍군인 홍1방면군은 행군 도중 도처에서 중국국민당 정부군의 습격을 받아 막대한 손실을 입었으며 부상병과 도망병이 속

중국 홍군의 발전과정도(1927~1937)

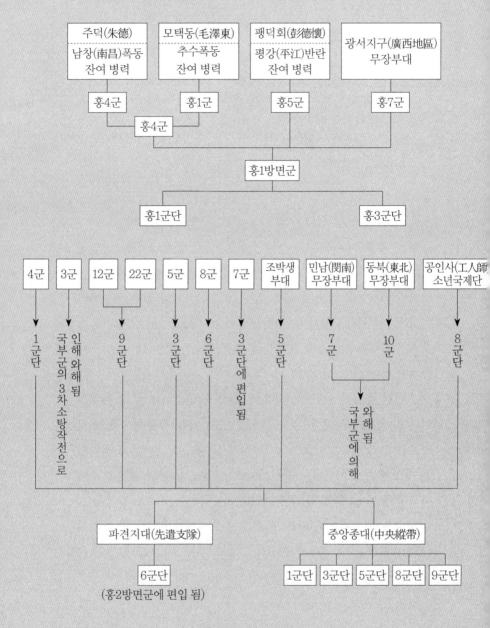

홍1방면군(모택동·주덕 계)

주덕(朱德)
남창(南昌)폭동
잔여 병력

모택동(毛澤東)
추수폭동
잔여 병력

팽덕회(彭德懷)
평강(平江)반란
잔여 병력

광서지구(廣西地區)
무장부대

홍4군

홍1군

홍5군

홍7군

홍4군

홍1방면군

홍1군단

홍3군단

4군

3군

12군

22군

5군

8군

7군

조박생
부대

민남(閩南)
무장부대

동북(東北)
무장부대

공인사(工人師)
소년국제단

1군단

국부군의 3차 소탕작전으로 인해 와해 됨

9군단

3군단

6군단

3군단에 편입 됨

5군단

7군

10군

국부군에 의해 와해 됨

8군단

파견지대(先遣支隊)

중앙종대(中央縱帶)

6군단
(홍2방면군에 편입 됨)

1군단

3군단

5군단

8군단

9군단

홍2방면군(하롱 계)

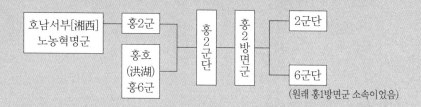

홍4방면군(장국도·서향전 계)

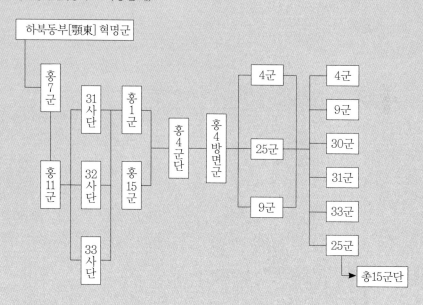

출하는 등 사기가 극도로 침체되었다. 결국 1934년 12월 여평黎平을 점령했을 때는 출발 당시 8만여 명에 이르던 병력이 5만여 명이나 줄어들어 남은 인원은 3만여 명 정도에 불과했다.

중국공산당 중앙정치국은 홍1방면군이 여평에 도착했을 때인 12월 15일 임시회의를 소집하고 향후의 전략방침을 논의했다. 회의에서는 홍1방면군의 퇴로를 놓고 열띤 공방이 오고갔으며, 참석자 중 일부는 귀주의 동부로 들어가 호남 서부로 진입하여 홍2방면군과 회합하자고 주장했고, 일부는 북상하여 장강長江을 건넌 후 홍4방면군과 회합하자고 했다. 또 일부는 남쪽의 운남雲南으로 들어가 근거지를 구축하자는 의견을 내놓기도 했다.

준의회의와 모택동

모택동의 국제파에 대한 비판

어쨌든 홍1방면군은 중국국민당 정부군의 추격권에서 벗어나기 위해서 서진을 멈출 수가 없었으며, 1935년 1월 5일 귀주의 준의遵義에 도착했다. 준의는 앞서 말한 대로 귀주성의 북부에 위치한 도시였다.

그런데 여기서 중국공산당 중앙은 국부군의 추격이 멈추지 않았음에도 불구하고 모택동의 요구를 받아들여 1월 6일부터 8일까지 3일 동안 당정치국 확대회의를 소집했다. 그만큼 모택동의 요구가 강했기 때문이라고 할 수 있었다.

이 〈회의〉에는 정치국 위원과 후보위원으로 진방헌, 장문천, 주은래, 진운, 주덕, 하극전 등이 참석했으며, 중앙위원회 위원으로는 모택동, 유소기, 나매羅邁, 팽덕회가, 그리고 그 후보위원으

중앙홍군의 서진시 지휘계통도(1934년 10월 하순)

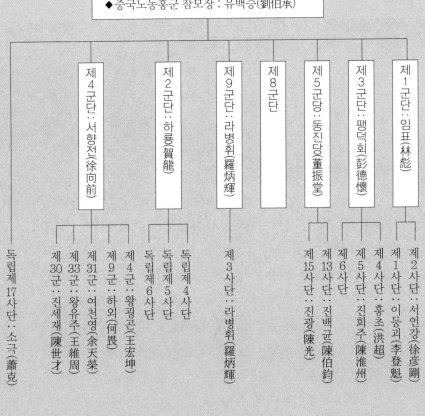

◆ 중화소비에트정부 주석 : 모택동(毛澤東)
◆ 중국노농홍군 총사령 : 주덕(朱德)
◆ 중국노농홍군 정치위원 : 주은래(周恩來)
◆ 중국노농홍군 참모장 : 유백승(劉伯承)

제4군단 : : 서향전(徐向前)

제2군단 : : 하룡(賀龍)

제9군단 : : 라병휘(羅炳輝)

제8군단

제5군당 : : 동진당(董振堂)

제3군단 : : 팽덕회(彭德懷)

제1군단 : : 임표(林彪)

독립제17사단 : : 소극(蕭克)

제30군 : : 진세재(陳世才)
제33군 : : 왕유주(王維周)
제31군 : : 여천영(余天榮)
제9군 : : 하외(何畏)
제4군 : : 왕굉곤(王宏坤)

독립제6사단
독립제5사단
독립제4사단

제3사단 : : 라병휘(羅炳輝)

제15사단 : : 진광(陳光)
제13사단 : : 진백균(陳伯鈞)
제6사단
제5사단 : : 진회주(陳淮州)
제4사단 : : 홍초(洪超)
제1사단 : : 이등괴(李登魁)
제2사단 : : 서언강(徐彦剛)

로는 이부춘李富春(1900~1975), 양상곤, 왕수도, 유백승, 임표, 섭영진聶榮臻(1899~1992), 장발규 등이 참석했다. 그리고 코민테른의 군사고문인 이덕李德이 옵서버로 참석했다.

〈회의〉는 진방헌이 주재했으며, 목전의 형세와 홍군의 금후 행동방향이 주요의제로 논의되었다. 그러나 주은래의 군사보고가 있은 직후 격론이 벌어지기 시작했으며, 팽덕회가 앞에 나와 전략상의 실패와 홍군의 손실에 대한 책임을 물어야 한다고 주장했다. 이어서 모택동이 중국국민당 정부군의 제5차 포위소탕작전에 대한 홍군의 전략전술이 잘못된 것이었음을 지적했고, 유소기는 당 제6기 4중전회 이후 좌경모험주의로 인해 백색지구에서의 정치사업이 실패했다고 지적했다.

이들의 지적에 진방헌은 그간의 정치노선이 코민테른의 직접적인 지시에 근거한 것이고 정확했음을 주장했으며, 이덕 역시 군사전략 상에 어떠한 잘못도 없었다는 입장을 고수했다.

그러나 주은래는 중국국민당 정부군의 제5차 소탕작전에 대응하는 홍군의 군사전략 방침에 과오가 있었으며, 서진 도중 홍군을 지휘하는 문제에 있어서도 역시 불찰이 있었음을 인정했다. 그리고 시종일관 모택동의 관점과 주장에 늘 반대만 해 오던 유백승 역시 태도를 바꾸어 모택동의 의견에 적극적으로 동조했다.

결국 〈회의〉는 당 제6기 4중전회와 5중전회 이후 중국공산당 중앙의 기본노선은 정확한 것이었으며, 다만 중국국민당 정부군의 제5차 포위소탕작전에 대한 대응전략과 서진 도중의 군사전략에 과오가 있었기 때문에 이 문제에 관해서는 당의 주요책임자와 당 중앙군사위원회 주석 및 코민테른의 군사고문이 함께 책임을 져야 한다는 장문천의 제안이 받아들여져 일단락되었다.

군사위원회 주석에 오른 모택동

정치국확대회의는 3일 째 되는 날 '진방헌, 주은래, 이덕 동지의 군사노선 상의 과오를 검토한다'라는 내용을 부제로 한 〈중앙정치국확대회의 결의〉를 통과시켰으며, 이와 동시에 중국공산당 중앙과 중앙군사위원회를 다음과 같이 개편했다.

> 첫째, 진방헌을 중국공산당 중앙 총서기직에서 해임하고 장문천이 그 직무를 승계했다.
> 둘째, 주은래를 중국공산당 중앙 군사위원회 주석직에서 해임하고 모택동이 그 직무를 승계하도록 했다.
> 셋째, 모택동을 정치국 위원 및 정치국 상무위원으로 보선했다.
> 넷째, 진방헌을 총정치부 주임으로, 나매를 총정치부 조직부장으로, 그리고 하극전을 총정치부 선전부장으로 임명했다.
> 다섯째, 진운이 소련으로 가서 중국공산당이 중앙소비에트지구로부터 철수하여 서진을 거치면서 준의회의에서 결의한 사항, 그리고 당 중앙의 인사개편 내용을 코민테른에 보고하고 비준을 받도록 했다.

준의회의는 모택동의 입장에서는 그동안 국제파에 의해 실추되었던 당내의 입지를 회복할 수 있는 절호의 기회였다. 그는 홍군의 서진 과정에서 불만이 누적된 당간부들의 정서를 이용하여 국제파인 진방헌을 축출하고 중앙정치국 상무위원회에 진입함으로써 중국공산당 중앙의 최고영도기구의 구성원 중 하나가 되었으며, 주은래로부터 당 중앙군사위원회 주석직을 넘겨받음으로써 사실상 군권을 장악하는데 성공했다.

2개의 당 중앙과 홍군의 내홍

속속 서부로 향한 홍군들

홍1방면군이 1935년 3월 귀주성貴州省 북부 지역에서 배회하고 있을 때 장국도가 이끄는 홍4방면군은 사천성四川省 북부로부터 서부를 향해 행군을 계속하고 있었다.

홍4방면군은 원래 호북·하남·안휘의 변경지구를 근거지로 삼고 있었는데, 1932년 가을 중국국민당 정부군의 제4차 포위소탕작전으로 근거지를 상실한 후 잔여병력 2만여 명이 중앙 분국 서기인 장국도와 총지휘인 서향전, 그리고 정치위원인 진창호陳昌浩의 인솔하에 섬서陝西 남부를 거쳐 사천四川 북부에 도착하여 그곳을 근거지로 삼아 발전했다.

그 후 홍4방면군은 세력을 크게 확장하여 4군, 9군, 30군, 31군 33군의 5개 군과 14개 사단 및 41개 연대로 편성되었으며,

7만여 명에 달하는 병력을 유지하고 있었다.

한편, 병력이 2만여 명 정도였던 하룽의 홍2방면군은 중국국민당 정부군의 소탕작전으로 큰 타격을 입은 후에 호남 서부의 근거지를 떠나게 되는데, 당시 다음과 같은 지휘체제와 편제를 유지하고 있었다.

홍2방면군은 2개 군단으로 편성되어 있었으며, 하룽이 총지휘, 임필시任弼時가 정치위원, 그리고 감사기甘泗淇(원명 姜鳳威, 별명 姜炳坤, 1903~1964)가 정치부 주임을 맡고 있었다. 그리고 그 예하의 홍2군단은 하룽이 군단장을 겸임하고 있었으며 관향응關向應이 정치위원으로 있었다. 또 홍6군단은 소극蕭克(1907~2008)이 군단장, 왕진王震(1908~1993)이 정치위원으로 있었다.

홍2방면군은 1935년 11월 19일 호남 장가계시에 속한 상식桑植을 출발하여 중국국민당 정부군의 포위망을 뚫고 호남 중부 지역을 거쳐 귀주貴州를 향했다. 서진을 계속하면서 금사강金沙江을 건너 운남雲南으로 진입한 후 감자甘孜에 도착했으며, 바로 그곳에서 홍4방면군과 회합했다.

결국 홍2방면군도 홍4방면군의 경우와 마찬가지로 8개월 동안의 행군 과정에서 여러 차례 중국국민당 정부군의 공격을 받아 막대한 병력의 손실을 입었다. 출발 할 당시만 해도 2만여 명에 달하던 병력이 줄고 줄어 홍4방면군과 회합할 당시에는 고작 3천여 명만 살아남았을 뿐이었다.

한편, 홍1방면군은 1935년 6월 중순 사천 서부의 무공懋功에 도착하여 홍4방면군과 회합했다. 홍1방면군은 귀주에 있을 때만 해도 병력이 3만여 명에 달했으나 무공에 도착하여 홍4방면군과 회합할 당시에는 겨우 1만여 명 정도에 불과했다.

양하구에서의 정치국회의

홍1방면군과 홍4방면군이 만나게 되자 중국공산당 중앙은 그해 6월 25일 양하구兩河口에서 제1차 정치국회의를 소집했다. 여기서 양하구는 사천성 무공懋功의 북부에 있는 양하구를 말하는데, 이 회의에는 정치국위원 이외에도 홍4방면군의 중앙위원인 진창호, 후보중앙위원인 서향전 등이 옵서버로 참석했다.

회의의 주제는 홍1방면군과 홍4방면군이 회합한 이후의 행동 방향을 결정하는 것이었지만 장국도와 진창호가 준의회의에서 결정된 당 중앙의 개편이 적법한 것인지의 여부를 제기하면서 논쟁이 격화되었다.

원래 진소우, 진방헌, 장문천과 더불어 28인의 볼셰비키로서 국제파였던 진창호는 호북·하남·안휘 변경지구에서 장국도를 수행하면서 완전히 그의 심복이 된 이후부터 국제파와는 다른 길을 걷고 있었다.

때문에 진창호는 당 중앙을 다시 개편하고 당 총서기로 장국도를 선출해 줄 것을 요구했으며, 장국도는 당 중앙의 정치노선이 잘못되었다고 주장했으나 당 총서기인 장문천은 이들의 주장을 받아들이지 않았다.

모아개의 정치국회의와 모택동의 주장

양하구 회의 이후 홍군의 주력은 점차 북상을 시작했으며, 1935년 8월 5일 중국공산당 중앙은 모아개毛兒蓋에서 정치국회의를 소집하고 홍군의 행동방침을 논의했다. 모아개는 사천성 아패阿壩에 있는 장족藏族과 강족羌族의 자치주가 있는 송반현松潘縣의 서부에 있는 지역이다.

이 회의 석상에서 모택동은 홍군의 북상을 강력히 주장했다. 먼저 유지단劉志丹(1903~1936) 부대와 회합한 후 내몽고를 취하고 소련의 지원을 받을 수 있다는 이유에서였다.

그러나 모택동의 주장과는 달리 장국도는 중국국민당 정부군의 주력부대가 이미 사천과 섬서 및 감숙성 변경 경계에 포진하고 있기 때문에 초원지대를 건너 북상을 해야 하는데, 그렇게 되면 막대한 손실을 입게 되니 비교적 취약하다고 보이는 중국국민당 정부군 사천군대의 방어선을 뚫고 나가 성도成都평원을 쟁취해야 한다고 주장했다.

그러나 장국도의 제안은 당 총서기인 장문천과 모택동에 의해 거부되었으며, 결국 섬서陝西와 감숙甘肅을 향한 홍군의 북상 방침이 최종적으로 결정되었다.

북행과 남행으로 갈라진 두 개의 중국공산당 중앙

홍군은 북상을 위해 우로군右路軍과 좌로군左路軍으로 나뉘었는데,

당 중앙과 모택동이 인솔하는 우로군은 홍1방면군의 홍1군단과 홍3군단, 그리고 홍4방면군의 홍4군과 홍30군으로 편성되었다. 반면에 주덕 총사령과 장국도가 인솔하는 좌로군은 홍4방면군의 홍9군과 홍31군, 그리고 홍1방면군의 홍5군단과 홍9군단으로 편성되었다.

그러나 장국도는 여전히 자신의 제안에 미련을 버리지 못한 채 당 중앙과 북상을 할 것이냐 아니면 남하를 할 것이냐를 놓고 막판 협상을 하고 있었다.

바로 그때인 1935년 9월 2일 모택동과 당 중앙은 파서巴西 전선에서 휴식을 취하고 있던 홍4방면군 소속의 홍4군과 홍30군에게는 물론 좌로군에 편성되어 있던 홍1방면군 소속의 홍5군단과 홍9군단을 이끌고 있던 주덕과 유백승에게 조차 아무런 통보도 하지 않은 채 홍1방면군의 홍1군단과 홍3군단 및 당군사위원회 종대의 일부 병력을 이끌고 몰래 빠져나가 북상을 시작했다.

모택동은 북상을 하면서 홍1군단과 홍3군단의 군단 번호를 취소하고 그 명칭을 '노농홍군 섬서·감숙陝西陝甘 유격지대遊擊支隊'로 바꾸었으며, 자신은 정치위원직을 맡고 사령관으로는 팽덕회를 임명했다. 그리고 지대를 2개 종대縱隊로 편성한 후, 제1종대 사령관직은 임표에게 맡겼고, 제2종대의 사령관직은 팽덕회가 겸임하도록 했으며, 엽검영葉劍英에게는 당 중앙군사위원회 종대를 지휘하도록 했다.

그러나 장국도가 지휘하는 홍4방면군, 그리고 당 중앙과 모택동에게 버림받은 홍1방면군의 홍5군단과 홍9군단의 병력 6만여 명은 그해 9월 중순 남진南進을 시작했다. 여기서 울분을 삭이지 못한 홍4방면군은 모택동을 타도하자는 구호를 외치면서 장국도에게 새로운 당 중앙을 조직할 것을 요구했다.

결국 장국도는 작목조綽木碉에서 중국공산당 중앙의 설립을 공포했다. 그리고 당 중앙의 중앙위원으로는 장국도, 주덕, 진창호, 유백승 등 15명이 선출되었으며, 이들 중앙위원들에 의해 장국도가 당 총서기로 추대되면서 사실상 2개의 중국공산당 중앙시대가 시작되었다.

코민테른의 타협안

그러나 2개 당 중앙의 존재와 모택동과 장국도 간의 불화로 인해 홍군의 단합이 와해되는 것을 방지하고자 장호張浩(1897~1942)는 1936년 6월 홍2방면군이 감자甘孜에 도착하여 홍4방면군과 회합할 당시 코민테른 대표의 자격으로 남방의 중국공산당 중앙에 전문을 보내 2개 당 중앙 간의 문제를 해결하기 위한 코민테른의 타협안을 전달했다.

그 타협안의 내용은 다음과 같다.

> 첫째, 북방과 남방의 2개 당 중앙을 동시에 철폐하고 중앙의 직권 행사를 중지한다.
> 둘째, 북방 중앙을 서북국으로 개편하고 남방 중앙을 서남국으로 개편하며, 지구와 관할 부대를 경계로 하여 각각 직권을 행사한다.
> 셋째, 서남국은 홍2방면군의 주요책임동지를 포함한다.

넷째, 각 방면군은 서로 협조하면서 서북으로 발전해 나가는데, 현재는 영하寧夏와 감숙甘肅을 발전방향으로 정한다.

다섯째, 과거의 마찰과 불화는 통일전선의 새로운 정책을 공동으로 집행한다는 전제하에 모두 불식시키고 단결을 모색한다.

장국도와 남방의 당 중앙은 코민테른의 타협안을 받아들여 후속조치를 취했다. 그는 타협안에 따라 중국공산당 중앙의 철폐를 선언하고 중국공산당 중앙 서남국을 설립하여 홍1방면군, 홍4방면군과 서남지구당의 사업을 영도하도록 했으며, 이를 계기로 서남국과 서북국 간의 관계가 점차 개선되었다.

장국도의 북상 동의와 불만

그 후 4만여 명에 이르는 홍4방면군은 양광兩廣사변이 발생하고 중국국민당 정부군의 추격을 받아 곤경에 처하게 되었다. 상황이 불리해지자 주덕과 유백승은 다시 초원지대를 통과하여 섬서陝西와 감숙甘肅을 향해 북상할 것을 주장했으며, 막다른 골목에 들어선 장국도 역시 이들의 주장에 동의했다.

홍4방면군은 결국 남하를 포기하고 1936년 8월 16일 감숙을 향해 북상을 시작했다. 홍2방면군 역시 그해 9월 하순 북상을 시작하여 10월 하순 경 홍4방면군과 합류했다. 그리고 이들 홍2, 홍4방면군은 북상을 계속하여 회령會寧에 도착하면서 마침내 홍1방면군 선발부대를 만나게 된다. 이는 거의 2년 동안 중국국민당 정부군의 추격을 따돌리면서 떠돌아다니던 홍군의 주력인 홍1방면군, 홍2방면군, 그리고 홍4방면군이 모두 합류하게 되는 역사적인 순간이기도 했다.

그러나 홍2방면군, 홍4방면군과 홍1방면군의 선발부대가 합류한 이후 장국도는 홍1방면군 간부로부터 섬서 북부와 홍1방면군의 사정을 알게 되면서 코민테른 대표인 장호의 조정안에 불만을 표시한다. 이는 섬서陝西 북부의 중국공산당 중앙이 조정안을 이행하지 않았으며, 당 중앙의 직권 행사를 중지하지도 않았고, 당 중앙을 서북국으로 개편하지도 않고 그대로 중국공산당 중앙으로 남아 있었기 때문이었다.

모스크바의 7차 전세계대표자대회

한편, 코민테른은 제2차 세계대전의 전운이 감돌기 시작한 1935년 7월 25일부터 8월 20일까지 모스크바에서 제7차 전세계대표대회를 개최했다.

〈대회〉는 코민테른 총서기인 디미트로프G.M. Dimitrov의 보고를 근거로 〈파시스트주의의 진격과 노동자계급이 파시스트주의를 반대하도록 하는 코민테른의 통일적인 투쟁 임무〉라는 제하의 결의문을 통과시켰는데, 이는 자본주의국가는 물론이고 식민지와 반식민지국가에서도 제국주의에 반대하는 통일전선을 구축하는 것이 공산당원의 가장 중요한 임무임을 상기시키는데 목적이 있었다.

요컨대, 코민테른 제7차 세계대회에서 통과된 결의는 사회주의 조국인 소련을 보위하기 위한 통일전선을 구축하는데 집중되었으며, 서방의 자본주의국가에서는 파시스트에 반대하는 반파시스트 통일전선을 구축하고, 식민지와 반식민지국가에서는 제국주의에 반대하는 반제국주의 통일전선을 구축한다는 것이었다.

〈대회〉는 47명의 코민테른 집행위원회 위원을 선출했는데, 그 중에는 진소우, 모택동, 장국도, 주은래 등 4명의 중국공산당원이 포함되었다. 이는 반식민지국가인 중국의 비중이 그만큼 크다는 것을 반증하는 것이기도 했다.

사실 모스크바에서 〈대회〉가 진행되고 있는 기간 중 진소우는 코민테른 주재 중국공산당 수석대표로서 강생康生과 함께 중국공산당을 대표하여 제7차 대회에 참석했으며, 또 한편으로는 코민테른 주석단의 위원 겸 서기처 서기의 자격으로서 식민지와 반식민지국가의 공산당 사업을 주관했다.

때문에 진소우는 코민테른 제7차 대회에서 식민지와 반식민지국가의 공산당 및 중국공산당을 대표하여 〈반제국주의 통일전선을 논한다〉는 제하의 글을 보고했다. 바로 이 보고문은 후일 중국공산당이 발표한 81선언의 원본으로서 항일민족통일전선의 지침이 되기도 했다.

특히 제7차 세계대회에서 결의된 내용 중 중국공산당의 장래와 직접적인 관련이 있었던 것은 코민테른이 통일전선을 구축하기 위해 세계 각국의 공산당에게 일정한 자주권을 부여한 것이었다.

제7차 세계대회는 한 국가의 경험을 기계적으로 다른 국가에 옮겨가서는 안 된다고 했으며, 뿐만 아니라 각국 공산당내부의 조직상의 사업에 대해서도 직접적으로 간섭해서도 안 된다는 점도 확인했다.

이는 코민테른이 각국 공산당에 대한 지시를 일정한 범위 내에서 풀어준다는 것을 의미하는 것이었다. 후일 모택동은 이 점을 이용하여 교조주의를 반대한다고 하면서 '마르크스레닌주의의 중국화'를 공개적으로 선언했으며, 장국도를 타도하고 진소우를 비롯한 국제파를 제거한 후 자신의 통치기반을 확고히 하는 논리로 활용했다.

제7장

제2차 국공합작과
항일민족통일전선

서안사변

재기를 위한 모택동의 구상

모택동의 홍군은 1934년 10월 강서 소비에트의 서금瑞金을 떠나
중국국민당 정부군의 포위망을 뚫고 2년에 걸쳐 중국국민당 정
부군의 추격을 따돌리면서 2만5천 리나 되는 행군을 거듭한 끝에
1936년 12월 섬서성陝西省에 있는 보안保安에 도착했다.

한편 장개석의 국민정부는 중일전쟁이 일어나는 것은 단지 시
간문제일 뿐이라고 판단하고 이를 방지하기 위해 소련과의 협력
을 강화하는 한편, 섬서의 중국공산당 홍군부대를 완전히 무력화
시켜 먼저 대내적인 안정을 꾀한다는 기본방침을 정해놓고 있었
다.

이에 보안에 있는 중국공산당 중앙정치국은 1935년 12월 17일
섬서성 북부에 위치한 안정현安定縣 와요보瓦窯堡에서 확대회의를

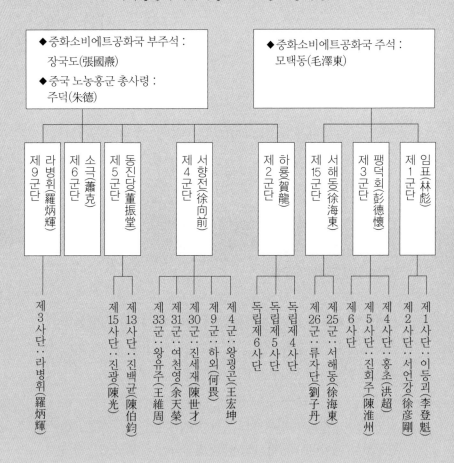

서북홍군의 지휘계통도(1935년 10월 하순)

◆중화소비에트공화국 부주석 :
　장국도(張國燾)
◆중국 노농홍군 총사령 :
　주덕(朱德)

◆중화소비에트공화국 주석 :
　모택동(毛澤東)

제9군단 라병휘(羅炳輝)

제6군단 소극(蕭克)

제5군단 동진당(董振堂)

제4군단 서향전(徐向前)

제2군단 하룡(賀龍)

제15군단 서해동(徐海東)

제3군단 팽덕회(彭德懷)

제1군단 임표(林彪)

제3사단∶라병휘(羅炳輝)

제15사단∶진광(陳光)

제13사단∶진백군(陳伯鈞)

제33군∶왕유주(王維周)

제31군∶여천영(余天榮)

제30군∶진세재(陳世才)

제9군∶하외(何畏)

제4군∶왕굉곤(王宏坤)

독립제6사단

독립제5사단

독립제4사단

제26군∶류자단(劉子丹)

제25군∶서해동(徐海東)

제6사단

제5사단∶진회주(陳淮州)

제4사단∶홍초(洪超)

제2사단∶서언강(徐彦剛)

제1사단∶이등괴(李登魁)

소집했다. 이 회의를 통해 전국인민의 항일구국운동을 발전시킴과 동시에 국민당의 고위인사와 군인들을 대상으로 항일의 필요성을 선정하고 동조자를 확보하기 위해 통일전선 사업에 대한 영도를 강화하기로 결정했다.

모택동은 섬서·감숙 지역의 혁명근거지 주위로 집결해 있는 중국국민당 정부군 부대의 절반 이상이 장개석의 직접적인 지시를 받은 것이 아님을 잘 알고 있었다. 때문에 그는 중국국민당 정부군 제17로군의 20개 연대를 지휘하고 있는, 이른바 서북군의 양호성楊虎城(1893~1949), 그리고 공산당 소탕을 주요임무로 하고 있는 동북군의 장학량張學良(1901~2001)을 통일전선 사업의 주요대상으로 삼았다. 장학량의 근거지인 동북 지역이 일본의 공격을 받았고, 때문에 장학량은 항일전선 형성이 시급하다고 생각했기 때문이다.

게다가 모택동이 계산에 넣은 것은 양호성이 일찍이 공산당과 자주 연락을 취하고 지낸 적이 있다는 점과 장학량은 내전을 반대하고 항일을 주장하고 있다는 점이었다. 만약에 이들과 연합하여 장개석에 반대할 수만 있다면 이들 두 사람의 부대와 연합할 수 있을 것이며, 그리되면 홍군의 열세를 극복할 수 있다는 점을 계산에 넣고 있었다. 뿐만 아니라 이렇게만 된다면 다른 실력파들에게도 영향을 미쳐 통일전선을 확대할 수 있을 것이라는 점을 염두에 두고 있었다.

항일을 위한 장학량과 홍군의 협력

장학량은 1936년 3월 초 섬서陝西 북부에 있는 낙천현洛川縣에 도착하여 이극농李克農(1899~1962)과 항일을 위해 연합하는 문제를 놓고 의견을 교환했다. 그 후 4월 9일 장학량의 요구로 주은래가 중국공산당 중앙을 대표하여 동북군 주둔지인 섬서陝西의 부시현膚施縣(현재의 延安)으로 가 장학량과 비밀회담을 가졌다.

장학량은 내전을 중지하고 공동으로 항일을 하자는 주은래의 정치적 주장을 받아들였으며, 장개석에게 항일을 하도록 건의하겠다는 의견도 개진했다. 뿐만 아니라 이들 두 사람은 홍군과 동북군이 서로 침공하지 않으며, 서로 대표를 파견한다는 사항에도 합의했다. 바로 그 합의에 따라 중국공산당 중앙은 유정劉鼎(1903~1986)을 동북군 주재 중국공산당 대표로 파견하여 서안西安에서 활동을 시작하도록 했다.

이와 동시에 중국공산당 중앙은 양호성에 대한 포섭공작에도 본격적으로 나섰다. 1935년 11월 양호성은 항일을 위해 중국공산당과 연합하겠다는 의사를 밝혔으며, 1936년까지 수차에 걸친 중국공산당과의 협상을 통해 상호불가침과 경제봉쇄의 해제 및 항일을 위한 연합전선 구축에 합의했다. 또한 중국공산당이 장문빈張文彬(1910~1944)을 홍군대표로 서안에 주재시키는 것에도 동의했다.

그 후 중국공산당 중앙은 장학량과 양호성 두 사람이 서로 원만한 관계를 유지하도록 중간에서 많은 노력을 했다. 중국공산당 중앙은 서안에서 활동하고 있는 지하당원에게 장학량과 양호성을 연결시키는 사업을 최우선적으로 성사시키라는 지령을 하달했으며, 그 노력이 결실을 맺어 동북군과 서북군의 단합이 가시화되기 시작했다.

이와 같이 중국공산당의 선전공세에 말려들어간 장학량의 동북군, 그리고 장학량의 부인과 그의 기무비서인 왕병남王炳南(1908~1988) 역시 공산당원이었다. 상당수의 공산분자들이 침투하여 활동하고 있었던 양호성의 서북군은 홍군과 매우 우호적인 관계를 유지하고 있었다. 게다가 서북군은 중국공산당과 빈번하게 왕래하면서, 중국 홍군을 공격하라는 장개석의 직접적인 지시에는 아랑곳하지 않고 있었다.

항일을 위한 중국공산당의 국민정부 고위인사들에 대한 접촉도 계속되었다. 그 결과 1936년 2월 목사이며 중국공산당의 비밀당원인 동건오董健吾(1891~1970)가 송경령宋慶齡(1893~1981)의 지시에 따라 주계오周繼吾라는 가명으로 국민당이 항일을 위해 공산당과 합작할 의사가 있다는 내용의 비밀문건을 가지고 당시 남경회담에 참석하고 있던 공산당원인 장자화張子華와 함께 섬서陝西 북부에 도착하여 중국공산당 중앙에 보고했다.

국공합작을 위한 협상

동건오의 보고를 받은 모택동, 장문천, 팽덕회는 동년 3월 5일 국민당과의 회담조건으로 다음과 같은 5가지 의견을 제시했다.

첫째, 모든 내전을 중지하며, 전국의 무장은 붉고 흰 것을 구분하지 않고 일치단결하여 일본에 대항한다.

둘째, 국방정부와 항일연합군을 조직한다.

셋째, 전국의 주력 홍군을 하북으로 신속하게 집결시켜 먼저 일본군의 진격을 방어하도록 허용한다.

넷째, 정치범을 석방하며, 인민의 정치적 자유를 허용한다.

다섯째, 내정과 경제에 있어서 초보적이며 필요한 개혁을 실행한다.

1936년 5월 국민당은 중국공산당이 협상조건으로 제시한 5가지 의견에 대한 회답으로 다음과 같은 4가지 방법을 제시했다.

첫째, 중국공산당 측이 무장부대를 대일작전에 참가시키는 것을 환영한다.

둘째, 중국공산당 측의 무장부대가 항일전쟁에 참가할 때에는 중앙군과 동등한 대우를 한다.

셋째, 중국공산당 측은 어떠한 의견이라도 앞으로 설립될 민의기관에 제기할 수 있다.

넷째, 중국공산당 측은 일부 지역을 선택하여 그 정치와 경제 이상을 시험할 수 있다.

이에 부응하여 중국공산당은 1936년 5월 5일 국민정부를 향해 정전협상을 시작하자고 요구했으며, 주은래가 중국공산당의 대표로, 그리고 반한년潘漢年(1906~1977)이 코민테른 대표 자격으로 상해에 도착하여 장충張冲(1900~1980)과 협상을 시작했다.

장충과 헤어진 후 반한년은 다시 남경에 도착하여 진립부陳立夫와 협상을 하게 되는데, 여기서 국민정부는 중국공산당을 향해 다음과 같은 4가지 협상조건을 제시했다.

첫째, 삼민주의를 받들어 지킨다.
둘째, 장개석 위원장의 지휘에 복종한다.
셋째, 홍군을 취소하고 국군으로 개편한다.
넷째, 소비에트를 취소하고 지방정부로 바꾼다.

장개석과 모택동의 처지

바로 이때를 전후하여 1936년 6월 양광兩廣사건이 발생했다. 중국국민당의 내부에는 양광 지역에 광서의 신계계新桂系와 광동의 진제당계가 있었는데, 이들은 군사력을 가지고 있었던 까닭에 장개석과 대치하고 있었다. 그런데 이들이 항일운동이라는 명분을 이용하여 장개석에 반항하며 대립했던 것이다. 이 사건은 9월까지 계속되었는데, 내전으로 치달을 즈음에 이르러 양쪽에서 타협하여 평화적으로 끝났다.

사건은 광동의 진제당陳濟棠(1890~1954)과 광서의 이종인李宗仁(1891~1969), 백숭희白崇禧(1893~1966)가 광주에서 회의를 소집하고, 군사위원회와 항일구국군을 설립한다고 발표한 것을 계기로 시작되었다. 일본에 대항하고 장개석을 반대한다는 명분으로 북상을 선포한 후 곧이어 호남을 향해 출병했던 것이다.

그해 9월 장개석은 진제당의 부하를 매수하여 그를 축출하는데 성공했으나, 이종인과 백숭희가 국민정부에 끝까지 대항하자 그들의 요구를 들어주면서 광서지방이 안정을 되찾아가게 되었다. 장개석으로서는 항일공동전선을 편다는 명분 속에서 내외적으로 어려움을 겪고 있었던 셈이었다.

한편 모택동은 1936년 9월 송경령, 채원배蔡元培(1868~1940), 소력자邵力子(1882~1967), 이제심李濟深(1885~1959), 이종인, 백숭희 등에게 서신을 보내 중국공산당이 국민당에게 보낸 서신의 내용을 직접 확인해 줄 것과, 그리고 개인의 덕망과 사회적 지위를 십분 활용하여 항일을 위한 통일전선의 구축을 적극적으로 지지해 줄 것을 호소했다.

1936년 10월은 중국공산당에게 있어서 고통스럽고 지루한 장정의 길이 막을 내리는 역사적 시점이었다. 홍1방면군, 홍2방면군, 그리고 홍4방면군이 감숙성에서 회합하면서 장정이 완전히 마무리되었다.

그렇다고 하여서 장개석이 원래 가지고 있던 '먼저 내정을 안정시키고 외부의 침략에 대응한다[攘外必先安內]'라는 방침을 거두어들인 것이 아니었다. 그리하여 장개석은 홍군이 재기할 수 있는 기회를 원천적으로 차단하기 위해 인근에 주둔하고 있는 장학량張學良(1901~2001)의 동북군과 양호성의 서북군에게 홍군을 공격하도록 명령했다.

그러나 장개석의 뜻대로 따라와 주지 않았다. 장개석은 장학량과 양호성이 수차에 걸쳐 자신의 명령을 거역하거나 홍군을 공격하는 둥 마는 둥 하는 태도를 보이자 1936년 겨울 재차 장학량과 호종남胡宗南(1896~1962)에게 서로 협력하여 연안의 홍군을 공격하도록 직접적으로 지시했다.

그러나 장학량은 여전히 장개석의 지시를 외면했으며, 오직 호종남 만이 부대를 이끌고 단독으로 공격했다가 패배하고 말았다.

사태가 이 지경에 이르자 더 이상 방치할 수 없다고 판단한 장개석은 주위의 만류에도 불구하고 중국 홍군에 대한 소탕작전의 중요성과 일본군의 침공에 대응하는 전략방침을 직접적으로 지시하기 위해 1936년 12월 12일 서안에 도착했다. 서안에 도착하자마자 장개석은 재차 장학량과 양호성에게 연안의 홍군을 공격하도록 명령했다.

서안에서 감금된 장개석

그러나 서안에서 뜻밖의 사건이 발생했다. 장개석이 도착한 당일 장학량과 양호성은 사전에 계획한대로 동북군의 일부 병력으로 화청지華淸池를 포위하도록 하고 장개석을 감금했다. 이와 동시에 양호성의 제17로군(서북군)은 서안 전역을 통제하고 남경에서 온 수십 명의 국민당 군정요원을 감금했다.

장개석이 장학량과 양호성 두 사람에 의해 감금된 하극상 사건은 후일 확인된 사항이지만 중국공산당 측에서도 그 어떠한 통지도 받지 못했으며, 장학량이 주동자이긴 했지만 장개석을 감금하자고 먼저 제안한 것은 양호성이었다.

장학량과 양호성 두 사람은 장개석을 감금한 채 그에게 8개 요

구사항을 제시하면서 이를 거부할 경우 남경으로 돌아갈 수 없을
뿐만 아니라 그 어떠한 일이 벌어져도 책임을 질 수 없다고 하면서
협박했다.

이들이 제시한 8개 요구사항을 보자.

① 남경정부를 개편하고 각 당과 각 정파를 받아들인다.

② 모든 내전을 중지한다.

③ 상해에서 체포된 구국회 영수를 즉각 석방한다.

④ 전국의 모든 정치범을 석방한다.

⑤ 인민의 집회결사의 모든 자유를 보장한다.

⑥ 민중의 애국운동을 개방한다.

⑦ 손문 총리의 유지를 받들어 지킨다.

⑧ 구국회의를 즉각 소집한다.

당시 장작림張作霖(1875~1928)의 아들인 장학량은 자신의 지반地盤
인 만주滿洲로 되돌아갈 날만을 고대하고 있었다. 그래서 그는 자
신의 지반인 만주를 점령하고 있는 일본을 먼저 공격하여 자기의
지반을 확보하기를 바라고 있었다.

그는 장개석이 먼저 만주의 일본군을 공격하는 것이 자기에게
유리하기 때문에 동족인 모택동의 홍군을 치기 것보다는 이치에
맞는 것이라고 생각을 했다. 비록 장개석이 모택동의 홍군을 먼저
공격하는 정책을 가지고 있었고 이에 마지못해 동의했지만 장학
량은 모택동의 홍군과는 서로 마주치는 것을 가급적 회피했으며,
마지못해 공격하는 경우가 있더라도 시간을 끌거나 매우 소극적

으로 임했다.

이미 앞에서 언급했듯이 일본군은 1931년 9월 18일 만주 지역의 대군벌인 장작림의 부대를 격파했으며, 5일 후에는 봉천奉天과 길림吉林 등 주요도시를 점령했다. 결국 일본군은 만주를 지반으로 삼고 있던 장작림을 암살했다. 그리고 1932년 3월 1일 만주 전역을 장악한 후 청 왕조의 마지막 황제인 부의溥儀를 납치하여 그를 황제로 하는 만주국滿洲國을 세웠다. 만주가 일본의 수중으로 넘어 간 것이었다.

만주가 일본군의 수중으로 넘어가자 지반을 상실하게 된 장작림의 아들인 장학량은 휘하의 군벌부대를 이끌고 만주를 떠나 섬서陝西의 북부 지역에 도착한 후 장개석의 중국국민당 정부군에 편입되어 생존을 보장받고 있었다.

장학량은 어떤 정치이념이나 혁명을 위해 중국국민당 정부군에 편입된 것이 아니었고, 어디까지나 혁명군이나 당의 군대가 아닌 군벌군의 성향을 벗어날 수 없었기에 생존의 지반이자 자신의 정치적 고향인 만주로 가는 날 만을 기다리고 있었다.

장학량과 광서계 군벌의 밀착

계계桂系란 중화민국이 대륙을 지배할 당시에 광서성과 당지의 사람들을 중심으로 결성된 하나의 군벌이며 그 계파를 말하는 것이다. 이 계계도 두파로 나뉘는데, 구舊계파는 육영정陸榮廷을 대표로 하며, 신新계파는 앞에서도 거론 했던 이종인李宗仁과 백숭희白

崇禧이다.

이들은 앞서 거론한 양광사건을 통해 보듯이 장개석과 일정한 대립각을 세우고 있었던 터였으므로 장개석과 일정한 독립을 유지하기 위해 광서계와 접촉하려고 했다. 그리하여 장학량은 장개석을 감금한 후 각지의 군벌 및 지방세력들의 지지를 확보하기 위한 물밑접촉을 계속했는데, 그 가운데 장학량이 제일 먼저 접촉한 것은 광서계[桂系]군대를 이끌고 있는 이종인과 백숭희였다.

이들은 1934년 11월 상순 홍군의 서진西進으로 위협을 받게 되자 홍군과 협상하여 홍군이 광서성의 한 복판을 거치지 않고 월경할 수 있도록 도와주었다. 즉 자기 계파의 안전을 위해 홍군과의 협조도 마다하지 않고 자기 이익만을 추구하는 군벌에 지나지 않았다. 그저 홍군과 중국국민당 정부군이 자신의 세력범위 내로 들어오지나 않을까 늘 걱정하고 있었던 군벌이 취할 수 있는 태도라 할 것이다.

장학량과 양호성은 일찍이 양광兩廣사변을 이용하여 장개석이 항일하도록 압력을 가했으며, 광서계 역시 이처럼 중국공산당과 비밀리에 관계를 유지하고 있었다.

이종인과 백숭희는 서안사변이 일어나기 전인 1936년 11월 중요한 사항을 비밀리에 의논하자는 장학량의 전보를 받고 그해 12월 초 유중용劉仲容(1902~1980)을 광서 대표 자격으로 하여 서안으로 보냈다.

유중용은 그 이전인 1935년 겨울에도 장학량과 양호성 두 사람이 광서계와 연합하여 장개석에 반대하는 연합전선을 형성할 의도가 있는지를 알아 볼 목적으로 서안을 방문한 적이 있었다.

이때 그는 다음과 같이 언급했다.

첫째, 광서계는 중국공산당과 최초로 관계를 맺었으며, 공산당 측은 이종인의 항일抗日에 찬사를 보냈다.

둘째, 장학량의 동북군과 양호성의 서북군 장병들은 대부분이 장개석을 위해 내전에 참여하기를 원하지 않고 있으며, 특히 동북군은 하루빨리 일본군을 물리치고 고향으로 돌아가기를 바라고 있었다. 때문에 이들은 홍군과의 전투를 중지했으며, 심지어 홍군과 왕래를 하고 있다.

셋째, 양호성은 홍군이 북상하여 항일전에 참가하는 것을 막을 수 없다고 생각했으며, 그 자신과 그가 지휘하는 17로군이 비록 곤경에 처해있지만 광서廣西와 연락을 취하기를 바라고 있다.

이는 분명히 장개석의 말에 반대하며 공산당의 홍군과 협력한다는 뜻을 밝힌 것이었다. 장개석으로서는 자기 본거지인 광서 지역의 군벌로부터 배신을 당한 셈이었다.

뿐만 아니라 유중용은 장학량과 양호성을 만나 다음과 같은 내용의 합의를 이끌어 내기도 했다.

첫째, 장학량과 양호성은 각각 장개석에게 전보를 쳐 내전을 중지하고 항일을 요구한다.

둘째, 장개석이 계속하여 양광을 공격한다면 서안 방면은 양광을 지원하기 위해 동북군을 제1집단군으로 편성하고, 17로군을 제2집단군으로 편성하여 출병한다.

한편 장개석은 양광문제를 해결하기 위해 국민당 제5기 2중전회를 소집했으며, 국민당 중앙감사위원인 장학량도 장개석으로부터 회의에 참가하라는 통보받았다.

회의에 참가하라는 통보를 받은 장학량은 양호성을 찾아가 형세를 관망하고 회의가 끝나기 전에 돌아오겠다고 말했다. 그러자 양호성은 군사상황이 급변하고 있으니 가지 않는 것이 좋겠다고 권했다. 그러나 장학량은 자신이 돌아오지 못할 것을 대비하여 미리 준비를 해 두었다고 말하면서 상해로 떠나버렸다.

중국국민당 정부군의 공세로 양광의 군벌들은 군사행동이 불리해지자 광서계는 여러 차례에 걸쳐 서안 방면에 지원을 요청했다. 그러나 양호성은 장학량이 상해에서 돌아오지 않아 그가 혹시 감금되지나 않았을까 염려하여 제때에 적절한 조치를 취하지 못하고 있었다.

그런데 그 후 1936년 12월 12일 자정 서안 전역에 총성이 울려퍼졌으며, 양호성의 비서인 왕병남王炳南(1908~1988)은 유중용의 거처로 황급히 달려와 장학량과 양호성이 거사를 일으켜 장개석을 붙잡았으니 즉시 장학량과 양호성을 만나라고 재촉했다.

유중용을 만난 이들은 즉시 이종인과 백숭희에게 연락하여 광서廣西의 지지를 받도록 해달라고 요구했다. 소식을 전해들은 광서의 이종인과 백숭희는 12월 16일 밤 전국에 전보를 쳐 서안사변이 정치적으로 해결되어야 한다고 주장했다. 그는 내전을 반대하며 항일을 위해 항일정부를 수립할 것을 촉구하면서 장학량과 양호성을 적극적으로 지지한다고 선언했다. 숨 가쁘게 움직인 군벌들의 이합집산이었다.

그러나 장학량과 양호성은 광서의 이종인과 백숭희, 사천四川의 유상劉湘(1890~1938), 그리고 운남雲南의 용원龍元 등으로부터 지지를 받고 있었을 뿐, 기타 지방의 군정장관들은 모두 남경정부의 장개석을 지지하고 있었다.

중국공산당의 입장과 코민테른의 지시

서안사변의 발생은 일본의 입장에서 본다면 큰 적을 만나게 되는 것이었다. 그러자 일본 당국은 장개석의 남경 정부에 대해 군사원조를 해 주겠다고 하면서 장개석의 남경정부가 서안을 공격하도록 유도했다.

그러나 남경정부는 일본의 제의를 무시한 채 독자적으로 장학량 부대를 토벌하기 위해 막강한 화력과 대병력을 포진시켜 놓고 있었다. 당시 장개석의 남경정부의 군대는 여전히 가장 강했기 때문이었다.

장개석이 서안에서 감금된 상태에서 중국국민당 정부군의 반격이 임박하자 장학량의 동북군과 양호성의 17로군 내부에서는 위기상황으로 판단했다. 그리하여 감금중인 장개석을 죽이느냐 아니면 살려 보내느냐를 놓고 의견이 분분했다. 뿐만 아니라 서안사변이 발생했다는 소식을 접한 중국공산당 중앙의 기류도 장개석을 그대로 돌려보내서는 안 된다는 쪽으로 기울고 있었다.

서안사변은 중국공산당의 항일민족통일전선 정책의 영향을 받아 발생한 것임에는 틀림이 없었으나 그 사건 자체는 완전히 장학량과 양호성 두 사람에 의해 계획된 것이었다. 서안사변이 발생할 당시 보안保安에 본부를 두고 있던 중국공산당 중앙은 사건이 발생한 당일 밤 장학량으로부터 온 전보를 접수한 후에야 비로소 그 사실을 알게 되었다. 그만큼 공산당은 이 사건의 중심은 아니었다.

모택동과 주은래는 장학량의 전보를 받은 후 즉시 회신을 보내 주은래를 서안으로 보낼 터이니 사후계획을 논의하자고 제의했다. 즉각적으로 재빠르게 움직인 것이다.

이와 동시에 중국공산당 중앙은 동북군의 주력을 서안과 감숙성의 평량현平凉縣을 잇는 일선으로 이동시키고, 서북군 주력은 서안과 동관현潼關縣을 잇는 일선으로 이동시키며 홍군을 섬서·감숙 근거지와 연결된 영하寧夏 일대와 감숙 및 섬서 일대에 배치시키자고 제안했다. 홍군이 호종남의 중국국민당 정부군을 측면에서 공격하도록 하겠다는 것이었다.

1936년 12월 17일 주은래는 중국공산당 중앙 대표의 자격으로 장학량의 전용기를 타고 서안에 도착하여 장학량과 수차에 걸쳐 서안사변을 처리하는 문제를 놓고 진지하게 논의했다.

서안에 도착한 38세의 주은래는 직접 장학량을 만나보고 현지의 실상을 확인하고 나서는 모택동에게 '장개석을 사로잡은 후 상황이 매우 복잡해졌으며 매우 긴박하게 돌아가고 있다'라는 내용의 전보를 황급하게 보냈다.

사실 사건발생 3일 째인 12월 14일 밤 중국공산당 중앙은 이미 모스크바의 코민테른으로부터 한 통의 전문을 접수했다. 그런데 그 전문의 핵심 내용은 서안사변에 대한 중국공산당 중앙의 보복주의와 잘못된 내전방침을 비판하는 것이었다.

뿐만 아니라 〈전문〉은 중국공산당의 이러한 방침은 일본군벌과 친일파들이 바라는 것이며 중국공산당과 소련에게는 불리할 뿐만 아니라 국제적인 반파시스트 통일전선과 중국의 항일민족통일전선 정책에도 위배되는 것임을 지적했다. 그러고 나서 중국공산당 중앙은 서안사변을 평화적으로 해결할 것을 즉각 지시했다. 공산당의 입장에서는 난처하게 된 셈이다.

결국 공산당이 한 일에 대해 코민테른이 비판하고 이와 같은 직접적인 지시가 있게 되자 중국공산당 중앙의 지도부 내에서는 그 실천방안을 놓고 2개 파로 갈라져 논쟁이 벌였다.

장문천과 진방헌을 대표로 하는 국제파는 코민테른의 지시를 적극적으로 받아들여 기존의 방침을 수정해야 하며, 즉각 협상대표를 서안에 파견하여 평화적으로 문제를 해결하도록 해야 한다고 주장했다. 국제파는 적극적으로 코민테른의 지시를 그대로 따르려고 한 것이다.

그러나 국내파라고 할 수 있는 모택동 일파는 남경정부가 장학량과 양호성 부대를 공격하기 위해 대대적인 준비를 하고 있으니 평화적으로 해결하는 것은 불가능하다고 생각했다. 그렇다고 코민테른의 지시도 무시할 수 없었기 때문에 한편으로는 코민테른의 지시를 따르면서, 다른 한편으로는 장학량과 양호성 부대에 적극적으로 군사지원을 해야 한다고 주장했다. 결국 코민테른의 지시를 수정해서 실행하자는 것이었다.

팽팽히 맞선 양측은 각기 그 주장을 절충할 수밖에 없었지만 국제파가 우세한 입장이었다. 그래서 결국 중국공산당 중앙은 서안에 대표를 보내 코민테른의 지시에 따라 움직이도록 하는 한편, 홍군의 주력부대를 인근에 포진하여 만약의 상황에 대비하도록 하는 조치를 취했다.

어쨌든, 중국공산당은 스탈린의 전보를 받고 나서는 입장을 180도 바꿀 수밖에 없었으며, 서안사변이 오히려 친일파의 소행으로서 내전을 일으켜 항일전선을 무력화시키려는 의도가 깔려 있는 것이라고 선전했다.

사실 당시 스탈린이 중국공산당의 입장을 비판한데는 그만한 현실 인식이 있었기 때문이었다. 스탈린은 당시에 중국을 이끌어갈 중심적인 영도자를 잃게 된다면 항일은 불가능한 것이고 그렇게 되면 소련도 큰 위협을 받게 될지 모른다고 우려하고 있었다.

스탈린은 당시에 중국을 이끌어갈 중심적 영도자는 장개석이라고 판단했기 때문에 스탈린은 '장개석을 반대하고 일본에 대항한다'라는 기존의 구호를 '장개석과 연합하여 일본에 대항한다'라는 구호로 바꿀 것을 직접적으로 지시한 것이다.

서안사변의 해결

한편, 장학량의 요구조건을 일언지하에 거절함으로써 생명의 위협을 받고 있던 장개석의 성격을 잘 알고 있는 그의 부인인 송미령 宋美齡 여사는 12월 22일 오빠 송자문宋子文과 함께 서안에 도착하여 이 사태를 해결하려고 했다. 그리하여 문제를 해결할 실마리가 보이기 시작했다.

송미령 등이 서안에 도착하자 장학량도 그의 고문인 도날드 W.H. Donald와 함께 서안에 오게 했다. 장학량과 양호성, 송미령과 송자문, 그리고 중국공산당 중앙의 전권대표인 주은래가 한 자리에 모여 문제 해결을 위한 협상을 시작했다.

결국 이틀 동안 진행된 협상에서 국민정부는 장개석이 연금되어 있다는 불리한 조건 때문에 대폭적인 양보를 했고, 다음과 같은 6가지 조건에 합의를 이루어 장개석의 연금문제는 원만히 타결되었다.

첫째, 국민당과 국민정부를 개편하며, 친일파를 몰아내고, 항일분자를 받아들인다.

둘째, 상해에 수감된 애국영수를 석방하고, 모든 정치범을 석방하며, 인민의 자유와 권리를 보장한다.

셋째, 공산당 소탕 정책을 중지하며, 홍군과 연합하여 일본에 대항한다.

넷째, 각 당, 각 파, 각 계, 각 군의 구국회의를 소집하며, 항일구국 방침을 결정한다.

다섯째, 중국의 항일을 동정하는 국가와 합작관계를 건립한다.

여섯째, 기타 구체적인 구국방법을 실행한다.

그해 12월 25일 장학량은 장개석이 이미 회담조건을 받아들였음을 확인하고 시간이 지체되는 것이 결코 바람직하지 않다고 생각했다. 때문에 송자문의 요구대로 장개석이 서안을 떠나는데 장학량은 동의했다.

이렇게 결정한 장학량은 다른 사람은 물론이고 주은래에게까지 알리지 않은 채 양호성과 함께 당일 오후 3시 경 장개석과 송미령 부부를 대동하고 비행장으로 갔다. 성격이 직선적이고 의리를 중시하며 충직한 장학량은 예의를 갖춘다는 징표로 장개석과 함께 남경으로 향했다.

뒤늦게 이 소식을 전해들은 주은래가 장학량의 남경행을 만류하려고 비행장으로 달려갔다. 그러나 이미 비행기는 이륙하여 남쪽을 향해 날고 있었다. 극적인 순간이었다. 그러나 이렇게 결행한 장학량은 결국 자기 근거지로 되돌아가지 못하고 장개석에 의해 평생 구금생활을 하는 신세가 되었다.

왜 중국공산당은 코민테른의 지시가 있었다고 하지만 태도를 돌변하여 장학량을 설득하여 장개석을 살려 보내려고 했는가? 사실 중국공산당 일각에서는 장개석을 죽이고 공산당이 항일을 영도하면 문제가 없을 것이라고 주장하는 사람도 있었다. 그럼에도 불구하고 코민테른의 지시를 따른다는 명분을 내세워 이 의견을 일축하고 장개석을 풀어 줬던 다른 이유는 없었을까?

이를 알기 위해서는 홍군 총참모장인 엽검영葉劍英의 말을 들어볼 필요가 있다. 그는 당시 상황에 관해 이렇게 말했다.

> "상황은 그렇게 간단치가 않다. 항일은 전국 인민의 공동 소망이다. 공산당은 전국적으로 항일을 주장해야 하며, 현재는 장개석이 나서서 얼굴을 내미는 것이 필요하다. 장개석을 죽이면 중국은 사분오열된다. 이렇게 되면 친일파가 원하는 바가 되며, 일본제국주의는 이 기회를 틈타 중국을 삼켜버리게 된다."

현실적으로 중국을 대표하는 사람을 내세우지 않을 수가 없었던 것이다. 당시 공산당에 중국을 이끌 수 있다고 믿을 만한 사람이 없었기 때문이었다. 이러한 현실 인식은 앞에서 본 바와 같이 스탈린이나 코민테른도 같았다.

이처럼 모택동 역시 코민테른이 생각한 대로 장개석이 불운을 맞게 될 경우 중국대륙은 혼란에 휩싸이게 될 것이며, 중국공산당의 능력으로는 이러한 난국을 타개할 수가 없다는 것을 잘 알고 있었다. 때문에 그는 장개석을 살려 보내 일본의 침략에 공동으로 대항할 수 있는 항일민족통일전선을 성사시키는 것만이 중국공산당이 재기할 수 있는 유일한 방법이라고 생각했다.

자기 실력이 없으니 일단 장개석을 이용하자는 고도의 계산이 깔려 있는 것이라고 할 수 있다. 그러한 점에서 중국공산당은 국내파든 국제파든, 혹은 코민테른이든 장개석을 석방하지 않으면 안 되었다.

중국공산당의 통일전선 전략

연안에 자리 잡은 중국공산당의 요구

서안사변이 수습되자 장학량의 동북군은 근거지인 동북 지역 만주에 되도록 가까이 가려고 했다. 그래서 그들이 있던 섬서陝西의 부시현肤施縣(지금의 연안)에서 서안으로 이동했다. 그리고 그들이 있던 부시현은 중국공산당 중앙과 장학량의 동북군 간에 합의된 결정에 근거하여 중국공산당의 홍군이 접수했다.

그리고 1937년 1월 보안保安에 있던 중국공산당의 중앙기관은 연안延安으로 자리를 옮겼다. 그해 1월 13일에는 모택동과 당 중앙 간부들이 연안에 도착함으로써 사실상 연안시대가 시작되었다.

연안의 중국공산당 중앙정치국은 1937년 2월 9일 모택동과 장문천 등이 기초하여 국민당 제5기 3중전회에 보내는 전보내용을 통과시켰다.

전문은 중국공산당이 통일전선을 구축하는 것과 관련하여 국민당에게 요구하는 5가지 내용을 담은 것이었다.

첫째, 모든 내전을 중지하고, 국력을 집중하며, 대외적으로 일치된 행동을 보인다.

둘째, 언론, 집회, 결사의 자유를 보장하며, 모든 정치범을 석방한다.

셋째, 각 당, 각 파, 각 계, 각 군의 대표회의를 소집하고, 전국의 인재를 끌어 모아 공동으로 구국활동을 전개한다.

넷째, 대일 항전을 위한 모든 준비사업을 신속하게 완료한다.

다섯째, 인민의 생활을 개선한다.

이와 동시에 중국공산당 중앙은 중국국민당 중앙집행위원회를 향해 아래와 같은 4가지를 보장하라는 내용도 제시했다.

첫째, 전국적인 범위 내에서 국민정부를 전복시키려는 무장폭동방침을 중지한다.

둘째, 소비에트정부의 명칭을 중화민국특구정부로 바꾸고, 홍군의 명칭을 국민혁명군으로 바꾸며, 남경중앙정부와 군사위원회의 지휘를 직접 받는다.

셋째, 특구 내에서 보통선거의 철저한 민주제도를 실시한다.

넷째, 지주의 토지를 몰수하는 정책을 중지하며, 항일민족통일전선의 공동강령을 확고하게 집행한다.

이러한 요구조건을 보면 중국국민당과 중국공산당이 단결하여 항일민족통일전선을 구축하자는 것으로 볼 수도 있다.

국공협상과 노구교사건

중국공산당의 이러한 요구사항을 접수한 국민당 중앙집행위원회는 1937년 2월 22일 중국공산당을 향해 다음과 같은 내용의 4가지 사항을 서약할 것을 요구했다.

> 첫째, 한 국가의 군대는 반드시 통일적인 편제와 호령을 필요로 하며, 주의와 부합되지 않는 군대는 절대로 용납될 수 없기 때문에 홍군 및 그와 관련된 모든 무력을 철저히 철폐해야 한다.
> 둘째, 정권의 통일은 국가통일의 필요조건이며, 세계의 그 어느 국가도 한 국가 내에 2개의 정권이 존재하는 것을 인정하지 않기 때문에 이른바 소비에트정부 및 그와 연관된 일체의 조직을 철폐해야 한다.
> 셋째, 적화를 위해 선전하는 것은 나라를 구하고 백성을 구하는 것을 근본취지로 삼고 있는 삼민주의와는 서로 병존할 수 없는 것이기 때문에 적화선전을 즉각 중지해야 한다.
> 넷째, 계급투쟁은 오직 한 계급의 이익을 위한 것이고, 사회를 대립적인 계급으로 분화시켜 서로 살상을 일삼도록 하는 것이기 때문에 즉각 중지해야 한다.

이러한 국민당의 요구가 있었지만 사실 주은래는 1937년 2월부터 중국공산당 중앙의 대표 자격으로 국민당 대표와 서안, 항주, 여산을 돌며 협상을 시작했다.

협상의 초점은 홍군을 개편한 이후의 편제와 인원수 및 총지휘부의 설치 여부, 혁명근거지의 지위와 행정장관의 인선, 그리고 양당 합작의 형식 및 강령 등 문제에 집중되었다.

특히 모택동은 국민당과의 협상과정에서 반드시 지켜야 할 문제로서 몇 가지를 지적했다. 그는 홍군과 혁명근거지 문제에 있어서는 중국공산당의 절대적 영도가 보장되어야 하며, 국공 양당관계에 있어서는 중국공산당의 독립성이 보장되어야 한다는 점을 강조했다. 그러나 장개석은 여전히 시국을 관망하면서 국공합작의 절박성을 느끼고 있지 않았기 때문에 국·공 쌍방 간의 협상도 별다른 진전을 보이지 못하고 있었다.

국공 양당이 서로 주고받은 제안들을 놓고 협상을 거듭하고 있을 때인 1937년 7월 7일 일본군이 북경의 남대문인 하북성 완평현宛平縣(지금의 北京市 門頭溝區)의 노구교蘆溝橋를 수비하고 있는 중국 국민당 정부군을 향해 총격을 가한 사건이 발생하면서 중국과 일본 간에 전면전이 시작되었다.

결국 노구교사건은 그동안 지지부진하던 국공 양당 간의 협상이 급물살을 타게 되는 계기가 되었다. 사태가 급박해지자 중국공산당 중앙은 그해 9월 22일 함께 국난을 극복해 나가자는 선언을 발표하고 국민정부를 향해 다음과 같은 4가지 약속을 거듭 제시했다.

첫째, 손중산 선생의 삼민주의는 금일의 중국에 필수적인 것으로서 본당은 그것이 철저히 실현될 수 있도록 분투하기를 바란다.

둘째, 국민당 정권을 전복하려는 모든 폭동정책 및 적화운동을 취소하며, 폭력으로 지주의 토지를 몰수하는 정책을 중지한다.

셋째, 현재의 소비에트정부를 취소하며, 전국 정권의 통일을 기대할 수 있도록 민권정치를 실행한다.

넷째, 홍군의 명의 및 번호를 취소하고 국민혁명군으로 개편하며, 국민정부 군사위원회의 통제하에 들어가 항일전선의 직무를 담당하기 위해 출동명령을 기다린다.

마침내 중국국민당과 중국공산당이 협정안에 조인했으며, 그 협정안은 곧바로 효력을 발생하기 시작했다.

우선 섬서·감숙 소비에트가 섬서·감숙·영하 변구로 그 명칭을 바꿔어 국민정부의 행정체계 속으로 편입되었으며, 그 지구의 홍군 4만5천여 명의 병력도 국민혁명군 제18집단군 8로군으로 개편되어 국민정부 제2전구 총사령관인 염석산閻錫山의 휘하로 편입되었다.

뿐만 아니라 1938년 7월 6일 소집된 국민참정회도 200명의 회원 중 150석의 국민당 몫을 제외하곤 공산당이 30석, 기타 정당대표가 20석을 차지했다. 국공합작이 이루어진 것이다.

제2차 국공합작과 홍군의 개편

홍군의 개편과 지휘체제의 통일

국공협상 때 먼저 전국 군대의 군정과 군령을 반드시 통일시켜야 한다고 주장한 것은 국민정부였다. 즉 편제를 획일화하고 홍군의 번호 및 기타 명의를 도용한 모든 무력을 취소해야 한다는 것이었다. 공산당의 홍군으로서는 일단 협상에 동의한 이상 이 조건을 지켜야 했다.

그러나 중국공산당도 모든 것을 들고 투항한 것은 아니었다. 중국공산당은 장개석의 지휘명령에 복종하는 문제에 있어서는 별다른 이의를 제기하지 않았다. 다만 홍군의 편제와 번호를 규정에 따라 바꾸더라도 원래의 홍군 간부들은 그대로 유임시켜야 한다는 조건이었다. 국민당도 중국공산당의 이러한 주장을 받아들임으로써 더 이상 문제될 것이 없었다.

사실 서안사변이 발생하기 이전의 중국공산당은 중공군을 12개 연대로 개편할 것을 요구하다가 9개 여단으로 조정했으며, 국민정부는 당시 3개 여단 이상은 곤란하다는 입장을 고수하고 있었다.

그런데 그 후에 서안사변이 발생했고, 그 이후 계속된 협상에서 중국공산당은 3개 사단 8개 연대를 요구했다. 그때 국민정부의 군정부장인 하응흠何應欽(1890~1987)은 2개 사단 5개 연대로 편성하는 것에는 동의했지만 합의에는 이르지는 못했다.

그러던 중 노구교사건이 발생했고, 중국공산당은 국민당과 함께 국난을 극복해 나가자는 선언을 발표함과 동시에 즉각 모택동, 주덕, 팽덕회, 하룡, 임표, 유백승, 서향전 등의 연명으로 당시 여산廬山에 있던 장개석에게 '홍군 장병들은 조국의 영토를 보위하기 위해 장 위원장의 영도하에 목숨을 바쳐 적과 싸울 각오가 되어 있다'라는 내용의 전문을 보냈다.

국민정부는 결국 중국공산당의 요구를 받아들여 1937년 8월 21일 홍군을 국민혁명군 제18집단군 8로군으로 개편하고 주덕을 총지휘로, 팽덕회를 부총지휘로, 임필시任弼時를 정치부 주임으로, 그리고 엽검영葉劍英을 참모장에 각각 임명했다. 말하자면 공산당 간부가 공산당의 홍군을 지휘하도록 한 것이다.

이어서 홍1방면군과 15군단은 115사단으로 편성했으며, 그 사단장은 임표林彪로 하고, 부사단장은 섭영진聶榮臻(1899~1992)으로 하며 정치부 주임에는 라영환羅榮桓(1902~1963), 그리고 참모장에는 주곤周昆(1902~?)을 임명했다.

또한 홍2방면군은 120사단으로 편성했으며, 그 사단장에는 하룡賀龍, 부사단장은 소극蕭克(1907~2008), 정치부 주임에 관향응關向應(1902~1946), 그리고 참모장에는 주사제周士弟(1900~1979)를 임명했다.

홍4방면군도 129사단으로 편성했으며, 그 사단장은 유백승劉伯承(1892~1986), 부사단장은 서향전徐向前(1901~1990)을 각각 임명했으며, 정치부 주임에는 장호張浩(1897~1942)를 임명했다가 등소평鄧小平으로 교체했고, 참모장에는 이달李達(1890~1966)을 임명했다.

이와 같이 새로 편성된 8로군은 중국국민당 정부군의 제2전투서열에 편입되어 염석산閻錫山(1883~1960)의 지휘를 받도록 했다.

또한 중국국민당 정부군 군사위원회는 중국공산당의 요구에 따라 1937년 10월 12일 강남의 호남, 강서, 복건, 광동, 절강, 호북, 하남, 안휘 등 6개 성과 13개 지구에서 활동하고 있던 홍군과 홍군유격대를 거두어들여 국민혁명군 육군신편 제4군[新4軍]으로 개편했다. 국민정부 군사위원회는 원래 중국공산당 당원인 엽정葉挺(1896~1946)을 군사령관에, 항영項英(1898~1941)을 부군사령관[副軍長]에, 그리고 원국평袁國平(1906~1941)을 정치부 주임에 각각 임명한 후 중국국민당 정부군의 제3전투서열에 편입시켰다. 홍군을 국민당 정부군에 편입시킨 것이다.

1937년 12월 25일 신4군 본부가 한구漢口에 설립되었으며, 그 이듬해인 1938년 1월 6일 다시 강서의 남창南昌으로 이전했다. 그해 2월 상순에 4개 지대와 1개 특무대대가 편성되었는데, 그 중에서 제1, 제2, 제3지대는 주로 안휘 남쪽에서 활동했고, 제4지대는 안휘 북부에 배치되었으며, 총 병력은 대략 1만여 명에 이르고 있었다.

그리고 그해 6월 본부가 다시 안휘 남부의 정현涇縣으로 이전하게 되면서 주로 장강長江 양안을 거점으로 활동하기 시작했다.

낙천회의와 홍군의 전략방침

이렇게 중국공산당 홍군이 국민혁명군으로 개편된 이후 중국공산당 중앙은 1937년 8월 25일 섬서陝西 북부의 낙천洛川에서 정치국 확대회의를 소집했다. 그 회의의 목적은 모택동이 직접 기초한 이른바 10대 구국강령을 추인하는 것이었다.

그런데 토의과정에서 주제와는 관련이 없는 홍군의 개편문제와 향후의 전략방침과 관련하여 치열한 논쟁이 전개되었다.

그 첫 번째의 쟁점은 홍군이 8로군으로 개편된 이후 중국국민당 정부군의 편제와 제도에 따라 다시 개편해야 하는지에 관한 것이었다.

주은래와 주덕을 대표로 하는 쪽은 이미 중국공산당이 군령과 군정의 통일에 동의했을 뿐만 아니라 먼저 홍군을 중국국민당 정부군으로 개편하고 중국국민당 정부군위원회의 보급과 월급을 받겠다고 했음을 상기시켰다.

이어서 이들은 홍군은 응당 중국국민당 정부군과 함께 공동으로 일본군에 대항한다는 전제하에 중국국민당 정부군의 편제와 제도에 따라 개편하는 것에 동의해야 하며, 중국국민당 정부군위원회가 파견한 군사간부들을 어느 정도는 받아들여야 한다고 주장했다.

그러나 모택동과 임필시任弼時를 대표로 하는 쪽은 홍군의 명칭을 8로군으로 바꾸고 규정에 따라 임시로 3개 사단으로 편성하는 것에는 동의하지만, 기타 군대 내의 모든 조직은 홍군의 기본제도를 그대로 유지해야 한다고 주장했다.

뿐만 아니라 이들은 8로군에 대한 중국공산당의 절대적 영도를 보장하기 위해서도 중국국민당 정부군위원회가 파견한 여하한 요원도 절대로 받아들여서는 안 된다고 주장했다.

결국 장문천의 중재로 모택동이 양보하는 선에서 이 문제는 일단락되었다. 즉 형식상으로는 중국국민당 정부군의 제도에 따라 개편하고 홍군의 정치위원제도를 취소하며, 원래의 정치위원을 부수장이나 또는 정치부 주임으로 바꾸어 임명하되 원래의 정치부 조직과 직권을 그대로 유지한다는 쪽으로 결론을 내렸다. 중간 정도의 선에서 타협한 것이다.

특히 중국국민당 정부군위원회에 보고할 때는 중국국민당 정부군의 제도에 따라 정훈처나 또는 정훈실로 바꾸되, 군대 내 당위원회의 직권과 영도를 강화할 뿐만 아니라 부수장이나 또는 정치부 주임으로서 원래의 정치위원 직권을 행사하여 군사수장에 대한 당의 감독과 영도를 보장하도록 했다.

또한 중국국민당 정부군위원회가 파견한 참모요원이 부대에 오는 것을 거절해야 하며, 다만 그들이 연안에 상주하면서 연락업무를 수행하는 것은 환영하도록 한다는 것이었다.

그 두 번째의 쟁점은 8로군이 산서성山西省에 진입한 이후의 작전방침에 관한 문제였다.

주덕을 대표로 하는 군인들은 중국국민당 정부군위원회의 통일적인 전략하에 중국국민당 정부군과 나란히 항일작전을 수행함으로써 8로군의 영향을 확대해야 한다고 주장했다.

그러나 모택동은 산서성山西省에 진입한 홍군 병력이 고작 2만 명도 안 되어 수적으로 중국국민당 정부군과 비교할 수 없기 때문에 그 어떠한 작전을 수행하더라도 결정적인 역할은 할 수가 없으니 홍군이 해야 할 제1차적 임무는 스스로의 힘을 키우는 것임을 명심해야 한다고 주장했다.

그는 또 작전지구와 범위에 구애받지 말고 적의 후방에서 무력을 발전시키고 근거지를 구축해야 한다고 역설했다. 특히 그는 어떠한 경우라도 진지전을 하거나 일본군과 싸워 전력을 소모시켜서는 안 되며, 적의 측면이나 후방에서 유격전을 해야 하고 독자적이고 자주적인 산악유격전을 작전방침으로 삼을 것을 요구했다.

〈회의〉는 장문천의 조정과 절충으로 다음과 같은 결론을 내렸다.

> 첫째, 8로군은 산서山西에 진입하여 중국국민당 정부군 군사위원회의 명령과 전구의 전략의도에 따라 통일적인 행동을 하되, 일본군의 접근으로 전세가 역전되거나 혼란이 가중되면 즉각 단독행동을 개시한다.
>
> 둘째, 8로군은 산서山西를 발진기지로 삼고 병력을 분산시켜 하북河北, 산동山東, 하남河南, 열하熱河 등 지역으로 계속 발전하도록 한다.
>
> 셋째, 8로군은 독립적이고 자주적인 유격전을 전개함으로써 적 후방에서 무력을 확장하고 근거지를 구축하며 인민대중을 쟁취하여 대중적 기반을 공고히 한다고 무력을 확대하며 근거지를 구축한다는 것이

었다.

　결국 공산당은 홍군을 국민당의 국민혁명군에 편입시키는 했지
만 기회를 봐가며 독자적인 세력을 구축하고 확장하는 것을 목표
로 한 셈이었다.

중국공산당의 생존전략

모택동의 적아 전략환경 분석

모택동은 항일전쟁을 단기간에 끝나지 않을 장기전으로 보면서 이를 토대로 지구전 전략을 채택했다. 그의 이러한 지구전 전략은 양면성을 가지고 있었는데, 그것은 일본제국주의의 침략에 대항하는 군사전략인 동시에 국민당에 대응하면서 자신의 세력을 키우는 정치전략의 성격을 동시에 가지고 있는 것이었다.

요컨대, 모택동의 지구전 전략은 항일전쟁이 일반적인 전쟁과는 달리 반식민지·반봉건적半植民地半封建的인 중국과 제국주의인 일본 간에 진행되고 있는 특수한 성격을 지닌 전쟁이라고 규정한 후, 일본과 중국이 서로 가지고 있는 장점과 약점을 비교분석하고 이를 토대로 하여 중국의 장점과 일본의 단점을 최대로 활용함으로써 항일전쟁을 승리로 이끌어 간다는 것이었다.

우선 그는 일본이 가지고 있는 강점과 약점을 다음과 같이 분석했다.

첫째, 일본은 강력한 제국주의국가로서 군사력, 경제력, 그리고 정치조직력이 동방국가 중, 아니 세계의 몇 안 되는 제국주의국가 중의 하나이다. 하지만 일본이 진보적이 아닌 퇴보적이고, 정의적이 아닌 야만적인 성격의 전쟁을 일으키고 있다.

둘째, 일본은 비록 군사력과 경제력 및 정치조직력에서 강하다고는 하나 인력, 물력, 재력, 그리고 군사력의 양적인 면에서 볼 때 장기전을 수행하기에는 역부족이다.

셋째, 일본은 비록 국제적으로 파시스트국가의 지원을 받고 있으나 국제적인 반파시스트세력의 반격으로 고립을 자초하게 되어 결국에는 패배할 수밖에 없다.

이에 반해서 중국이 가지고 있는 장점과 약점을 다음과 같이 분석했다.

첫째, 중국은 여전히 반식민지半植民地·반봉건半封建 국가로서 군사력, 경제력, 그리고 정치조직력이 일본에 비해 약세에 있기 때문에 항일전을 단기간 내에 끝낼 수 있는 능력이 없다.

둘째, 중국은 대국으로서 영토가 광활하고 자원이 풍부하며 인구가 많고 병력이 많아 장기전을 수행할 능력을 가지고 있다.

셋째, 일본에 대항하는 중국의 해방전쟁은 진보성과 정의성을 지니고 있기 때문에 중국인을 포함한 전 세계 인민의 지원을 받을 수 있다.

때문에 모택동은 속전속결 원칙하에 중국대륙의 깊숙한 곳까지 들어가 중국국민당 정부군의 주력부대를 섬멸시킨다는 전략목표를 가지고 있는 일본군에게 있어서 최대의 장애요인이 무엇인지를 간파하고 있었다.

그것은 바로 일본군이 대륙 깊숙이 들어오면 올수록 후방과 전선 사이의 거리가 멀어지게 되고 병참선을 확보하기가 그만큼 더 어려워질 뿐만 아니라 점령한 대도시들도 광활한 농촌으로 포위당할 수밖에 없다는 것이었다.

전통 중국사에서는 보이는 전략에서는 이러한 일군日軍을 현군懸軍이라고 하는데, 현군이란 거미줄에 매달린 군대를 뜻한다. 즉 보급로는 길고 가늘기 때문에 비록 본대本隊가 강하고 날카롭다고 하더라도 장기전에는 불리한 경우를 말하는 것이다. 그러므로 중국에서는 속전속결을 할 필요가 없다는 결론에 이른 것이다.

이와 같이 점點과 선線 만을 장악한 일본군에 비해 중공군은 광활한 면面을 장악할 수 있는 이점을 가지게 될 것이라고 판단한 것이다. 대신 다시 말해서 중국대륙의 광대한 면인 공간을 일본군에 내어준다고 해도 자신이 필요로 하는 시간을 벌기만 한다면 항일전을 승리로 이끌 수 있다는 것이었다.

모택동의 3단계 지구전 전략

모택동의 지구전 전략은 3단계였다. 즉 하나는 적이 전략적으로 진격하고 아방我方이 전략적으로 방어하는 전략적 방어단계이고,

둘째는 적이 전략적으로 고수하고 아방이 반격을 준비하는 전략적 대치단계이며, 그리고 셋째로 아방이 전략적으로 반격하고 적이 전략적으로 퇴각하는 전략적 반격단계이다.

우선 적이 우세하고 아방이 열세에 있는 제1단계인 전략적 방어단계에서는 적이 대륙 깊숙이 대도시를 공략해 들어오고 있기 때문에 후방에 전략적 공간이 확대되고 있는 이점을 활용하여 적의 진지를 점거하는 것이 아니라 적의 유생역량有生力量을 공격하는 운동전을 위주로 하고 유격전과 진지전을 보조로 하는 작전형태를 취했다.

그 다음으로 적이 대륙 깊숙이 위치한 대도시를 점령한 후 그 해당지역을 지키고 정부를 조직하여 안정을 꾀하려는 과정에서 아방과 전략적 대치상태가 형성되고 있는 제2단계에서는 소규모의 유격대로서 적을 괴롭히고 적의 전력을 약화시키는 유격전을 위주로 하고 적의 유생역량을 섬멸하는 것을 목적으로 하는 운동전을 보조로 하는 작전형태를 취했다.

마지막으로 전략적 반격이 시작되는 제3단계에 있어서의 주요한 작전형태는 여전히 운동전을 전개하되 진지전을 중요한 위치로 승격시키는 것이었고, 유격전은 운동전과 진지전을 보조하는 차원에서 전개되었다.

모택동의 이러한 지구전전략은 표면적으로 보아서는 일본군과의 전력대비에서 열세에 있는 당시의 군사상황에 기초한 전략적 선택이라는 일면도 가지고 있었지만, 항일전쟁의 기회를 틈타 국부군에 대응할 수 있는 공산당의 정치력과 군사력을 강화하려는 정치적 계산도 깔려있는 것이었다.

모택동의 이러한 지구전 전략은 두 개의 목표를 갖고 있었다고 보인다. 하나는 표면적으로 일본군과의 전력대비에서 열세에 있는 당시의 군사상황에 기초한 전략적 선택이라는 점이다. 그리고 다른 하나는 항일전쟁의 기회를 틈타 중국국민당 정부군에 대응할 수 있는 공산당의 정치력과 군사력을 강화하려는 정치적 계산도 있다고 하는 점이었다.

우선 중국공산당이 정치적으로 수세에 몰려있던 정치전략적 방어단계에서는 국민당의 삼민주의를 신봉하고 국민정부에 편입되어 기생하면서 자신의 생존과 발전을 꾀한다는 정책이 채택되었다.

그 다음으로 수복지구장악을 위한 대치국면이 형성되고 있는 정치전략적 대치단계에서는 국민정부군이 수복한 백색지역에서 통일전선과 대중노선을 전개함으로써 황하 이북 지역에서 대중적 지지기반을 확보한다는 정책이 추진되었다.

마지막으로 제3단계인 정치전략적 반격단계에서는 화중지역으로 영역을 넓혀 국민정부가 장악하고 있는 행정구역을 적색지구로 발전시키고 국민정부와 대등한 입장에서 연합정부를 구성한다는 정책이 추진되었다.

중국공산당의 항일 전략방침

연안의 중국공산당이 제2차 국공합작을 통해 항일민족통일전선을 구축한 것은 전략적으로 볼 때 일본군의 침략에 앞장서서 대응하기 보다는 오히려 그것을 통해 자신들이 재기하기 위한 발판으로 삼으려는 의도가 깔려 있었다.

다시 말해서 중국공산당이 마르크스레닌주의를 포기하고 삼민주의를 신봉한다고 한 것도 실은 중국국민당에 기생하면서 자신의 세력을 키우기 위한 술책에 지나지 않는 것이었다. 모택동은 국민정부의 국시이며 국민당의 정치이념인 삼민주의의 실현을 위해 싸운다고 했다. 그러나 그것은 장개석의 국민당이 말하는 삼민주의가 아니라는 점을 분명히 했다.

그는 장개석의 국민당이 제시한 삼민주의를 신봉한다고 하면서도 삼민주의에 대한 다른 시각을 들어냈는데, 그것은 말은 손문이 말한 삼민주의라고 하면서 자기들 나름대로 해석하여 다음과 같이 규정했다.

> "삼민주의란 손문이 중국국민당 제1차 대표대회의 선언 속에서 새로운 해석을 내린 삼민주의만을 가리키는 것이다. …… 이러한 신新시기에 있어서 혁명적 삼민주의, 신新삼민주의 또는 진정한 삼민주의는 소련과 연합하고, 공산당을 용인하며, 노동자와 농민을 도와주는 3대정책의 삼민주의이다. 3대정책이 없거나 또는 그 중에서 어느 하나라도 빠지면 새로운 시기에 있어서 사이비 삼민주의이든지 아니면 절반의 삼민주의이다."

뿐만 아니라 모택동은 국공합작을 통해 자칫 중국공산당 안에 있는 사람들의 공산주의적인 작풍作風이 해이해 질 수 있고 또 우경화될 수도 있다고 생각했다. 그래서 이를 방지하기 위해 국공합작에서 용인한 삼민주의는 어디까지나 국공합작을 위해 필요한 일시적인 최저 강령이 지나지 않는다고 했다. 그리고 중국공산당이 궁극적으로 실현할 목표인 최고 강령은 여전히 사회주의 및 공산주의혁명임을 누차 강조했다.

물론 중국공산당 중앙의 4개항 약속 속에는 이러한 전략적 의도가 숨겨져 있었다. 당시 모택동은 진정한 항일민족통일전선을 실행하기 위해서는 국민당이 정치제도와 군대제도를 개편해야 하며 새로운 정부의 출현이 필수적이라고 했다. 그래야만 혁명적 강령을 집행할 수 있고 전국적 범위 내에서 군대를 개조할 수 있다고 주장한 것이다. 그가 말하는 정부는 '민주공화국'이며, 그가 말하는 군대는 '항일연합군'이었다.

모택동의 진정한 목표와 해명

이러한 모택동의 속내를 보다 구체적으로 드러낸 것은 항일대학에서 행한 장호張浩(원명 林祚培, 1897~1942)의 강연에서였다.

> "중국공산당의 현재 전략은 민주공화국이며, 책략은 내전을 중지하고 각 당과 군대와 연합하여 함께 일본에 대항하며, 국민당과 합작을 하는 것이다. 때문에, 제2인터내셔널은 중국공산당이 무산계급 이익을 팔아먹고 자본계급에 투항했다고 말하고 있다. 그리고 국민당은 중국공산당이 현재 어쩔 수 없는 환경 속에서 국민당에 투항했다고 말하고 있다.

또한 본당 동지들은 토지혁명을 하지 않고 계급투쟁을 포기하고 소비에트정권을 취소하고 홍군을 국민혁명군으로 바꾸는 것을 보면서 많은 회의를 가지고 있다. 그러나 이상의 3가지 논법은 모두가 틀린 것이며 잘못 판단한 것이다."

"우리는 목전의 상황하에서는 반드시 국민당과 타협을 해야 하며, 국민당과의 일시적 타협이 결코 투항이나 무산계급의 이익을 팔아먹는 것이 아니고 고통을 받고 있는 광범한 대중의 이익을 위한 것으로 보아야 한다.
우리는 국민당에 투항하지 않으며 오직 항일을 향해 가는 것이다. 국민당과의 합작은 항일 단계에서의 합작이니 본당 동지들은 의심을 해서는 안 된다."

이와 동시에 8로군 정치부는 10가지 문제를 선정하여 문답형식으로 설명한 〈몇 가지 문제에 대한 해답〉이라는 제목의 소책자를 통해 중국공산당이 국민당에게 '4대 보장'을 약속함으로써 야기된 홍군 내의 동요와 오해를 불식시키기 위해 노력했다.
우선 제일 문제가 되었던 것으로서 홍군을 국민혁명군으로 바꾼 것과 관련해서는 다음과 같이 설명했다.

"홍군의 명의를 바꾼 것은 전국적 항일에 필요한 통일적 지휘를 위한 것이며, 명의만 바뀌었지 실질적으로는 홍군이 해왔던 그대로 공산당의 영도를 받는 것이다. 지휘관도 여전히 홍군의 지휘관이며, 국민당은 홍군 대오에 그 어떤 요원도 파견하여 사업을 책임지도록 할 수 없다. 통속적으로 말해서 비록 겉은 흰색일지라도 속은 여전히 붉은 색이다."

또한 장개석이 항일을 영도하도록 옹호하는 문제와 관련해서도 다음과 같이 설명했다.

"현재의 장 위원장은 이미 항일 쪽으로 돌아섰으며, 우리 공산당이 주장하는 항일민족전선을 받아들이고, 원래 우리를 공격하려던 군대를 항전을 위해 전선으로 이동시켰으며, 공산당이 제기한 항일 정강을 실행하고 있기 때문에 우리는 마땅히 그를 옹호해야 한다. 결코 장 위원장 개인을 옹호하는 것이 아니라 그가 항일 주장을 실행하는 것을 옹호하는 것이며, 그가 확고하게 항일민족전선의 길을 걷도록 격려하는 것이다."

특히 항일전선에 참가하는 8로군을 향해 언급한 모택동의 발언은 항일전쟁 기간 중 중국공산당의 생존과 발전을 위한 전략방침을 공공연하게 천명했다는 점에서 매우 충격적으로 받아들여지기도 했다.

모택동은 8로군이 산서山西 진입을 앞두고 있을 때 당 간부들을 향해 말했다.

"중일전쟁은 본당이 발전할 수 있는 절호의 기회이다. 우리가 결정한 정책은 100분의 70의 힘은 우리 자신의 발전을 위해 쓰고, 100분의 20의 힘은 국민당과 타협을 하는데 쓰며, 100분의 10의 힘은 일본군에 대항하는데 쓰는 것이다."

이것은 분명히 장개석의 국민당 정부를 기만하는 전략임에 틀림없는 것이다. 그러나 이는 그들 내부에서 비밀리에 행해진 것이므로 아마도 장개석은 이러한 진실을 몰랐을 것이다. 이러한 비밀스런 모택동의 계략이 들어난 것은 1938년 8월 장국도가 국민당으로 전향하면서 폭로함으로써 백일하에 드러나게 되었다.

위장전략의 운용지침

후일 모택동이 당의 건설, 무장투쟁, 통일전선을 중국혁명의 3대 법보라고 말했듯이 통일전선은 대중노선과 연계되면서 중국공산당이 대중적 지지기반을 획득하는 데 있어서 없어서는 안 될 법보 중의 하나였다.

중국공산당은 항일전쟁이 시작되면서 항일에는 1할의 힘만 쓰고 7할의 힘을 자신의 발전을 위해 쓴다고 했듯이 국민당을 견제하면서 후방 지역에서 당 조직을 건설하는데 힘을 썼다. 그리고 이는 대중적 지지기반을 확충해 나가기 위해 대중노선을 강화해 나갔다.

특히 중국공산당은 제국주의에 대한 적개심이 높아지고 민족주의 감정이 고조되고 있는 중국인들의 심리를 최대로 자극했다. 특히 '중국인은 중국인과 서로 싸우지 않는다'라는 구호를 내걸었는데 이는 중국인들에게는 그럴 듯한 구호였으며, 과거에 같은 중국인인 공산당을 공격했던 장개석의 국민정부군에 대한 비판이었다. 따라서 이 구호는 국민당을 압박하는 것으로 작용했다.

뿐만 아니라 중국공산당은 8로군과 신4군에게 일본군과 마주치는 것을 가급적 회피하면서 병력 손실을 막으라고 지시했다. 그리고 오히려 황하 이북의 국민당 세력을 몰아내기 위해 일본군과 싸우고 있는 국민정부군을 견제하거나 필요하다면 공격해도 좋다는 직접적인 지시까지 내려놓고 있었다. 결국 국민당의 장개석은 보이지 않는 내부의 적을 품고 일본군과 대치해야 하는 처지에 놓인 셈이었다.

사실 중국공산당은 제2차 국공합작을 시작하면서 겉으로는 중국국민당 정부군을 적군이나 백군으로 호칭하지는 않았다. 백군공작위원회를 통일전선부에 흡수시키고 각급 당부의 병사운용의 기구 명칭을 우군공작부로 바꾸었다. 뿐만 아니라 중국국민당 정부군에 대한 병사운용 공작도 우군공작으로 그 명칭을 바꾸었으며, 모반공작도 교우공작으로 그 명칭을 모두 바꾸었다.

이러한 명칭 변경은 중국국민당 정부군을 우군友軍으로 바꾸거나 혹은 교우交友로 바꾸어서 마치 중국국민당 정부군과 우군友軍 관계를 맺은 것 같았다. 그러나 그것은 어디까지나 명칭만 바꾼 것에 지나지 않았으며, 실제로는 공작工作이라는 용어를 그대로 두고 그 기구도 그대로 두었으니, 중국국민당 정부군에 대한 침투 및 모반공작을 바꾼 것은 아니고 오히려 겉으로 우군인 척 하면서 침투와 모반을 계속해서 강화해 나갔다고 할 것이다.

독자행동에 돌입한 8로군

그러나 합작에 의해 홍군이 중국국민당 정부군으로 개편되어 산서山西전선에 투입되는 것이 확실시 되었다. 이에 모택동은 1937년 8월 25일 낙천洛川에서 소집된 당 중앙정치국회의에서 8로군이 중국국민당 정부군위원회의 통일적인 전략하에 중국국민당 정부군과 어깨를 나란히 하고 항일작전을 수행하는 것에 반대했다. 그리고 오직 자체의 세력을 확장하고 근거지를 건설하는데 진력할 것과 독립적이고 자주적인 산악유격전을 작전방침으로 정할 것을 촉구했다. 중국국민당의 휘하에는 들어가지 않겠다는 것이었다.

뿐만 아니라 그는 국공 양당이 항일전쟁을 서로 분담 형식으로 수행해야 한다고 주장했다. 그래서 국민당은 정면의 정규전을 담당하고 공산당은 적 후방의 유격전을 담당하는 것이 반드시 필요하며 이치에도 맞는다고 주장했다.

결국 8로군은 산서山西 진입을 앞두고 중국국민당 정부군위원회의 명령과 전구의 전략의도에 따라 행동을 통일하고 중국국민당 정부군과 함께 작전을 수행하기로 한 낙천회의의 결정에 반대한 것이다. 그리고 오히려 모택동의 의도와 직접적인 지시에 따라 움직이기 시작했다. 홍군이 국민당 정부군과 작전에서 갈라선 것이었다.

이 말은 다시 말해서 8로군은 국민당 정부군과 일심으로 일본과 대치하며 싸운다는 것이 아니었다. 오히려 국민정부의 통제하에 있는 지역에서는 그들이 힘이 없으므로 놀고[遊], 일본군과 싸우고 있는 지역에서는 국민정부군을 공격하며[擊], 국민정부군이

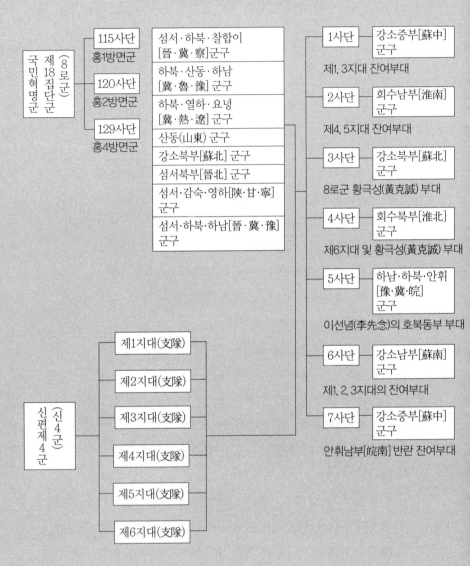

8로군·신4군의 발전과정도(1937~1945)

8로군 계통 (상단)

국민혁명군 제18집단군 (8로군)
- 115사단 — 홍1방면군 — 섬서·하북·찰합이[晉·冀·察] 군구
- 120사단 — 홍2방면군 — 하북·산동·하남[冀·魯·豫] 군구
- 129사단 — 홍4방면군 — 하북·열하·요녕[冀·熱·遼] 군구
  - 산동(山東) 군구
  - 강소북부[蘇北] 군구
  - 섬서북부[晉北] 군구
  - 섬서·감숙·영하[陝·甘·寧] 군구
  - 섬서·하북·하남[晉·冀·豫] 군구

신4군 계통 (하단)

신편제4군 (신4군)
- 제1지대(支隊)
- 제2지대(支隊)
- 제3지대(支隊)
- 제4지대(支隊)
- 제5지대(支隊)
- 제6지대(支隊)

사단 계통 (우측)

- 1사단 — 강소중부[蘇中] 군구 : 제1, 3지대 잔여부대
- 2사단 — 회수남부[淮南] 군구 : 제4, 5지대 잔여부대
- 3사단 — 강소북부[蘇北] 군구 : 8로군 황극성(黃克誠) 부대
- 4사단 — 회수북부[淮北] 군구 : 제6지대 및 황극성(黃克誠) 부대
- 5사단 — 하남·하북·안휘[豫·冀·皖] 군구 : 이선념(李先念)의 호북동부 부대
- 6사단 — 강소남부[蘇南] 군구 : 제1, 2, 3지대의 잔여부대
- 7사단 — 강소중부[蘇中] 군구 : 안휘남부[皖南] 반란 잔여부대

전세를 유리하게 끌고 갈 것으로 판단되는 경우에는 오히려 일본군과 합세하여 국민정부군을 협공하는 것도 주저하지 않는다는 것이었다.

이것은 명백하게 국공합작을 위반하는 것이지만, 국공합작이란 원래 공산당에게는 일본을 대적한다는 명분 밑에서 국민당 정부군의 공격을 피하는 방법으로 선택한 전략이었을 뿐이었다. 솔직히 말한다면 장개석의 중국국민당 정부군은 명분에 밀려서 혹은 서안사건이라는 예기치 못한 일로 인해 공산당에게 속은 것이었다.

국공갈등과 주요쟁점

국공합작 중의 중국공산군의 활동

1937년 8월 섬서陝西 북부의 홍군이 8로군으로 개편될 당시 홍군의 총병력은 2만2천여 명이었다. 당시 중국국민당 정부군위원회는 지방부대를 제외하고 이들 병력의 정수를 편제상 2만 명으로 정하고 3개 사단으로 개편했다.

그 후 10월에 강남의 공산당유격대를 신4군으로 개편할 당시 홍군은 기껏해야 3천여 명에 불과했으나 중국국민당 정부군위원회는 정수를 1만2천 명으로 정했다. 어쨌든 항일전쟁 초기 중국공산당의 군대는 총병력이 2만5천 명을 넘지 않았다.

그러나 1940년에 이르자 8로군 병력은 40만 명으로 증가했으며, 신4군 역시 10만 명으로 증가했다. 그 후 8로군은 1945년 봄 60만 명으로 증가했고 신4군은 7개 정규사단으로 약 26만 명으로 증가했다. 이렇게 3년 만에 8로군은 20배 이상 증원·증강되었으며, 그 후 5년 동안 다시 20만 명이 증가한 셈이었다.

이와 같이 8로군과 신4군이 급성장하게 된 것은 중국공산당이 중국국민당 정부에 속했지만 실제적으로 통일적인 지휘하에 모두 독립적이고 자주적인 산악유격전을 위주로 했기 때문이었다.

그 위에 명목상으로는 대일본 작전을 하기 위해 국공합작을 한다고 했지만, 실제로 대일 작전에는 1할의 전력만을 배치하고, 7할의 힘은 자기들의 발전에 썼으며, 힘을 합하기로 했던 국민당에 대해서는 오히려 그에 대응하는데 2할의 힘을 썼던 데 그 이유가 있다. 말하자면 국공합작을 통해 공산당의 전력은 엄청나게 커진 셈이었다. 이렇게 된 것은 비록 국민당 정부군을 속이는 것이었지만 그러한 전략을 구사한 모택동의 덕택이라고 할 수 있었다.

사실 중국공산당은 항일전쟁에 개입할 당시부터 일본군과 싸울 의사는 조금도 가지고 있지 않았다. 오히려 중국국민당 정부군이 점령한 후방 지역에서 자신들의 근거지와 행정구역을 구축한다는 목표를 세워놓고 있었던 것이다.

때문에 중국공산당은 산서山西에 진입하면서 처음에는 국민정부의 명령을 따르는 척 했으나 곧이어 독자적인 행동에 나섰다. 그리하여 섬서·하북·찰합이[晉冀察] 군구, 섬서·하북·하남[晉冀豫] 군구를 구축하고, 산동·하북·하남[魯冀豫] 평원과 강소 북부[蘇北]로까지 들어갔다. 말하자면 중국의 양자강 북부 지역을 중심으로 그 세력을 펼쳐 나갔던 것이다.

그런 까닭에 신4군 역시 8로군과 마찬가지로 일본군과 한 차례의 전쟁도 치르지 않았다. 오히려 상해와 남경이 일본군에게 연달아 함락된 이후 화중 지역의 항일전선에 진입하여 적 후방의 항일 근거지 구축을 위한 투쟁에 집중 했다.

특히 신4군의 장강 이남 부대는 1938년 6월 강소江蘇 남부로 진입하여 모산茅山을 중심으로 하는 항일근거지를 건립했다. 또한 장강 이북의 부대는 1938년 5월 안휘安徽 중부와 동부에 진입하여 우당藕塘을 중심으로 하는 항일근거지를 건립 했다.

이처럼 당시 신4군은 항일근거지를 구축한다고 했지만 실제로는 일본군의 후방 지역 거점에 대해서는 공격하지 않았다. 오히려 일본군에 대항하여 싸우고 있는 중국국민당 정부군과 국민정부가 적의 후방에서 점거한 거점과 현을 점령하여 적색지구로 만드는 데 분주했다. 국공합작에서 합의한 내용과는 완전히 다른 행동을 한 것이다.

예를 든다면, 1940년 3월 7일 신4군은 제4지대 제7연대를 주력으로 삼아 중국국민당 정부군 138사단을 공격했다. 또 제5지대 및 강소와 안휘 지대로서 안휘의 몇 개 현을 공격했으며, 또한 제4지대 제14연대로서 안휘의 현과 성을 공격했다. 국민정부가 파견한 현장縣長을 몰아내고 그 자리에 공산당 간부를 앉히기도 했다.

이것은 모두 국공합작 후에 합의하여 만들어진 규정을 위반하는 행동이었다.

중국공산당 군대를 통제하는 중국국민당 정부군

이처럼 공산당이 지휘하는 8로군과 신4군이 규정을 정면으로 위반하는 사례가 늘자 중국국민당 정부군 참모총장인 하응흠何應欽은 조치를 취하려고 했다. 그리하여 1940년 1월 중공군 참모총장인 엽검영葉劍英에게 "중국공산당이 명령을 어기고 진입하여 건립한 군구는 마땅히 시정되어야 한다."라고 직접적인 지시를 하려한 적이 있었다.

그리고 동년 7월 하응흠 참모총장은 또 다시 주은래와 엽검영에게 명령을 내리기도 했다. 즉 "제18집단군과 신4군의 작전 지구를 확정하고 하북·찰합이[冀察] 전구를 취소할 것이며, 그 하북河北과 찰합이察哈尔 2개 성 및 산동山東의 황하黃河 이북을 제2전구로 편입시킬 것, 그리고 제18집단군 및 신4군부대가 1개월 이내에 명령에 따라 모두 앞에서 규정한 지구 내로 이동할 것"을 명령한 것이다.

국민정부의 경고가 있었음에도 불구하고 중국공산당은 원칙적으로는 황하 이북으로 이동하기로 된 규정을 받아들인다고 하면서도 실제로는 자신들의 계획에 따라 근거지를 구축하는 일을 계속했다. 힘이 부족하여 겉으로는 이 명령을 좇는 척 하면서도 보이지 않게 자기들의 원래 목표대로 행동하는 일을 멈추지 않은 것이다.

다시 신4군이 황하 이북으로 이동하게 되어 있는 규정을 어기고 해당 점령지구에서 활동하자 하응흠은 동년 10월 19일 제18집단군과 신4군이 11월 말까지 황하 이북으로 이동하여 작전할 것을 거듭 촉구했다.

뿐만 아니라 장개석 역시 동년 12월 9일 황하 이남에 있는 제18집단군이 12월 30일 이전까지 황하 이북으로 이동하도록 명령을 내렸다. 장강 이남의 신4군에 대해서도 동년 12월 31일까지 장강 이북으로 이동한 후 그 다음 해 1월 30일 이전까지 황하 이북으로 이동하도록 명령했다.

그러나 신4군은 장개석의 명령에도 따르지 않고 원래 그들의 목표대로 장강 이남 지역, 주로 강소 북부와 안휘 남부를 중심으로 하는 화중華中 지역에서 활동을 계속했다.

바로 이 무렵인 1941년 1월 5일 중국국민당 정부군 제40사단이 신4군의 포위공격을 받는 사건이 발생했다. 이에 국민정부는 제3전구 사령장관인 고축동顧祝同에게 신4군을 제재하도록 명령했다. 전력에서 국민당 정부군을 감당할 수 없었던 신4군은 결국 완전히 패퇴했으며 그 군사령관인 엽정葉挺도 중국국민당 정부군의 포로로 잡히는 신세가 되었다.

이 사건이 발생한 이후인 1941년 1월 17일 중국국민당 정부군 위원회는 신4군을 해산시킨다는 명령을 발표했다. 그러나 중국공산당은 이 습격사건을 친일파와 반공파의 계획적인 조작극이라고 주장하면서 자신들의 소행이 아님을 강조했다.

퇴로를 찾아 군대를 재건하는 중국공산당

거의 붕괴 일보직전에 있었던 신4군은 진의陳毅(1901~1972)를 대리 군사령관으로 임명했고, 그는 심야에 산동·강소·안휘[魯蘇皖] 변구의 유격총지휘인 이명양李明揚(원명 敏來, 1891~1978)을 찾아가 퇴로를 부탁했다.

이명양은 당시에 국민정부가 유격총지휘직으로 임명하여 파견한 국민당의 원로당원이었는데, 강소성 정부의 주석인 한덕근韓德勤 (1891~1988)과 사이가 좋지 않았기 때문에 진의陳毅의 부탁을 들어주었다. 말하자면 국민당원 사이의 개인적인 감정 때문에 신4군의 잔존병력은 구사일생의 기회를 얻을 수가 있었다.

하여간 와해 직전의 신4군을 되살리기 위한 공산당의 조치도 신속하게 이루어졌다. 1941년 1월 20일 중국공산당 중앙군사위원회는 신4군 본부를 재건하라는 명령을 하달했고, 이에 따라서 진의를 대리 군사령관, 유소기를 정치위원, 장운일張雲逸(1892~1974)을 부군사령관, 뇌전주賴傳珠(1910~1965)를 참모장, 그리고 등자회鄧子恢 (1896~1972)를 정치부 주임에 각각 임명했다.

이어서 그해 1월 25일 신4군 본부가 강소성 북부의 염성현鹽城縣에 다시 세워졌으며, 신4군은 당 중앙군사위원회의 명령에 따라 중국공산당이 장악한 농해철도(隴海鐵道, 蘭州~連雲港) 이남의 부대와 합편되어 예하에 7개 사단, 1개 독립연대를 둔, 9만여 명 병력의 새로운 부대로 거듭 태어났다.

또 강소 중부[蘇中]지구 부대로 편성된 제1사단은 속유粟裕 (1907~1984)이 사단장이 되었고 유염劉炎(1904~1946)이 정치위원에 임명되었다. 또 회수 이남[淮南]지구 부대로 편성된 제2사단은 장운일張雲逸이 사단장에 임명되고, 정위삼鄭位三(1902~1975)이 정치위원에 임명되었다. 안휘 동북부[皖東北] 지구 부대로 편성된 제3사단은 황극성黃克誠(1902~1986)이 사단장 겸 정치위원에 임명되었다.

또한 회수 이북·하남·안휘·강소[淮北豫·皖蘇] 변방지구 부대로 편성된 제4사단의 사단장 겸 정치위원에는 팽설풍彭雪楓(1907~1944)

이 임명되었다. 또 호북·하남[鄂豫] 변구 부대로 편성된 제5사단의 사단장 겸 정치위원에는 이선념李先念(1909~1992)이 임명되었고, 강소 남부[蘇南] 지구 부대로 편성된 제6사단의 사단장 겸 정치위원에는 담진림譚震林(1902~1983)이 임명되고 안휘 중부와 남부[皖中皖南] 부대로 편성된 제7사단의 사단장에는 장정승張鼎丞(1898~1981)이 임명되고 정치위원에는 증희성曾希聖이 각각 임명되었다.

병력이 급격히 증강된 홍군

중국공산당은 항일전쟁이 시작된 지 3년째인 1940년에 병력이 증가했다는 이유를 내세우며 국민정부를 향해 8로군을 3개 군 9개 사단으로 확대해 개편해 줄 것을 요구했다.

그러나 국민정부는 하북河北, 산서山西, 산동山東 등 지역으로부터 8로군이 위기를 틈타서 중국국민당 정부군을 기습하거나 중국국민당 정부군의 후미를 공격하는 등 신의를 배반하고 군기를 문란 시키고 있다는 보고를 받고 있었다. 그러므로 국민정부는 응당 공산당의 요구를 수용하지 않았어야 함에도 불구하고 중국공산당의 확대개편 요구안을 받아들였다.

1940년 7월에 국민정부는 제18집단군을 3개 군 6개 사단 3개 보충연대로 편성하고, 별도로 2개 보충연대를 증편하며, 신4군 역시 2개 사단으로 편성하는 것을 허락했다.

그 후 항일전쟁 6년째가 되는 1943년 3월 중국공산당은 또 다시 제18집단군을 4개 군 12개 사단으로 확대해 개편해 줄 것을 요구했으며, 그 다음 해인 1944년 5월 또 다시 5개 군 16개 사단으로 확대증편해 줄 것을 요구했다. 중국국민당 정부군이 일본군과 맞서는 사이에 중국공산당은 그 군사력을 증강시키는 일을 성공적으로 진행시킨 셈이었다.

그리하여 당시 중국공산당의 정규 병력은 8로군과 신4군을 합쳐 이미 47만 명으로 증가한 상태였으며, 비정규 병력인 민병은 227만 명에 이르고 있었다. 대단한 증가였다. 그러기 때문에 그후 중국공산당은 4개 군 10개 사단으로 증편해 줄 수 있다는 국민정부의 제안을 거부했다. 중국공산당은 중국국민당 정부군과 견줄만한 병력을 확보했다고 판단했기 때문에 독자적인 길을 가고 있었다.

지방에 영향력을 확대하려는 중국공산당의 요구

국민정부는 '정권의 통일은 국가 통일의 필요조건이며, 세계의 어떠한 국가도 한 국가 안에 2종류의 정권이 존재하는 것을 허용하지 않는다. 때문에 이른바 소비에트정부라든가 기타 통일을 파괴하는 모든 조직들은 철저하게 철폐해야 한다'라는 점을 협상의 전제조건으로 내걸었었다.

이와 같이 국민정부는 정령政令의 통일, 행정의 통일을 요구했던 것이다. 이에 대해 중국공산당은 자신들이 점령한 지구는 이미 '인민선거제'를 실행하고 있다고 공언하면서 지방자치와 특수조직의 설립을 요구했다. 그러나 국민정부는 중국공산당이 점거

항일전쟁 이후 중공군의 후방근거지 상황도

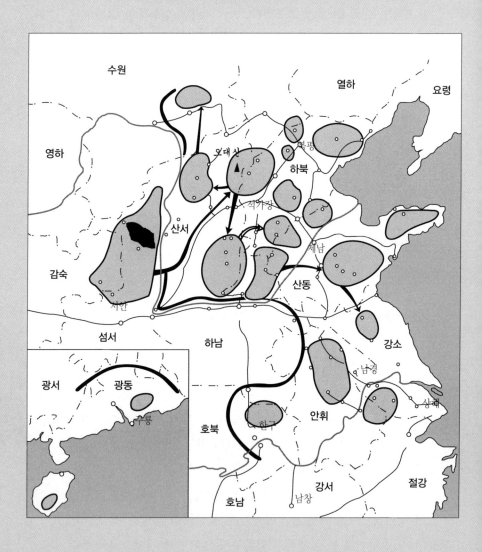

하고 있는 구역에서는 이미 공산당의 적화선전활동이 진행되었던 연고로 자유선거란 공산당의 승리를 가져 오는 것으로 생각했다. 그래서 그 지역에서는 절대로 자유선거를 할 수 없으며 선거를 한다고 해도 공산당의 조직적인 개입으로 진정한 선거도 없고 진정한 자치도 없을 것이라 잘라 말했다. 국민당정부는 실제를 이야기한 것이며, 공산당은 형식적인 것을 내세운 것이라 할 수 있다.

중국공산당은 항일전쟁이 시작된 지 2년째인 1939년 3월 변구의 획정을 요구했다. 섬서 북부[陝北]의 19개 현, 감숙[甘肅]의 6개 현, 영하[寧夏]의 1개 현을 섬서·감숙·영하[陝甘寧] 변구로 획정한 후 제18집단군 잔류留守부대를 주둔시키고 그 행정 수장을 파견했다. 이 지역에 공산당 군대인 18집단군이 머물러 주둔한다는 것은 이 지역을 공산당 점령지역으로 하겠다는 의미였다.

뿐만 아니라 중국공산당은 국민정부에 지방정부의 책임자를 임명하는 문제를 거론했다. 국민정부는 이미 각성 정부에 속한 현장 임명하여 파견했었는데, 이들의 직책을 스스로 철회하도록 명령해 달라는 것이다. 그리고 공산당 자체 내에서 현장을 임명하여 파견하여 국민정부와 상호 대등하며 대립적인 관계를 유지했던 것이다.

그리하여 국민정부는 공산당이 요구한 일부를 수용하려고 하여 섬서와 감숙성에 속해 있는 12개 현의 현장을 중국공산당이 추천하고 섬서·감숙陝甘 정부가 임명하도록 허락했다. 그러나 중국공산당은 이를 받아들이지 않았다.

그러자 국민정부는 다시 1940년 7월 섬서·감숙 변구의 18개 현을 획정하여 그것을 섬서 북부陝北행정구로 명칭을 바꾸고, 그 행정기관의 명칭은 섬서 북부陝北행정구공서로 하며, 섬서성陝西省 정부의 지도를 받도록 하는 방안을 제시했다. 국민당 정부가 먼저 제시한 것보다 6개의 현을 더 할애한 것이지만 중국공산당은 그것 역시 거부했다.

1944년에 이르러 중국공산당은 더욱 더 많은 요구를 했다. 즉 '하북河北, 산동山東, 수원綏遠 등 이미 적의 후방에 설립한 15개 단위나 되는 수많은 중국정권은 항일전쟁 근거지이며, 이들 지역의 인민은 8천8백만여 명에 이르고 있다'라는 점을 지지적하면서 국민정부가 섬서·감숙·영하陝甘寧 변구와 화북華北근거지에 건립된 항일정부를 합법적인 지방정부로 인정해 줄 것을 요구한 것이다. 이는 공산당에게 국민정부의 행정체계 속으로 들어오라는 장개석의 제의를 묵살한 것이었다.

점차 노골화되는 중국공산당의 정치 요구

국민정부는 군벌을 타도하고 전국을 통일한 이후 1931년 5월에 남경정부 시절에 국민회의를 소집하고 훈정訓政시기의 임시헌법 [約法]을 통과시켰다. 그리고 항일전쟁 시기는 여전히 훈정시기에 속했기 때문에 국민당이 단독으로 훈정의 책임을 지고 있었다.

또 중국국민당은 1938년 3월 29일부터 4월 1일까지 임시전국 대표대회를 개최하고 '항전건국강령'을 통과시켰다. 이어서 국민 정부는 그해 여름 강령에서 정한 규정에 근거하여 민의民意기구로서 국민참정회와 각 성과 시에 임시참의회를 조직하기 시작했다.

항일전쟁 기간 중 국민당은 각 당과 각 파를 향해 단결을 촉구하면서 신설된 국민참정회 가입을 독려했다. 그 후 1938년 6월 16일 국민당 중앙은 모택동, 진소우, 진방헌, 임조함, 오옥장, 동필무董必武(1886~1975), 등영초鄧穎超(1904~1992) 등 7명의 공산당원을 포함한 국민참정회 회원 명단을 발표했다.

국민당의 입장에서는 공산당을 포용하여 소수로 남겨 두어 중국국민당 휘하에 전국을 통일하려는 의도가 있었을 것이지만 공산당에서 이를 수용한 이유는 국민당의 의도와는 정반대였을 것이다.

하여간 그해 7월 6일 국민참정회 제1차 회의가 무한武漢에서 거행되었는데 국민당정부에서 임명했지만 공산당원으로 국민참정회의 회원인 모택동을 비롯한 7명의 중국공산당 대표 모두가 참석했다. 중국공산당이 국민참정회에 참가한 주된 목적은 앞에서 말한 것처럼 국민당의 속셈과는 달리 민의기구인 국민대회에 참가하는 것을 기회로 삼아 공산주의를 선전하려는 것이었다. 그리고 나아가서 인민대중을 동원하고 조직하여 중국공산당이 주도하는 통일적인 정부를 수립하는 것에 있었다.

중국공산당 중앙은 그해 1938년 9월 29일부터 1938년 11월 6일까지 근 40일 동안 중국공산당 제6기 〈6중전회(제6차 중앙위원회 전체회의)〉를 연안의 교이구橋爾溝에서 개최했다. 이때에 중앙정치국위원 12명과 중앙위원 5명, 그리고 당 중앙의 각 부문과 전국 각지구의 책임자 38명 등 53명이 참가했다.

원래 당 제7기 전국대표대회를 개최할 예정이었으나, 전황이 좋지 않아 뒤로 미룰 수밖에 없었다고 한 모택동의 배경 설명에서 알 수 있듯이, 그 〈6중전회〉는 역사적 의미가 매우 큰 회의였다.

하여간 〈6중전회〉에서 모택동은 보고를 통해 항일전쟁과 국공합작 문제와 관련하여 항일전쟁은 장기전이 될 것으로 전망했다. 따라서 공산당이 국민당과 합작하는 일도 장기적이 될 것이라고 전제했다. 이러한 상황하에서 장기적으로 합작하는 경우의 조직형태에 대해서 말했다.

그는 국공합작의 조직형태를 3종류로 구분했다.

첫째, 국민당 자체가 민족연맹으로 변신하여 각 당파가 국민당에 가입하여 그 독립성을 유지하는 것이며, 국민당이 동의한다면 중국공산당으로서도 결코 반대할 이유가 없다.

둘째, 각 당파가 공동으로 민족연맹을 조직하여 장개석을 최고지도자로 추대하고, 각 당파는 평등한 위치에서 서로 중앙과 지방의 각급 공동위원회를 조직하고 대표하는 것인데, 이 방안은 중국공산당이 오래 전에 제시한 것으로서 반대할 이유가 없다.

셋째, 현재의 방식을 그대로 유지하는 것인데, 이러한 조직형태는 결코 장기적인 합작에 도움이 되지 못한다.

결국 공산당은 국민당과 대등한 관계에서 연합형태를 취함으로써 자체 조직을 유지하고 세력을 확장해 나간다는 속내를 노골화했다.

중국공산당의 새로운 제안

사실 중국공산당은 세력이 미약했을 때에 국민당정부에 기생하려는 정책을 가지고 있었기 때문에 모택동은 민주공화국을 건립하는 문제에 대해 그 정체政體를 어떻게 만들 것이냐에 대해 말한 일이 있었다.

그는 어떠한 정체의 국가를 건설해야 하느냐는 질문에 삼민주의 공화국을 건설해야 한다고 답하면서, 이렇게 설명했다.

> "우리가 민주공화국이라고 말하는 것은 바로 삼민주의 공화국이며, 그 성격은 삼민주의이다. 손중산 선생이 말한 것과 같이 국제적 지위의 평등을 추구하고 정치적 지위의 평등을 추구하며 경제적 지위의 평등을 추구하는 국가이다. …… 우리들이 민주공화국이라고 말하는 것은 바로 이와 같은 국가이며, 진정한 삼민주의의 중화민국이다. 소비에트가 아니며 사회주의도 아닌 것이다."

이는 분명히 공산주의를 정체로 한 국가를 건설하지 않는다고 밝힌 것이다. 그리고 모택동이 말한 삼민주의는 청조를 무너트리고 혁명을 이끌어 낸 손문이 제창한 것이므로 국민당에서 이를 반대할 이유가 없는 것이었다.

한편 국민당의 입장에서는 그동안 국방최고회의국방참의회로 운영해 오던 것을 공산당 중앙이 국민당임시전국대표대회에서 제의한 '건전한 민의기관'을 만들자는 주장을 받아 들였고 그렇게 만든 것이 국민참정회의였다.

그러한 과정을 거쳐서 참정회가 설립되어 200명의 의원 명단을 발표했다. 이 가운데 대부분은 국민당 당원이었으며, 기타 당파와 독립적 인사도 포함되어 있었으며, 앞에서 말한 대로 공산당원도 7명이 포함되었다.

그러나 장개석은 이 참정회의가 법적인 효력을 가지고 있지 않다는 것을 잘 알고 있었다. 그리하여 장개석은 항일전쟁이 끝나게 되면 손문 선생의 유지를 받들어 가급적 빠른 시일 내에 국민대회를 소집하여 헌법을 제정하고 헌정을 실시할 수 있기를 바라고 있었다.

뿐만 아니라 국민당은 중국공산당과 기타 정당도 국가의 법률을 준수해야 하고 동등한 대우를 받게 된다고 했으며, 이에 대해 중국공산당 역시 4개항의 약속을 성실하게 이행할 것임을 재차 확인했다. 국민당으로서는 자기들이 만든 제도 속에 공산당을 넣으려고 꾸준히 노력하고 촉구했다.

그러나 중국공산당은 정규 병력의 급속한 증가와 점령지역 변구의 확대 및 광범위한 대중적 지지기반을 무기로 삼아 국민정부를 향해 기존의 입장을 180도 바꾸어 아래와 같이 새로운 정치적 조건을 제시했다.

첫째, 민주정치를 실행하며, 언론, 출판, 집회, 결사 및 신체의 자유를 보장한다.

둘째, 정당의 활동을 보장하며, 중국공산당 및 각 항일당파의 합법적 지위를 인정하고 애국적 정치범을 석방한다.

셋째, 명실상부한 인민의 지방자치를 실행한다.

이는 내용상으로는 민주적인 방법을 제도적으로 채택하자는 것이기 때문에 국민당으로서는 거절하기가 힘든 조건이었다. 민주적인 제도를 채택할 경우에 당연히 받아 들여야 할 것들을 제시한 것이었다.

그러나 중국국민당의 입장에서 보면, 이러한 제의는 겉으로는 민주적인 제도를 실천하자는 것이지만 이러한 제도를 그대로 실시할 경우에 공산당이 항일전 기간 동안 세력범위를 넓힌 지역을 그들에게 넘겨주는 결과를 가져 온다는 것을 잘 알고 있었다.

그러므로 중국공산당의 이러한 제안은 중국국민당에 의해 고려의 여지도 없이 거부되었다. 중국공산당의 합법적 지위를 인정하는 것과 공산군이 점령한 지역에서 인민의 지방자치가 실행되는 것은 바로 국민당의 자멸의 길을 재촉하는 것이나 다름이 없는 것이기 때문이었다.

그래서 중국국민당은 여전히 원래 국공합작 당시의 조건대로 중국공산당이 장악하고 있는 변구와 적 후방 지역의 항일근거지에서는 반드시 삼민주의를 실행해야 하며, 그 지역의 모든 인민과 항일단체는 국민정부의 법령에 근거하여 모든 자유와 권리를 누릴 수 있다는 것을 거듭 천명했다.

결국 점점 더 국민당과 공산당의 노선의 갈등이 표면화될 수밖에 없는 상황이 다가 오고 있었다.

정풍운동과 모택동사상의 확립

혁명간부의 양성

중국공산당 중앙은 서안사변 이후 중국국민당 정부군의 공격이 중단되자 소비에트중앙정부를 취소하고 별도로 섬서·감숙·영하 [陝甘寧] 변방지구 정부를 설립하기 위한 작업을 준비하기 시작했으며, 부분적인 인사개편도 단행했다. 겉으로는 국공합작을 준수하는 것이지만 내용적으로는 공산당의 세력을 확장하려는 것이었다.

이때에 개편된 상황을 보면 총서기인 장문천, 당 중앙군사위원회 주석인 모택동, 백군사업위원회 서기인 주은래와 부녀부 부장인 채창蔡暢(1900~1990)만 유임되었으며, 그 밖에 조직부 부장에는 진방헌, 선전부 부장에는 하극전何克全(1906~1955), 직공운동위원회 서기에는 장호가 각각 임명되었다.

뿐만 아니라 중국공산당 중앙은 홍군의 무력을 발전시키고 간부를 양성하며, 지방사업을 전담할 간부를 양성하기 위해 중국인민항일군정대학과 중앙당교 그리고 섬북공학陝北公學과 노신魯迅예술학교, 청년훈련반 등 교육기관과 훈련소를 설립했다.

인민항일군정대학은 홍1방면군의 홍군대학과 홍4방면군의 홍일대학이 합쳐져 세워진 것인데, 이때에 교장에는 임표가 임명되었고, 교육장은 나서경羅瑞卿이 맡고, 그리고 정치부 주임은 부종傅鐘이 맡았다.

중앙당교는 원래 동필무董必武가 교장으로 있었으나 연안延安으로 옮겨온 이후부터는 나매羅邁가 그 직책을 넘겨받았다. 중앙당교는 공산당원에 한해 입학이 허용되었는데 그것이 까다롭기로 유명했다. 예컨대 원래 공산당원이었던 강청(江靑:藍蘋)도 1937년 7월 상해로부터 연안에 도착한 이후 몇 달 동안의 확인절차를 거친 후 그해 10월에 당적을 회복함으로써 입교를 허락받을 수가 있었다.

한편, 중국공산당 중앙은 연안에 자리를 잡은 이후인 1937년 4월 초에 정치국확대회의를 개최하고 장국도가 범한 과오를 비판하면서 전면적인 투쟁을 시작했다.

이 회의 석상에서 팽덕회는 장국도가 모아개毛兒蓋 회의의 결정을 위반했다고 비판했다. 모아개 회의란 중국공산당 중앙정치국이 1935년 8월에 중국공농홍군이 장정 도중에 홍군을 좌우로 나누어 계속 북상한다는 결정을 한 것을 말한다.

하여간 팽덕회는 장국도가 제멋대로 부대를 이끌고 결정한대로 북상하지 않고 남하하여 홍군을 분열시켰고 또한 당 중앙을 별도로 설립하여 당의 단결을 파괴했으며, 홍4방면군을 사군화하여 개인의 목적을 위해 이용했다고 주장했다.

진소우와 모택동 간의 갈등

1937년 10월 하순 코민테른 주재 중국공산당 수석대표이며 코민테른의 집행위원과 주석단 위원 및 서기처 서기인 동시에 중국공산당 중앙정치국 위원이기도 한 진소우陳紹禹가 진운陳雲, 강생康生, 증산曾山 등과 함께 소련의 중형 전세기를 타고 연안으로 돌아왔다. 이 시점은 중국공산당이 국민당을 향해 함께 국난을 극복해나가자는 선언을 발표한지 바로 1개월이 지난 시점이었다.

중국공산당 중앙은 이들을 위해 당일 저녁 환영회를 열었으며, 당 총서기인 장문천張聞天이 이들의 당에 대한 공로와 투쟁경험을 소개했다. 모택동 역시 치사致辭를 통해 그들을 극진히 대접하면서 금일의 통일전선은 '8·1선언'이 있었기에 가능했으며, 바로 그 8·1선언은 모스크바에서 진소우[王明] 동지가 기초한 것임을 잊지 말자고 했다.

여기까지는 국내파 공산당과 국제파 공산당이 일치하는 의견을 가진 것으로 볼만했다.

하여간 코민테른의 대표로 소련에 갔다가 돌아온 진소우는 귀국한 후에 중국공산당에 대해 스탈린과 코민테른이 직접적으로 통제하고 지시하는 3가지의 중요한 사항을 전달했다. 이것은 진소우로서는 당연한 업무라고 할 수 있는 것이었다.

첫째, 스탈린의 모택동에 대한 평가와 관련된 내용이다. 모택동은 마르크스 레닌주의를 잘 모르고 세계관이 없으며 오직 좁은 경험으로 문제를 해결하고 혁명을 지도하고 있다. 그런데, 이미 중국공산당과 중국혁명을 이끄는 지도자로 부상하고 있으니 소련에서 돌아 간 간부들이 이론과 사상 분야에서 그를 적극적으로 도와 유능한 지도자가 되도록 해야 한다는 것이었다.

둘째, 장문천이 당 총서기직을 맡고 있는 것에 대해 코민테른은 못마땅하게 생각하고 있다는 것이다. 장문천이 모스크바의 중산대학에 있을 때 당 지부의 서기직을 맡고 있었는데 그 지부의 당원들이 모두 트로츠키파였다. 그러므로 스탈린의 입장에서는 그를 신뢰하지 않고 있다는 것이다.

셋째, 당의 발전에 지대한 공로가 있는 장국도張國燾를 중국공산당이 무정하게 비판하는 것을 스탈린은 너무 가혹한 것으로 생각하고 있다는 것이었다.

이 말은 소련에서 스탈린에게 들은 내용을 전한 것 같지만 실제로는 이 내용대로 조치를 취하라는 명령과 다름없었다. 하여간 진소우는 귀국하여 위의 내용과 같은 스탈린과 코민테른의 3가지 지시사항을 전달했다.

그리고 뒤에 중국공산당은 1937년 12월 9일부터 13일까지 5일 동안 연안에서 정치국회의를 개최했다. 그러므로 이 정치국회의에서는 이 문제를 염두에 두고 논의할 수밖에 없는 실정이었다.

그리하여 먼저 〈정치국회의〉는 당의 제7기 전국대표대회를 소집하는 문제를 토의하고 '제7기 전국대표대회 소집을 준비하는 것에 관한 결의'를 통과시켰다. 그리고 그 준비위원회 위원으로 모택동, 진소우, 주덕, 주은래, 항영, 장문천, 장국도, 진방헌 등 26명을 지명하고, 준비위원회 주석은 모택동으로 결정하고, 그 서기로는 진소우를 결정했다.

뿐만 아니라 〈정치국회의〉는 중국공산당 중앙의 조직을 개편했다. 이는 바로 진소우가 전달한 코민테른의 직접적인 지시사항으로서 장문천이 중국공산당 중앙의 총서기를 맡는 것이 부적합하다는 이유에서였다. 그리하여 총서기 제도를 취소하고 그 대신에 정치국상무위원회가 서기처의 일상 업무를 직접 영도하도록 결정했다.

이처럼 이 회의에서는 코민테른의 지시를 충실히 따른다는 뜻으로 이러한 결정을 했지만 진소우가 전달한 지시사항의 원래 의도는 그렇지 않았다. 코민테른은 결코 총서기 제도를 취소해야 한다는 생각을 가지고 있지 않았으며, 단지 총서기직을 장문천의 맡고 있는 것에 이의를 제기했을 뿐이었다. 어찌 보면 이 정치회의가 코민테른의 지시를 지나치게 확대 해석한 측면이 있는 것이고, 장문천만 교체하면 될 것을 제도 자체를 고치는 큰 변화를 가져 온 것이니 일이 어느 방향으로 진행될지 모르게 된 셈이었다.

어쨌든 이 말을 전달하는 진소우의 입장에서는 장문천의 총서기직 문제가 도마 위에 오르게 되자 자신이 그 자리를 물려받을 속셈을 가지고 있었지만, 뜻밖에도 모택동이라는 복병을 만나게 되어 자신의 계획대로 일을 풀어갈 수가 없었다.

오히려 국내파인 모택동이 국제파 내부의 모순을 이용하고 정치국 위원들을 적극적으로 선동하고 포섭함으로써 당의 제7기 전국대표대회에서 당권을 장악하는데 유리한 고지를 선점하고 있었다.

결국 〈정치국회의〉는 다음과 같이 중앙서기처와 각 부의 조직을 개편하고 인선작업을 완료했다. 서기처 서기로는 모택동, 주덕, 주은래, 장문천, 장국도, 진방헌 이외에 진소우, 진운, 강생 등 3인이 추가되었다. 그리고 각 부에는 조직부 부장에 이부춘李富春, 선전부 부장에 하극전何克全(1906~1955), 통전부 부장에 주은래, 간부부 부장에 유소기, 군사위원회 주석에 모택동, 그리고 정치보위국 국장에 강생이 각각 선임되었다.

진소우는 서기처 서기에 새로 들어가기는 했지만 여러 사람이 있는 곳에서 원래 생각한 대로 중국공산당을 장악하기 힘들어진 것이 분명해 진 것이다. 따라서 국제파가 국내파에게 판정패한 셈이 되었다.

〈정치국회의〉가 끝난 이후 중국공산당 중앙은 무장투쟁, 통일전선, 그리고 당의 건설 사업을 전국적으로 추진했다. 1937년 12월부터 1938년 2월까지 연안의 간부들을 북방과 남방으로 파견하여 지방당 건설과 근거지 구축을 책임지도록 했다.

북방에서는 8로군 총부의 수행부대를 각 기지와 적 후방 지역으로 보내 지방의 무장을 확대하고 근거지를 구축하도록 했으며, 8로군 역시 적 후방으로 들어가 화북의 각 성을 향해 발전하도록 했다. 그리고 남방에서는 무한을 중심으로 8로군 판사처辦事處(사무처)의 엄호를 받으면서 남방의 각 성으로 가 당 조직을 건설하고 전면적인 통일전선활동을 전개하도록 했다.

당시 8로군 총부의 엄호를 받는 당 중앙 북방국은 양상곤楊尚昆

이 서기로 있었고, 한구漢口의 8로군 판사처辦事處(사무처)의 엄호를
받는 당 중앙 장강국長江局 은 진소우가 서기로 있었다. 또 남창의
신4군 본부의 엄호를 받는 당 중앙 동남분국은 항영이 서기로 있
었다.

이때만 해도 중국공산당내의 세력분포를 보면 여전히 진소우의
국제파가 우세를 점하고 있었다. 예를 들어 북방국 서기인 양상곤
은 진소우와 함께 원래 28명의 볼셰비키 중의 하나였으며, 주은
래, 엽검영, 항영 등도 진소우, 진방헌 등 국제파의 지지를 받으면
서 성장했고, 특히 항영이 장악하고 있는 신4군 역시 진소우의 정
치자본으로 있었다.

그럼에도 불구하고 모택동이 준비위원회 주석이 되었으니 결국
국내파 모택동과 국제파 진소우의 갈등이 빚어지게 되었던 것이
다.

모택동이 추진한 마르크스주의의 중국화

이러한 과정을 거쳐서 주도권을 잡은 모택동은 자기의 입지를 다
지는 활동을 전개해야 했다. 그리하여 1년 동안의 준비기간을 거
쳐 1942년 2월부터 3년간에 걸친 정풍운동을 연안에서 발동했다.
이러한 시점에 그가 정풍운동을 전개할 수 있었던 이유는 무엇일
까? 다음과 같은 정세와 배경을 보면 짐작이 가는 것이다.

첫째는 중국공산당이 독자적이고 자주적인 의사결정권을 확보
할 수 있었기 때문이었다. 원래 중국공산당은 코민테른의 1개 지

부로 탄생하여 코민테른의 직접적인 지시와 명령을 받아왔다. 그러나 모택동은 1935년 7월 소집된 제7차 전세계 대표대회에서 각국 공산당에 대한 통제를 완화하기로 한 결정이 중국공산당의 향후 진로에 긍정적인 요인으로 작용할 것으로 확신했다.

특히 그는 제7차 세계대회가 코민테른 집행위원회를 향해 모든 문제를 해결할 때 각 국가의 구체적인 상황과 특성에 근거해야 하고, 각국 공산당내부의 조직상의 사업에 대해서는 직접 간섭하는 일이 없어야 하며, 또한 한 국가의 경험을 다른 국가에 기계적으로 옮겨가도록 해서는 안 되며, 오히려 각국 공산당이 자신의 경험과 공산주의운동의 경험을 정확히 이용하도록 도와주라고 지시한 것에 크게 고무되고 있었다.

이러한 지시에 따라서 중국공산당은 다른 나라의 선진적 경험을 기계적으로 도입하지 않아도 되고, 남의 간섭을 받지도 않고 독자적으로 자체의 임무를 해결할 수 있게 되었던 것이다. 따라서 모택동에게는 정적政敵, 특히 국제파를 제거하고 당·정·군의 3권을 완전히 장악하여 명실공이 제1인자로 올라서는데 절호의 기회가 되었다.

때문에 그는 공산당원이야말로 국제주의의 마르크스주의자이며 마르크스주의는 반드시 민족 형식을 통해서만 비로소 실현될 수 있다고 생각했다. 그러기에 마르크스주의의 중국화는 마르크스주의가 중국의 특성에 따라 적용되어야 하며 중국공산당 전체가 반드시 이해하고 해결해야 하는 문제임을 강조했다. 공산주의의 중국화, 토착화를 주장한 것이다.

모택동의 정풍운동

이어서 그는 1940년 1월 〈신민주주의론〉이라는 제하의 글 속에서 마르크스주의에 대한 자기의 입장을 잘 표현했다.

> 첫째, 중국의 공산주의자는 마르크스주의를 중국에서 적용하는데 있어서 반드시 마르크스주의의 보편적 진리를 중국혁명의 구체적 실천과 완전히 통일시켜야 한다. 이는 다시 말해서 민족의 특성과 상호 결합하며 일정한 민족 형식을 통해야만 비로소 쓸모가 있게 되며, 결코 주관적이며 공식적으로 응용할 수는 없다는 것이다.

이와 같이 모택동은 마르크스주의를 수정하여 그것을 일종의 방법론으로 사용하여 그것이 중국의 특성과 상호 결합하도록 했다. 그리하여 모택동사상, 이른바 마르크스주의의 중국화를 실현했던 것이다. 뿐만 아니라 그는 레닌주의가 단지 마르크스주의와 러시아혁명의 실천과 상호 결합된 한 국가의 혁명경험일 뿐이라고 하면서, 그것을 중국에 적용할 수는 없다고 하면서 스탈린과 코민테른이 강조한 레닌주의의 국제적 의의를 묵살했다.

이러한 생각을 한 모택동의 정풍운동이란 결국 모택동 자신이 생각한 공산주의 사상을 수립하려는 의도가 깔려 있었다고 보아야 할 것이다. 때문에 연안에서의 정풍운동이란 모택동의 강연과 저작을 학습하는 것이 위주가 되었다. 그리고 이것으로 당원 간부의 사상을 개조하고 더 나아가서 모택동의 관점과 기준으로 당원 간부의 사상 실태를 심사하고 평가했는데, 이것이 주된 목적이 되었다. 그러니까 정풍운동을 내세워서 모택동은 자기의 사상으로 중국공산당의 사상을 지도하려 한 것이다.

둘째, 당시에 히틀러의 침공으로 모스크바가 풍전등화의 위기에 몰리고 있었다. 그리하여 스탈린과 소련공산당 및 코민테른은 각국 공산당의 내부문제에 관심을 가질 여력이 없었다는 점이다.

사실 1941년 6월 22일 히틀러가 전격전으로 소련 영토를 침범하여 9월에는 레닌그라드를 포위하고 10월에는 모스크바 근교를 압박해 왔다. 이러한 상황에서 스탈린은 직접 모스크바를 사수하기 위해 진두지휘를 했으며, 코민테른은 각국 공산당을 향해 파시스트를 반대하는 통일전선을 결성하여 사회주의 조국인 소련을 보위하기 위해 투쟁할 것을 호소하고 있었다. 말하자면 코민테른은 소련을 구하는데 온 힘을 기울일 수밖에 없는 상태가 되었던 것이다. 따라서 중국공산당이 독자적인 노선을 걸어간다고 해도 코민테른에서는 이에 관심을 가질 수도 없었던 것이다.

이러한 내외의 환경 속에서 정풍운동은 진행되었고, 그 칼날은 중국공산당의 당권을 장악하고 있던 진소우와 러시아 유학파인 국제파를 조준하게 되었다. 그래서 국제주의자에 속한 사람들은 충실한 당원이건 마르크스주의자들이건 가릴 것 없이 모두가 교조주의자, 종파주의자, 심지어는 국민당의 간첩으로 누명을 뒤집어쓰고 축출되거나 처형을 당했다.

셋째, 1941년 하반기부터 적 후방과 전구戰區로부터 많은 간부들이

훈련을 받으러 들어왔는데, 이렇게 많은 사람이 몰려들자 자연히 당내 기풍과 혁명의지가 문란해져 갔다. 이에 따라 이를 바로잡기 위한 일련의 활동이 필요한 시점이었다는 것이다.

공산주의자를 정예화해야 한다는 현실적인 문제를 안게 된 상황에서 정풍운동은 그 정당성을 갖게 된 것이다. 따라서 당내에 만연되고 있었던 좌경주의 경향, 개인적 향락주의 경향, 개인적 영웅주의 경향, 본위주의 경향, 당과 조직에 복종하지 않는 경향 등을 제거하자는데 공감을 형성하게 되었다.

이러한 것을 제거하지 않고서는 혁명투쟁을 성공적으로 이끌 수 없다는 위기의식이 있었으며, 이것은 정풍운동의 필요성을 공감하게 된 이유가 되기도 했다.

넷째, 모택동이 중국공산당 제7기 전국대표대회 개최를 앞두고 당내 세력판도가 자신에게 유리하게 작용할 수 있는 조건이 성숙되기를 기다릴 수밖에 없었기 때문이었다.

모택동은 전국대표자대회를 준비하는 책임을 맡았다. 당시로서 그는 여러가지 조건에서 불리한 입장에 있었다. 그러한 그가 자신의 책임하에서 대회를 준비하게 되었으므로 그에게 유리한 조건이 성숙될 때까지 대회의 개최를 미룰 수가 있었던 것이다.

당권 쟁취를 위한 전략

중국공산당 중앙은 코민테른의 재촉하에 원래 1939년부터 1940년 사이 당 제7기 전국대표대회 개최를 위한 준비 작업에 착수했으나 모택동은 여러가지 이유를 대면서 대회 개최를 연기할 것을 요구했다. 이렇게 한 그의 속셈은 전국대표대회에서 민족주의 이데올로기를 중국공산당의 사상적 기초로 확립하려던 것이었다.

그러나 그 당시 모택동은 자신의 계획을 실현할 수 있는지에 확신을 가지고 있지 않았다. 때문에 그는 정풍운동을 일으켜서 자신의 정적을 제거하고 당의 지침이 되는 사상과 이론의 확립에 주력하고자 했다.

사실 겉으로 보기에는 모택동이 정풍운동을 일으킨 시기는 대내외적으로 복잡한 시기였다. 2차 세계대전의 발발, 장개석과의 연대, 그리고 공산당 내에서 국제파가 득세 하는 등의 상황에서 이 운동을 일으키고 실천하기는 결코 쉽지 않았다.

그렇다면 모택동은 왜 대내외적으로 이처럼 복잡한 시기에 무엇을 얻고자 정풍운동을 발동했을까? 그러나 아무리 대내외 조건이 어렵다고 해도, 이 어려움을 넘어서 도달하려는 목표가 그에게는 있었다.

이를 요약해서 말한다면 3가지로 들 수 있다. 첫째는 모택동주의로 레닌주의를 대체하는 것이다. 둘째는 중국공산당의 역사를 모택동 개인의 역사로 쓰는 것이다. 셋째는 모택동 개인을 당 중앙과 전체 당의 상위에 올려놓아야 한다는 것이었다.

특히 모택동은 당권을 완전히 장악하기 위해 당의 영도기구 중에서 가장 주요한 영도지위를 탈취해야만 했다. 그리고 더 나아가서 자신이 가지고 있는 현존 권력을 다른 사람이 무너뜨리지 못하도록 해야 했다. 그래서 그는 다음과 같은 방침을 하달했다.

첫째, 레닌주의는 러시아의 마르크스주의여서 오직 러시아의 혁명을 영도할 수 있을 뿐이며, 세계혁명과 중국혁명을 영도할 수는 없다.

둘째, 중국공산당에 대한 코민테른의 모든 영도와 도움은 잘못된 것이다.

셋째, 소련공산당과 소련의 중국공산당과 중국혁명에 대한 지지와 도움은 실체에 부합되지 않으며 아무 쓸모도 없다. 뿐만 아니라 해로운 것이다.

넷째, 모택동주의를 인정하지 않고 레닌주의와 코민테른에 충실하며 소련공산당과 소련을 가까이하며 신뢰해서는 안 된다.

요컨대, 당내에 존재하고 있는 지배이데올로기로서의 레닌주의 신봉, 코민테른과 소련공산당의 직접적인 지시를 무조건적으로 추종하는 풍토가 나타난 것은 잘못된 것인데, 이것은 당의 영도자와 책임간부들이 소련에서 공산주의를 배워 중국에 마르크스주의를 전파하고, 코민테른과 소련공산당의 영향을 받았기 때문에 나타난 현상이라는 주장이었다. 말하자면 중국에 맞지 않는 사상을 중국에 유입했다는 것이다.

이러한 주장이 어느 정도 정당성을 갖게 되자 중국공산당을 이끌고 있던 국제파, 즉 진소우, 진방헌, 장문천, 왕가상王稼祥(1906~1974), 양상곤 등이 정풍운동의 주요타격대상이 되어 축출되었다. 이렇게 그동안 중국공산당을 지휘하던 사람들이 축출되게 되니 이를 계기로 그 어떠한 세력이나 사람도 더 이상 모택동의 지도적 지위를 위협하지는 못하게 되었다. 모택동이 성공한 것이다.

모택동사상과 당의 지도이념

이렇게 준비되고 시행된 정풍운동이 진행되는 사이에 제7기 전국대표자대회는 연기되었다. 그리고 정풍운동이 마무리되고 항일전쟁의 승리가 눈앞에 보이자, 그제야 제7기 전국대표대회를 개최하기로 했다. 그리하여 중국공산당은 1945년 4월 23일부터 6월 11일까지 연안에서 제7기 전국대표대회를 개최했다.

모택동이 원래 계획보다 4~5년 미루면서 준비를 한 대회였다. 대회에는 전국의 121만 당원을 대표하여 544명의 정식대표와 208명의 후보대표가 참석했다.

먼저 모택동이 정치보고를 했다. 〈연합정부론〉이라는 제목으로 연설했다. 그 뒤를 이어 유소기는 〈당장의 수정에 관한 보고〉를 했고, 주덕은 〈해방구 전쟁을 논함〉이라는 제목의 보고를 했으며, 주은래의 〈통일전선을 논함〉이라는 제하의 보고와 담화가 있었다.

중국공산당은 이 〈대회〉를 통해 모택동이 주장한 신민주주의의 중국을 건설하기 위한 민주연합정부의 구성을 당의 제1차적 임무로 설정했다. 그리고 〈대회〉에서는 장기적인 투쟁과정에서 형성된 중국공산당의 양호한 전통과 작풍이 강조되었는데, 첫째로 이론과 실천을 상호 결합하는 작풍, 둘째로 인민대중과 긴밀하게 연계하는 작풍, 셋째로 자아비판을 하는 작풍이었다. 이러한 결정은 정풍운동의 결산물이라고 할 것이다.

그러나 무엇보다도 역사적 의미가 있는 것은 모택동사상을 중국공산당의 지도이념으로 확립했다는 것이었다. 중국공산당 이념에 모택동이 따라가는 것이 아니라 중국공산당이 모택동의 사상을 따라오게 된 것이다.

그리하여 〈대회〉에서 통과된 당장黨章(당의 헌장)은 다음과 같이 규정했다.

"모택동사상은 마르크스레닌주의의 이론과 중국혁명의 실천이 상호 결합되어 통일된 사상이며, 중국의 마르크스주의이다. 중국공산당은 모택동사상을 모든 사업의 지침으로 삼는다. 이는 당이 중국의 근대, 특히 창당 이래의 경험을 총결산하여 도출한 결정이다."

공산주의는 중국이 외국에서 받아 들였지만 중국에 맞는 공산주의 사상이란 모택동사상이므로 중국에서의 공산주의는 모택동의 사상이 지도해야 한다는 의미이다. 한마디로 마르크스주의의 중국화였다.

그렇게 결정된 이유도 적절하게 설명했다.

"중국혁명은 마르크스레닌주의의 지도를 필요로 하지만, 중국과 같이 반식민·반봉건적 대국에서 혁명을 하려면 복잡하고 특별한 문제들에 많이 부딪치게 된다. 그래서 마르크스레닌주의의 일반적인 원리를 외우며 외국의 경험을 그대로 도입하는 것으로는 안 된다. 반드시 중국 혁명의 구체적 상황에 근거하여 마르크스레닌주의를 창조적으로 운용하고 마르크스레닌주의를 앞으로 밀고 나가야 한다."

마르크스 레닌주의는 모택동사상으로 창조적으로 운용되어야 한다는 것이다. 이는 중국에서는 모택동사상이 마르크스레닌사상을 지도해야 한다는 말이었다.

이러한 〈대회〉는 모택동사상을 다음과 같이 분야별로 개괄했는데, 그 구체적인 내용을 보자.

① 현대세계의 상황과 중국의 실정에 관한 과학적 분석.
② 신민주주의에 관한 이론과 정책.
③ 농민을 해방시키는 것에 관한 이론과 정책.
④ 혁명적 통일전선에 관한 이론과 정책.
⑤ 혁명근거지에 관한 이론과 정책.
⑥ 혁명전쟁에 관한 이론과 정책.
⑦ 신민주주의 공화국을 건설하는 것에 관한 이론과 정책.
⑧ 당을 건설하는 것에 관한 이론과 정책.
⑨ 문화에 관한 이론과 정책.

뿐만 아니라 〈대회〉는 44명의 중앙위원과 33명의 후보중앙위원을 선출하여 새로운 중앙위원회를 탄생시켰다. 당 제7기 1중전회는 13명의 중앙정치국 위원을 선출하고, 모택동, 주덕, 유소기, 주은래, 임필시를 중앙서기처 서기로 선출했고, 모택동을 중앙위원회 주석 겸 중앙정치국과 중앙서기처 주석으로 선출했다. 모택동의 당권이 공식적으로 확보된 것이다.

이와 같이 모택동은 당 제7기 전국대표대회를 통해 자신의 사상을 중국공산당의 지도이념으로 채택하게 했다. 나아가서 당 중앙조사위원회 주석으로서 군권도 완전히 장악하고 있었으니, 정풍운동 4~5년간의 작업이 결실을 거둔 것이며, 이제는 사실상 그 누구도 대적할 수 없는 막강한 권력의 제1인자로 등극하게 되었다.

제8장

전면적 내전과 국공투쟁

국공합작에 개입하는 미국

태평양전쟁의 발발과 국공관계에 개입한 미국

사실 미국은 1937년 7월 7일 중일전쟁이 일어나기 이전까지만 해도 태평양 지역의 세력균형을 유지하기 위해 일본의 세력 확장을 우려하고는 있었지만 여전히 중립적인 입장을 지키고 있었다.

그러나 1940년에 일본이 군사동맹에 가입하면서부터 미국의 중국에 대한 입장이 바뀌게 된다. 물론 미국이 중국문제에 적극적으로 개입하게 된 이유는 중국대륙을 둘러싸고 야욕을 드러내고 있던 주변 열강들의 이해관계를 전제로 한 것이었다.

영국은 중국이 분열된 채로 남아 있기를 바랐고, 소련은 중국 공산당을 조종하여 화북이나 만주에 하나의 독립적이고 자치적인 관구管區를 건설하려 했다. 일본은 중국을 완전히 점령할 목적으로 전쟁을 치르고 있었기 때문에 미국으로서는 영국, 소련과의 공조하에 국민당과 공산당이 힘을 합쳐 일본군에 대항해 주기를 바라고 있었다.

미국은 1941년 12월 태평양전쟁이 발발하자 중국대륙에서 장개석의 국민혁명군이 일본군을 향해 대반격작전을 전개함으로써 일본을 좌우에서 압박해 들어가는 전략을 선택했다. 그래서 미국은 1942년 국민정부에 5억 달러의 군사원조를 제공했으며, 이어서 그 다음해 1월을 기해 중국과 체결한 모든 불평등조약을 파기하며 이와 관련된 일체의 특권을 포기한다는 조약문을 발표했다.

뿐만 아니라 미국은 항일전쟁을 효율적으로 수행하기 위해서는 국공합작이 필수적이라고 여겼다. 그래서 미국은 장개석의 국민당에 압력을 가하여 중국공산당과의 협상에 성실히 임할 것을 재촉했다. 결국 국민정부는 미국의 요구를 거절할 수 없어 1943년 6월 임시 수도인 중경에서 중국공산당과의 협상을 시작했다.

장개석은 국공협상에 나서고 싶지 않았지만 미국의 강력한 요구로 하는 수 없이 협상에 나섰다. 그러나 이 협상을 계속하지 않기 위해 모택동이 받아들이기 어려운 조건을 제시했다. 하나는 연안에 있는 공산정부를 즉각 해체할 것과 둘째로는 중공군이 국민정부군에 편입되어야만 공산당의 합법성이 인정된다는 내용이었다. 그러고난 후에야 정상적인 민주헌정으로 이행하는 준비사업을 할 수 있다는 것이었다.

주은래의 대미국 외교공세

장개석의 요구를 받은 중국공산당은 이를 무리한 조건이라고 맹비난하고 나섰다. 주은래는 만약에 국공내전이 일어난다면 항일전쟁에 치명적인 장애요인이 될 것임을 강조하면서 미국을 설득하는 데 온 힘을 집중했다.

주은래의 이러한 전략은 미국의 정곡正鵠을 찌르는 것이었다. 미국은 국공내전의 재발로 인해 일본에 대항하는 중국의 전력이 약화되는 것을 우려하고 있었다. 그리하여 1943년 9월에 미국은 장개석에게 군사원조를 중단하겠다고 압박했다. 미국으로부터 원조를 받아야 하는 장개석은 미국에 대해 공산당과의 합작을 파기하지 않겠다고 약속했다. 공산당의 주장이 미국과 장개석에게 먹혀 든 것이다.

그러나 장개석이 그러한 약속을 했다고 하여 국민당의 기존 정책을 포기하는 것은 아니었다. 장개석은 여전히 중국공산당의 모든 행동은 국민정부의 법령에 따라야 하며, 중공군은 반드시 국민정부군의 지휘하에 들어와야 하고, 중공군이 점령한 지역도 반드시 중화민국의 행정체계 내로 들어와야 한다는 기존의 입장을 고수하고 있었다.

여기서 주은래는 우회적 방법으로 장개석에 대응했다. 즉 그는 불통의 장개석을 마주하기보다는 미국과 직접 접촉할 수 있는 통로를 마련하는 것이 문제를 쉽게 풀 수 있는 방법이라고 생각했다. 주은래가 그의 외교력이 유감없이 발휘하기 시작한 것이다.

그래서 그는 주중 미국 대사관의 관원들을 적극적으로 포섭하도록 지시했다. 또한 공산당이 점령하고 있는 지역에 미국은 항공기지를 건설해야 하며 미국의 군사원조도 국민당과 차별하지 말고 똑같이 해주어야 한다고 주장했다. 동시에 미국에 대해 공산당 정부가 있는 연안에 군사시찰단을 파견해 줄 것을 강력히 요구했다. 이러한 주은래의 대책은 일견 공평하고 합리적인 주장으로 보일 수가 있었다.

미국의 입장에서는 화북과 동북 지역의 일본군 정보를 수집하고 나아가서 중국대륙에서의 가능한 작전활동을 연구하기 위해 군사시찰단을 연안에 파견할 필요성을 느꼈다. 그리하여 미국의 루즈벨트 대통령은 1944년 봄 향후 중국군대와의 협력 필요성을 고려하여 연안에 군사시찰단을 파견한다고 장개석에게 통지했다.

오랜 기간 공산당을 상대해 온 장개석은 공산당의 이러한 주장이 그들의 우회 전략이라는 것을 알아차렸고 이를 반대하고자 했다. 그래서 각종 이유를 내세워 미군의 연안 시찰을 지연시키려고 했다. 반대로 모택동은 미군시찰단의 연안 방문을 중시했으며, 미국과의 협력이 항일전쟁을 승리로 이끄는데 매우 중요한 요인이 될 것이라고 확신했다.

결국 공산당의 우회공작은 성공하여 1944년 7월 22일 미군시찰단이 연안에 도착했으며, 4일 후인 26일에 모택동과 주은래가 직접 나서 연회를 베풀면서 그들을 극진하게 대접했다. 여기서 모택동은 주중 미국 대사관 관원인 데이비스에게 연안에 미국영사관을 설치해 줄 것을 요청하기도 했다. 이처럼 공산당은 적극적으로 미국에 접근정책을 구사했다.

뿐만 아니라 모택동은 소련과의 관계 때문에 미국이 중국공산당에 대해 의구심을 가질 수 있다고 생각한 나머지 중국공산당은 소련이나 코민테른과는 아무런 관계가 없다고 했다. 나아가서 중국공산당의 정책은 국민당과는 달리 미국의 대중국 정책과 완전히 일치한다는 점을 강조했다. 즉 중국공산당은 국공합작을 통해 일본을 제어한다는 정책을 미국이 적극적으로 지지해 줄 것을 요구하고 나섰다.

중국공산당의 그와 같이 끈질긴 선전공세는 대일본 전쟁을 수행해야하는 미국, 특히 주중 미국 대사관 관원들로부터의 상당한 호응을 얻기 시작했다. 이러한 까닭에 당시 스틸웰Stilwell 사령관이나 그의 정치고문인 데이비스John Patton Davies와 서비스John Stewart Service 및 미국의 일부 인사들은 중국국민당보다는 중국공산당에 더 호의적이었다. 미국은 공산당의 진정한 목표를 파악하지 못한 셈이었다.

중국에 있는 이들 미국인들은 중국공산당이 소련과는 별개의 독자적인 정당이며, 모택동은 토지 개혁가이고, 중국공산당이 점거하고 있는 섬서성 북부 지역은 '민주적 중국'이며 국민정부의 통제하에 있는 지역은 '봉건적 중국'이라고까지 생각했다.

이렇게 공산당의 선전 공세를 받은 스틸웰 사령관은 내전이 중국공산당의 승리로 끝날 것이라는 전망을 했다. 그렇게 된다면 미국 정부는 연합정부를 구성시키든지 아니면 국민당을 포기하고 중국공산당을 지지해야 하며, 국민정부를 해체시켜야 한다는 요지의 보고를 워싱턴에 제출했다.

월레스와 헐리의 잇따른 중국방문

아직까지 중국을 장악하고 있는 것은 장개석이라고 생각하고 있던 루즈벨트 미국 대통령은 스틸웰 장군의 보고를 받은 후 급변하고 있는 중국정세를 우려하지 않을 수가 없었다. 특히 국공 양당의 협상이 결렬 되면 중국의 역량이 분열되고 약화될 것이고, 그러면 대일본전에 부정적인 영향을 미치는 것이라고 판단했다. 그리하여 이를 사전에 방지하기 위해 월레스Henry A. Wallace 부통령을 중국에 급파했다.

국공합작이 공산당의 치밀한 전략전술이라는 것을 알고 이를 가능한 한 진행해서는 안 된다고 생각하는 장개석에게는 상황이 좋지 않게 돌아가는 것이었다. 어쨌거나 월레스 미국 부통령은 1944년 6월 하순에 빈센트John C. Vincent, 레티모어Owen Lattimre, 그리고 헤저드John N. Hazard를 대동하고 중경重慶에 도착했다.

중경에 있는 장개석과 중국문제를 논의하기 위해서였다. 그는 중국에 도착하여 강조하여 말했다.

"국민당과 중국공산당은 모두가 중국인이며 단결해야 한다."

월레스 부통령은 루즈벨트 대통령을 대신하여 중국국민당과 중국공산당은 모두 중국인으로서 인내하고 양보하며 단결해야 한다는 점을 강조했다.

중경에 도착한 월레스 미국 부통령은 장개석과 5차례에 걸친 회담을 가졌다. 미국과의 회담을 피할 수 없었던 장개석은 이 회담에서 국공 간에 얽히고 꼬인 문제를 풀기 위한 방법을 제시했다.

첫째, 중국공산당의 모든 행동은 국민정부의 법령을 따라야 하고, 중국공산당의 무장부대는 중국국민당 정부군체계로 일원화되어야 한다. 둘째, 중국공산당이 점령한 행정구역은 반드시 중국의 전체 행정체계로 편입되어야 한다는 것을 제의하면서 이렇게 되면 정당정치를 통해 언론과 집회 및 결사의 자유를 향유할 수 있을 것으로 본다.

장개석은 그동안 중국공산당에 대해 주장해 온 조건을 다시 미국에게 제시한 것이다. 그런데 이 2가지 조건은 국공 양당의 근간을 뒤흔들게 될 쟁점문제였다. 중국공산당이 이 조건을 받아들이면 중국공산당은 존재이유 마저 위협받게 되는 것이었다. 그리고 국민당은 이 조건을 관철하지 않는다면 계속하여 공산당의 게릴라적 공격에 직면하게 될 것이기 때문이었다.

그래서 중국국민당은 협상 때 마다 늘 이 2가지 점을 요구했고, 중국공산당은 이 2가지 사항을 절대 받아들일 수 없다는 입장을 고수하고 있었다. 한마디로 미국 부통령이 중경까지 와서 국공합작을 해결하려고 했지만 해결의 희망조차 보기 힘든 상황이 벌어지고 있는 셈이었다.

한편, 미국에서 중국의 정치고문으로 와 있는 데이비스와 서비스 두 사람은 친공 분자였다. 그들은 주은래의 제의를 받아들여 미국이 중국공산당의 점령지역에 군사시찰단을 파견할 필요성이 있다고 건의했다. 미국 정부 역시 정말로 중국공산당이 그들의 주장과 같이 소련의 조정을 받지 않는 별개인지를 확인하고 싶었던 것이다. 만약에 중국공산당이 소련의 조정을 받지 않고 독자적인 노선을 걷는다면 미국과 가까워질 수 있는 것이기 때문이었다. 그렇게 된다면 미국은 중국에 대해 훨씬 더 영향력을 미칠 수 있을 것이고 일본에 대해서도 효과적으로 대응하게 할 수 있을 것이라고 예상했다.

이리하여 미국은 이 제안을 수용하여 1944년 7월 군사조사단을 연안延安에 파견했으며, 조사단의 활동은 3개월 정도 계속되었다. 그리고 그 결과를 미국에 보고했다. 이 내용은 그동안 비밀에 붙여져 있었지만 대체적으로 공산당이 주장하는 내용을 상당히 반영했을 것으로 짐작되었다.

이후 이 보고서의 내용은 1971년에 개최된 청문회의 증언을 통해 알려지게 되었다. 짐작하던 대로 당시 조사단은 중국공산당이 비록 친소노선을 걷고 있었지만 결코 소련의 위성국이 될 수 없을 것이며 제국주의에 대한 적개심이 몹시 강했음을 느꼈다는 것이다. 공산당이 그동안 주장하던 것이 사실로 확인된 것이었다.

뿐만 아니라 중국공산당은 비록 중국인일지라도 국제주의적 성향을 많이 띠고 있고 중국인의 성향은 지극히 적으며, 겉으로는 항전을 호소하면서 속마음은 중국의 항전이 실패하기를 바라면서 기회를 틈타 오직 자신의 힘을 기르는 데만 집중하고 있고, 토지개혁가라고 외치고 있지만 민주분자로서 그 공산화 정도가 러시아인보다 훨씬 심하다고 평가했다.

월레스는 직접 중경에 도착하여 두 눈으로 국공 양당의 협상과정을 지켜본 뒤 귀국하여 루즈벨트 대통령에게 중국의 항전이 3개월 이내에 반드시 붕괴될 것이라고 보고했다. 결국 미국과 중국이 협력하여 일본을 앞뒤로 공격한다는 전략에 문제가 생길 수 있다고 판단하게 된 것이다.

더 이상 사태를 방치할 수 없다고 판단한 루즈벨트는 개인자격으로 헐리 소장Major General Patrick J. Hurley을 중국에 파견했다. 그리고 얼마 후 그를 주중미국 대사로 승격시켜 다음과 같은 임무를 부여했다.

> 첫째, 장개석 위원장을 적극적으로 지지하여 국민정부의 붕괴를 방지하도록 한다.
> 둘째, 장개석과 스틸웰 장군 사이의 불화를 조정한다.
> 셋째, 전시물자의 생산을 강화하고 경제파탄을 방지한다.
> 넷째, 중국의 모든 군대를 합쳐 대일본전을 승리로 이끈다.
> 다섯째, 중국의 자유와 통일을 보장하고 민주국가를 수립하도록 한다.

국공 양당의 입장과 미국의 중재

국공협상을 주선하는 미국

국공 양당의 입장 차이로 합작의 문제가 지지부진한 가운데 제2차 대전에서 일본의 패배가 점차 확실해지고 있었다. 결국 항일전쟁의 승리가 확실해 지자, 전쟁 후에 어떠한 국가를 건설할 것인가라는 고민이 국민당과 공산당에게 중요한 문제로 등장했다.

결국 실제적인 세력인 공산당과 건국문제를 협상하지 않을 수가 없었다. 원만한 결정이 나지 않으면 중국은 분열될 수 있기 때문이었다. 그리하여 장개석은 1944년 초에 국민당의 연안 주재 연락참모인 곽중용郭仲容에게 중국공산당이 협상대표를 중경에 파견해 주기를 바라고 있다는 의견을 모택동에게 전달하게 했다.

이러한 소식을 접한 모택동은 그해 4월 29일 임조함林祖涵과 오운보伍雲甫를 파견하여 국민당과 협상을 하도록 했다. 이 협상이 원만히 진행되기를 바라는 미국의 루즈벨트 대통령도 그해 9월 6일에 헐리 소장을 특사로 파견하여 국공협상을 성사시키라고 지시를 했다.

1944년 9월 헐리 장군이 중경에 도착하면서 국공협상을 위한 논의가 활기를 띠기 시작했다. 헐리는 먼저 공산당의 입장을 타진하기 위해 중경에서 동필무董必武, 왕약비王若飛, 임조함 등을 여러 차례 만났다. 다시 그해 11월에는 연안을 방문하여 모택동, 주덕, 주은래 등과 장시간에 걸친 토론을 벌였다.

그 결과 헐리는 5개항의 협상안을 이끌어냈다.

> 첫째, 국민정부, 국민당, 공산당은 일본을 조속히 격퇴하고 중국을 재건하기 위해 중국 내 모든 군사력의 통합을 공동으로 추진한다.
>
> 둘째, 국민정부는 항일정당과 기타 항일단체의 대표가 참가하는 국민연합정부로 개편되며, 현재의 국민정부군사위원회도 공산당의 대표가 참가하는 국민연합정부군사위원회로 개편되어야 한다.
>
> 셋째, 국민연합정부는 삼민주의를 준수하고 기타 민주주의 원칙과 자유주의 원칙을 보장하고 실행해야 한다.
>
> 넷째, 모든 항일군대는 새로운 국민연합정부와 그 군사위원회의 명령에 복종해야 하며 외국의 군사원조도 균등하게 분배한다.
>
> 다섯째, 국민연합정부는 국민당, 공산당, 그리고 기타 항일정당의 합법성을 인정한다.

헐리 장군은 중국공산당이 제시한 협상안을 국민정부가 받아들일 것으로 믿었으며, 그 협상안에 증인 자격으로 서명까지 했다.

모택동이 제시한 협상안은 그 어느 항목도 미국의 기본입장과 상충하지 않았으며 철저하게 미국의 대중국정책에 부합되도록 짜여 있었다. 뿐만 아니라 미국의 입장에서 볼 때는 장개석의 국민 정부가 복수정당제에 입각하여 다른 정당의 존재를 인정하는 연합정부로 개편되어야 한다는 중국공산당의 요구를 반대하는 것이 이상하게 느낄 정도였다.

미국으로서는 복수정당의 수용이란 당연한 것으로 받아들였기 때문이다. 그러나 미국은 민주주의 훈련이 아직 되지 않은 중국에서는 국민당과 공산당이 병존할 수 없다는 것을 모른 셈이었다.

미국의 이러한 입장과는 달리 중국의 실정을 잘 아는 장개석은 국민연합정부를 구성하자는 것은 국민정부를 전복시키려는 것이라고 생각했다. 또한 당파회의는 나눠먹기식 회의이기 때문에 중국공산당의 제안을 받아들이는 일은 절대 없을 것이라고 했다.

그러나 공산당은 아직 약세였기 때문에 당파회의라도 구성하여 발언권을 행사할 수 있는 것이 유리하다고 생각했다. 이러한 공산당의 입장과 국민당의 입장은 서로 다를 수밖에 없었다. 그리하여 장개석은 다음과 같은 내용을 중심으로 하는 입장을 분명하게 밝혔다.

첫째, 중국공산당은 중공군이 국민정부군에 완전히 통합될 때 그 합법성이 인정될 것이다.

둘째, 중국공산당은 항일전쟁의 수행과 전후 재건을 함에 있어서 국민정부를 전적으로 지지해야 하며, 중공군의 지휘권은 군사위원회를 통해 국민정부에 이관되어야 한다.

셋째, 국민정부는 민주주의세력의 발전을 촉진하는 정책을 계속할 것이며, 무장 항전과 국가재건의 강령에 따라서 항일전쟁의 효과적인 수행을 위한 안전보위상의 제약 범위 내에서 모든 민권을 보장한다.

장개석은 여전히 공산당이 국민당 정부로 들어와야 한다는 입장을 고수했다. 어쨌든 중경에 와 있던 주은래는 이 국민정부의 협상안을 가지고 연안으로 돌아갔다.

그리고 주은래는 연안에서 헐리 장군에게 서신을 보내 중국공산당이 지난번에 헐리와 함께 제시한 5개항의 협상조건이 이미 거절당했으니 중경으로 돌아가 협상할 필요가 없게 되었다는 내용을 통보했다.

이러한 주은래의 서신을 받은 헐리 장군은 이는 단순히 쌍방의 의견일 뿐 아무것도 정해진 것이 없다고 하면서 대화의 통로가 완전히 막히지 않도록 하루 빨리 중경으로 돌아 올 것을 요청했다.

미국의 중재와 팽팽히 맞서는 국공

이러한 일이 있은 후에 수차에 걸친 의견 교환이 있었고, 중국공산당은 협상을 위한 선결조건을 다음과 같이 제시했다.

① 정치범을 석방할 것.
② 변구 정부를 포위하고 있는 군대를 철수시키고, 화남華南 지역의 반공군대를 철수시키며, 신4군을 추격하는 것을 중지할 것.

③ 인민의 자유를 제한하는 법령을 폐지할 것.

④ 특무활동을 중지할 것.

그러나 장개석은 중국공산당이 요구한 이상의 4개항을 인정할 경우 중국공산당이 국민정부의 법령을 준수하지 않아도 되고, 국민정부가 중국공산당의 반란을 진압할 권리도 포기한다는 것을 스스로 인정하는 것이기에 절대로 받아들일 수 없다는 입장을 고수했다.

장개석의 완강한 반대에도 불구하고 헐리 대사의 중재활동은 계속되었다. 그는 중국공산당을 향해서는, 이미 국민정부가 북방으로부터 6만 여명의 병력을 철수시켰으며, 언론과 출판의 자유도 상당한 수준으로 보장하고 있음을 지적했다. 다만 중국공산당이 제시한 4개항의 선결조건에 대해서는 중국공산당 역시 군대를 가지고 있기 때문에 먼저 협상에서 합의를 달성한 이후에나 실행될 수 있는 것임을 강조했다.

그는 또 국민정부를 향해서는, 통일을 앞당기고 내전을 피하기 위해서는 국민정부가 정치 분야에서 반드시 통 큰 양보를 해야 하며 국민정부 내에서 중국공산당에게 충분한 대표권을 부여해야 한다고 강조했다.

헐리 대사가 양쪽에 대해 이러한 조정안을 제시한 후인 1945년 1월 24일 주은래는 중경으로 돌아 와 국공회담을 계속했다. 국민정부 역시 기존의 협상안 이외에 아래와 같은 내용의 진일보한 양보안을 제시했다.

첫째, 국민정부는 행정원 산하에 7인에서 9인으로 구성되는 전시내각과 유사한 성격의 기구를 설치하여 행정원의 의사결정기구로 하며, 중국공산당 및 기타 정당도 모두 초청을 받아 요원을 참가시킬 수 있다.

둘째, 군사위원회의 위원장은 (1명의 중공군 사령관을 포함하여) 2명의 중국 장교와 1명의 미국군 장교를 파견하여 중공군의 개편, 장비와 보급 등 문제를 책임지고 결정하여 건의하며, 군사위원회 위원장의 재가를 얻어 시행한다.

셋째, 군사위원회 위원장은 1인의 미국군 장교를 파견하여 중공군의 사령관으로 임명하며, 그로 하여금 군사위원회 위원장에게 책임지도록 한다. 국민정부가 반포한 군사법령 및 비군사 법령은 모두 그 사령관이 관할구구의 범위 내에서 책임지고 이행하도록 한다.

그러나 주은래는 국민정부의 제안이 애매모호하다는 이유를 내세워 즉각 거부했다.

중국공산당은 중국국민당이 반드시 1당 독재를 포기하고 국민정부도 각 당파를 포함하는 연합정부로 개편되는 것을 기다린 후에 자신들의 군대를 새로 구성된 그 연합정부에 이관할 것이며, 자신들의 군대가 국민당의 지휘하에 들어가는 것을 결코 바라지 않는다는 입장을 분명하게 밝혔다.

장개석은 국민당정부를 그대로 유지한 채 협상하려는 것이고, 공산당은 국민당정부를 연합정부로 먼저 고칠 것을 주장했으니, 결국 국민당정부의 해체를 전제로 한 셈인 것이다.

공산당은 공산당의 군대를 개편하는 것도 전국의 모든 군대를 대상으로 해야 하며 중국공산당의 군대만을 개편하는 것에는 반대한다고 했다. 이 또한 국민당 정부군도 개편하자는 의미였으니, 이도 결국 국민당정부를 해체하라는 것과 다르지 않은 요구였다.

결국 공산당은 연합정부가 구성되면 군사위원회를 설립하여 그 위원회가 모든 군대의 개편문제를 책임지도록 해야 한다고 주장했다. 현재 군사위원회 위원장인 장개석을 인정하지 않는다는 태도인 것이다. 그리고 미국 국적의 장교 1인을 해당 위원회의 사업에 참가시키며, 그를 중국공산당 군대의 사령관으로 임명하는 것에 대해서도 거부의사를 밝혔다.

국민당이 제기한 전시내각의 구성과 그 내각에 국공 양당에서 파견된 각 1인과 미국군 장교 1인이 참가하는 군사위원회에서 중공군의 개편문제를 논의하자는 제안을 모두 거부한 것이다.

사실 중국공산당은 연합정부와 연합군사위원회를 구성할 것을 강력하게 요구했다. 이에 반해 국민정부는 중국공산당이 항일전쟁 중 국가를 건설하는데 있어서 국민정부를 성심성의껏 옹호해야 할 뿐만 아니라 중국공산당의 군대가 국민정부의 통일적인 지휘를 따라야 한다고 주장했다. 뿐만 아니라 국민정부는 중국공산당의 고위급 장교 중에서 군사위원회 위원으로 파견해 주기를 바라고 있다는 점을 분명히 했다.

세계대전의 종식과 미·소의 대중국 전략변화

미국은 공산당이 주장하는 연합정부와 연합군사위원회의 구성을 요구하는 안과 그리고 중국공산당과 중공군을 근본적으로 인정하지 않고 있는 국민당 사이에서 어떤 안이라도 만들어서 국공합작을 이루어 내야 했다.

이에 미국은 중국공산당이 주장하고 있는 연합정부의 구성안에 비중을 두면서 점차 장개석을 압박해 들어가기 시작했다. 미국의 입장에서는 극열하게 저항하는 공산당을 협상의 테이블로 끌어들이기 위한 수단이었을지 모른다.

그러는 사이에 세계정세는 변했다. 소련과 미국 정부는 1945년에 들어서자 제2차 세계대전의 전황이 연합국 측의 승리로 끝나게 될 것임을 확신하게 된다. 그리고 제2차 세계대전이 끝난 후에 자국의 이익을 어떻게 확보할 것이냐 하는 문제를 두고 깊이 고려하지 않을 수 없게 되었다. 자국의 세계전략을 심각하게 고려하지 않을 수가 없었던 것이다.

먼저 소련은 미국 정부가 중국문제 해결을 위한 타협에 성공할 경우에 미국의 세계전략과 그것이 자국의 안보에 미치는 위협에 대해 예민하게 반응하고 있었다. 소련 지도부는 극동의 안보와 소련의 안보이익을 고려하여 중국이 미국의 영향권 내에 들어가는 것을 경계했다.

특히 소련은 미국 세력이 소련과 인접한 중국대륙의 동북 지역에 영향력을 확보하는 것에 대해 고도의 경각심을 가지고 있었다. 때문에 소련은 중국공산당이 비록 독자적인 노선을 걷는다고 했지만 중국공산당을 지지하여 재빨리 이들을 우군友軍으로 확보할 필요가 생겼다. 그리하여 소련은 공산당이 영도하는 인민혁명역량을 지지하고 있었다.

그러나 미국의 입장은 달랐다. 미국으로서는 중국이 과거 서구 열강의 식민지로 되돌아가는 것을 바라지 않았다. 20세기 초에 중국은 열강이 진출하여 각국이 중국에서 그 영향력을 발휘했었다. 그렇게 된다면 소련도 역시 중국에 진출할 수 있게 되며, 이를 계기로 소련은 태평양으로 진출할 길을 갖게 된다고 보았다.

따라서 미국은 중국을 통일시켜서 그 통일된 중국이 소련의 공산주의세력이 남하하여 태평양으로 진출하는 것을 막아주는 완충지대 역할을 해주기를 바랐다. 그래서 미국의 입장에서는 중국대륙을 국민당이 장악하느냐 아니면 공산당이 장악하느냐가 문제가 아니었다. 때문에 미국은 통일된 중국을 지배하게 될 정당과 전략적 관계를 유지하려는 쪽으로 방향을 틀어가고 있었다.

미국의 입장에서는 국민당정부도 교섭할 대상 가운데 하나일 뿐이었다. 그러므로 미국으로서는 가능한 국공합작의 방법을 생각하게 되었다. 그 결과 소수세력으로 저항하는 공산당을 설득하기보다는 장개석을 압박하여 일을 성사시키고자 했다.

이처럼 국공협상의 중재 책임을 맡은 헐리는 모택동이 제시한 협상안을 받아들이도록 장개석을 압박했다.

이러한 미국의 압박을 받은 장개석은 1945년 2월에 결국 한발 물러서서 아래와 같은 내용의 정치협상회의안을 발표했다.

첫째, 국민정부는 국민당을 비롯한 모든 정당과 단체의 대표로 구성되는 정치협상회의를 소집한다.

둘째, 그 회의에서 국민정부의 헌정 실시, 정치협상회의의 공동강령 제정, 군사력의 통합, 그리고 국민당 이외 정당의 국민정부 참여 등

제반 문제를 논의한다.

이러한 장개석의 제의는 과거의 태도와는 완전히 다른 양보안이었던 셈이다. 연안의 공산정부 해체와 중공군의 해산을 주장해오던 기존의 조건을 포기한 것이다. 이러한 장개석의 새로운 제안은 중국공산당으로서도 마다할 하등의 이유가 없었고, 헐리 역시 크게 만족감을 표시했다.

그러나 장개석은 미국의 압박 때문에 마지못해 이런 협상안을 제시했을 뿐이지 중국공산당과 정치협상을 할 생각은 추호도 가지고 있지 않았다. 따라서 여전히 시간을 벌어가면서 무력을 사용하여 연안의 중국공산당을 완전히 섬멸시키려는 구상에 몰두하고 있었다.

공산당은 이러한 장개석의 의도를 모를 리가 없었다. 1945년 4월 연안에서 소집된 중국공산당 제7기 전국대표대회에서 모택동은 〈연합정부를 논한다〉라는 글을 발표했다. 이 글에서 모택동은 장개석이 제시한 연합정부를 빨리 구성해야 한다는 주장을 폈다. 이러한 주장은 결국 시간을 끌고 있었던 장개석을 압박하여 연합정부를 빠른 시일 내에 구성하자는 의도가 깔려 있는 것이었다.

중경회담과 쌍십협정

일본의 패망과 만주를 장악한 중국공산군

항일전쟁의 승리가 점차 가시화되자 그동안 지지부진하던 국공 협상은 더욱 더 악화일로를 걷기 시작했다. 패망이 임박한 일본에 대해 선전포고를 한 소련이 1945년 8월 8일 만주를 장악한 것을 계기로 하여 모택동은 8로군과 신4군 간부들에게 일본군의 항복을 받고 무장해제를 서두를 것을 명령했다.

국공 양당의 입장차이가 전혀 좁혀지지 못하고 협상이 점점 교착상태로 빠져 들어가고 있을 즈음인 1945년 8월 10일 일본의 무조건 항복이 선언되자 중공군 총사령인 주덕은 당일 연안총부의 명의로 칠도명령七道命令을 하달했다. 그는 화북의 중공군은 동북과 내몽고를 향해 진격하며, 전국의 공산군은 해당 소재지의 주요 교통로를 점거하도록 지시했다.

원래 1945년 2월 연합국이 체결한 얄타협정과 일본군 투항접수령 제1호는 중국의 통치권이 장개석의 국민정부에 있으며, 만주를 제외한 전 중국과 대만에 있는 일본군은 국민정부에 항복할 것을 규정하고 있었다.

때문에 장개석은 8월 12일 이미 일본군의 항복을 받고 무장해제에 착수하고 있었던 중공군에 대해서는 현 위치에 머물러 있도록 하는 한편, 일본군에 대해서는 국민정부에 항복할 것을 명령했다.

그러나 중공군은 장개석의 명령에도 아랑곳하지 않고 일본군의 무장해제를 계속하는 한편, 소련군의 점령하에 있었던 만주지역을 접수하기 시작했다. 소련군은 일본군의 무기와 장비를 그대로 중공군에게 넘겨주었으며, 중국공산당이 만주지역을 장악할 수 있도록 적극적인 지원을 아끼지 않았다.

장개석의 협상제의와 모택동의 대응

일본의 항복을 계기로 소련의 도움을 받은 공산군은 오히려 전력이 강화되었다. 이러한 공산당의 활동으로 공산당 점령지역을 공산당에게 내 줄 수밖에 없게 될 상황이 된 것이다.

이처럼 중국공산당의 무장활동은 노골화되고 있었다. 사태가 국민정부에 매우 불리하게 돌아가자, 장개석은 황급히 미군의 지원을 받아 정부군을 북경, 천진, 남경, 상해 등 주요도시에 파견하여 그곳이 중공군의 수중에 들어가지 못하게 하는 등 전면적인 내전을 준비하기 시작했다.

한편 장개석은 이 문제를 협상으로 해결하기 위해 1945년 8월 14일과 20일, 23일 3차례에 걸쳐 모택동에게 전문을 보냈다. 일본이 항복했으니 국가의 기본방침과 정책을 중경에서 논의하자는 내용이었다. 하지만 모택동은 장개석의 이러한 제의를 거절했다. 국공합작을 추진하고 있던 미국의 헐리 역시 연안으로 직접 가서 모택동에게 신변보장을 약속하면서 함께 중경으로 가자고 했지만 이 역시 무위로 끝나고 말았다.

모택동은 장개석이 협상을 제의했지만 그 진정성을 의심하고 있었다. 그리고 만약에 장개석의 중경 방문 요청을 거절한다면 국민당은 공산당이 내전을 위해 회담을 거절했다고 누명을 씌우고 내전의 책임을 중국공산당에게 전가하며 정치적으로 공세적 위치를 확보할 수 있다고 생각했다.

뿐만 아니라 모택동은 국민당이 회담을 명분으로 내세우면서 내전을 준비할 충분한 시간을 확보하려 하고 있다고 보았다. 그래서 설사 자신이 중경에 간다 하더라도 장개석은 국민정부의 요직 몇 개를 넘겨주면서 홍군과 유격근거지를 중국국민당 정부군에 이관시키라고 압력을 가하는 것 이외에는 별 다를 것이 없다고 내다보았다.

어쨌거나 모택동은 장개석으로부터 협상하자는 독촉을 받았으니, 이에 대한 공식적인 결정을 해야 했다. 그리하여 1945년 8월 23일 중국공산당 중앙정치국은 확대회의를 소집하고, 모택동의 주재하에 국민당과의 협상문제를 논의했다.

이 회의에서 모택동은 그간의 국공투쟁 경험에 근거하여 자신의 입장을 피력했다.

> "장개석이 공산당을 멸망시키려는 방침에는 전혀 바뀐 것이 없으며,
> 또한 바뀌지도 않을 것이다. 그가 일시적으로 평화를 취할 수 있는 까
> 닭은 앞에서 언급한 각종 조건이 존재하기 때문이며, 그는 장차 홍
> 군을 멸망시키기 위해 아직도 자신의 상처를 치유해야 하고, 자신의
> 역량을 강대하게 해야 할 필요가 있다."

이렇게 모택동은 장개석의 최종 목표를 분명히 인식했으나, 이
협상제의를 명분상 거절만은 할 수 없었다. 오히려 모택동은 중국
공산당이 일시적인 평화 시기를 확보하고 이를 이용하여 국민당
에게 얼마간의 양보를 제공함으로써 합법적인 지위를 확보할 수
있다고 판단했다. 그래서 모택동은 국지적으로 양보를 하는 대신
전국적으로 공산당이 합법적 지위를 취득할 수 있다는 전략적 고
려를 중시했다.

이러한 이유로 모택동은 주은래를 먼저 중경에 보내고 난 다음
자신도 뒤따라갈 것이라고 결정했다. 그리고 자신이 중경에 머무
는 동안에는 유소기가 당 주석직을 대행하도록 하고, 진운陳雲과
팽진彭眞 두 사람이 서기처 후보서기직을 수행하도록 지명했다.

중경회담의 진행

모택동과의 만남이 성사되자, 장개석은 1945년 8월 27일에 국민

정부 군사위원회 정치부 부장인 장치중張治中(1890~1969)에게 헐리 주중 미국 대사와 함께 연안에 가서 모택동 일행을 데리고 중경으로 오도록 직접 지시했다.

원래 장치중은 황포군관학교 학생총대 대장을 역임한 바 있는 매우 충실한 장개석의 심복이었다. 그러면서도 황포군관학교에 있을 때에 주은래와 인연을 맺었다. 이러한 관계로 공산당에 대해 무력적 충돌보다는 정치적 해결을 주장했던 인물이다. 그러기 때문에 그는 국공합작이 결렬된 이후 반공작전에는 가급적 참가하지 않으려고 했다. 또 항일전쟁 기간 중 두 차례나 국공협상에 참가한 적이 있었기 때문에 모택동으로서도 신뢰할 수 있는 인물이었다. 그래서 장개석은 그를 연안으로 보낸 것이다.

그리하여 1945년 8월 28일 오후 3시 37분 모택동과 주은래 그리고 왕약비王若飛(1896~1946)는 장치중, 헐리 미국 대사와 함께 각계각층 인사의 열렬한 환영을 받으면서 미군이 제공한 C-47 전용기를 타고 연안에서 중경을 향해 떠났다. 국공협상을 위해 중국공산당 수뇌부가 중경으로 간 것이다.

당일인 8월 28일 저녁 모택동 일행은 장개석이 베푼 환영만찬에 참석한 후에 국민정부 전임 주석인 임삼林森(1868~1943)이 공관으로 사용했던 산굴인 임원林園에 머물렀다.

그 다음날인 8월 29일 모택동과 장개석은 첫 번째 협상을 가졌다. 중국공산당 측에서는 주은래와 왕약비가 참석했고, 국민당 측에서는 장치중 이외에도 외교부 부장인 왕세걸王世杰(1891~1981), 국민당 중앙당부 비서장인 장군張群(1889~1990), 국민참정회의 비서장인 소력자邵力子(1882~1967)가 참석했다.

8월 30일 아침 모택동과 주은래는 임원을 나와 송경령과 헐리를 예방한 후에 홍암紅岩에 있는 8로군 사무처로 가 그곳에서 기거했다. 그는 또 9월 1일에는 중소문화협회가 주최한 칵테일파티에 참석하여 송경령, 손과孫科, 풍옥상馮玉祥, 진성陳誠, 진립부陳立夫, 마인초馬寅初, 곽말약郭沫若 등을 만나 담소를 나누었다.

모택동은 중경에 머물던 43일 동안 임원에 3일을 기거한 것을 제외하곤 모두 홍암에 있는 8로군 사무처 2층에서 주은래, 왕약비 등과 함께 기거했다. 모택동은 매일 아침 홍암을 나와 임원에서 손님을 만나거나 일을 보다 저녁이 되면 다시 홍암으로 돌아가서 휴식을 취했다.

이렇게 시작된 중경회담은 1945년 8월 29일 시작하여 10월 10일에 끝났다. 이 기간 중 모택동은 장개석과 여러 차례 만나 국공 양당관계의 중대한 문제를 협의했다. 그러나 장개석은 협상에 별로 성의를 보이지 않았다. 그는 모택동이 중경에 오리라고는 전혀 생각하지도 않았던 것 같았다. 국민당 측은 모택동을 초청하긴 했으나 그 어떠한 협상방안도 준비하지 않아 회의 때 마다 중국공산당 측에서 먼저 의견을 제시하곤 했다.

때문에 모택동은 회담을 진행하는데 있어서 취급해야 할 8가지의 원칙적인 의견을 아래와 같이 개진했다.

첫째, 국공 양당 간의 협상에 결과가 있을 때는 반드시 각 당 각 파와 무당파 인사 대표가 참가하는 정치회의를 소집해야 한다.
둘째, 국민대회 문제에 있어서 만약 국민당이 기존 대표의 유효성을 고집한다면 중국공산당은 국민당과 협의를 할 수 없다.

셋째, 일반 민주국가 인민이 평시에 향유하고 있는 자유를 인민에게 주어야 하며, 현행 법령은 이 원칙에 근거하여 폐지하거나 수정되어야 한다.

넷째, 각 당파에게 합법적인 지위를 부여해야 한다.

다섯째, 모든 정치범을 석방할 뿐만 아니라 공동선언 속에 집어넣어야 한다.

여섯째, 해방구 및 모든 수복지구 내의 민선정권을 승인해야 한다.

일곱째, 중국공산당의 군대는 반드시 48개 사단으로 개편되어야 하고, 북평北平에 행영行營과 정치위원회를 설립해야 하며, 중국공산당 고위 장교가 지방군대를 지휘하고 감독하도록 해야 한다.

여덟째, 일본군이 투항 시 중국공산당은 반드시 분구의 접수사업에 참여해야 한다.

이와 같은 원칙을 제시한 모택동은 이어서 그 다음날인 9월 3일 양당이 협상해야 할 주요한 문제로서 11개 항목을 국민당 대표에게 넘겨주었다. 그 주요한 내용은 평화적인 건국방침의 확정, 각 당 각 파의 합법적이고 평등한 지위 인정, 해방구 정권 및 항일 군대의 승인, 국민당의 당치 종식 등과 장개석의 영도지위의 옹호를 표시하는 것 등이 포함되었다.

9월 8일 국민당 대표는 9월 4일 장개석이 직접 작성한 〈중국공산당에 대한 회담 요점〉에 근거하여 중국공산당이 제기한 11개항의 개요에 대한 서면답변을 제시했다.

우선 국민당 측은 중국공산당 대표가 제기한 평화적 건국방침과 당파의 합법적 평등을 인정하는 것에 공감을 표시했다. 그리고 정치협상회의를 소집하는 것에 대해서는 기본적으로 동의했다. 그러나 해방구 정권을 합법적인 지방정부로 인정하는 것에는 결코 동의할 수 없다고 했다. 군대의 조직문제에 대해서는 서로의 의견차가 너무나 크기 때문에 합의에 도달하는 데는 한계가 있어 보였다.

중국공산당의 전략적 양보

협상이 진전될 기미를 보이지 않자 중국공산당 대표는 해방구 정권과 군대문제를 해결하기 위해 양보안을 제시했다. 예를 들면, 해방구 인민정권의 합법적 지위를 인정한다는 전제하에 해방구의 각급 민선정부가 인민의 보통선거를 다시 실시할 수 있 있도록 하며, 선출된 각급정부는 국민정부가 임명하도록 한다는 것이었다.

또한 공평하고 합리적으로 전국의 군대를 개편한다는 전제하에 중국공산당은 인민군대를 국민당군대와 1:6의 비율로 축소하여 24개 사단으로 개편하거나 적어도 20개 사단으로 개편하기를 바란다고 했다.

또한 공산당은 광동, 절강, 강소 남부, 안휘 남부, 안휘 중부, 호남, 호북, 하남 등 8개 해방구의 부대를 강소 북부, 안휘 북부, 농해철도 이북지구로 철수시킬 수 있다고 했다.

이에 대해 국민당 대표는 장개석이 확정한 방침에 따라 정령과 군령의 통일을 빌미로 중국공산당이 지반을 포기하고 군대를 넘겨줄 것을 주장했다. 이에 주은래와 왕약비는 터무니없는 주장이라고 일축했다.

주은래는 해방구 인민의 무장역량은 중국공산당이 영도하는 인민들이 일본 침략자들과 장기간에 걸친 혈투의 결과로서 얻어낸 산물이므로 그것은 완전히 인민에 속하는 것이며 인민을 보호하는 것이라고 했다. 그리고 국공 양당의 무장력은 장기적인 역사의 발전과정에서 생성된 엄연한 현실을 직시하기 바란다고 했다.

쌍십협정의 서명

결국 협상은 우여곡절을 겪으면서 갑론을박 끝에 합의점을 찾아 갔다. 1945년 10월 8일 쌍방 대표는 〈회담기요會談紀要〉의 작성에 합의했다. 그 후 10월 10일 오후 공산당 대표인 주은래와 왕약비, 그리고 국민당 대표인 왕세걸, 장군, 장치중, 소력자 등이 계원桂園의 응접실에서 이른바 쌍십협정雙十協定이라고도 하는 〈정부와 중공대표 회담기요〉에 정식으로 서명했다.

국공 양당 간에 합의된 쌍십협정의 주요한 내용은 다음과 같다.

> 첫째, 우선 국민정부가 중국공산당에 제기한 평화적 건국을 위한 기본방침을 수용함으로써 국공 양당은 평화, 민주, 단결, 통일을 기초로 하여 장기적으로 합작하며 내전을 피하고 독립적이고 자유롭고 부강한 새로운 중국을 건설하기 위해 공동으로 노력한다.
>
> 둘째, 국민당의 훈정을 조속히 끝내고 헌정을 실시할 뿐만 아니라 먼저 필요한 조치를 취한다. 쌍방은 각 당파 대표와 무당파 인사가 참

가하는 정치협상회의를 소집하여 국가의 기본방침과 정책을 협의하며, 평화로운 건국 방안과 국민대회를 소집하기 위한 제반 사항을 토의한다.

셋째, 모든 인민에게 일반 민주국가 인민들이 향유하고 있는 민주와 자유의 권리를 누릴 수 있도록 한다. 그리고 특무기관을 철폐하며, 정치범을 석방하고, 자치를 적극적으로 실시하며 아래에서 위로 향하는 보통 선거제를 실시하도록 한다.

그러나 국민대회 문제, 해방구정권 문제, 군대의 개편 문제 등은 완전한 해결을 보지 못한 채 쌍방이 계속 협상을 해 나가거나 또는 정치협상회의로 넘겨 해결하도록 한다는 선에서 일단락되었다.

후속 문제의 협상과 본심

우선 국민대회 문제와 관련해서는, 중국공산당 측은 국민대회 대표를 다시 선출하며, 소집일자를 연기하고, 국민대회의 조직법과 선거법 및 55헌장의 3항을 수정할 것을 요구했다. 이에 대해 국민정부 측은 이미 선출된 대표는 여전히 유효하며, 그 정수는 합리적으로 해결하도록 할 것이며, 55헌정 초안은 수정하고 보완할 수 있다는 쪽으로 입장을 정리했으나 합의에 이르지는 못했다.

다음으로 군정문제, 특히 군대의 국가화에 관해서는, 중국공산당은 국민정부가 군대의 통일을 도모하기 위해 전국의 군대를 공평하고 합리적으로 개편하고, 분기별 실행계획을 확립하고 군구를 다시 나누어 구분하며 징집제도를 확립해야 한다고 주장했다.

바로 이러한 계획하에서 중국공산당은 자신의 항일군대를 현재의 수자로부터 24개 사단 내지는 적어도 20개 사단으로까지 축소하여 개편하기를 바랐다. 또한 관할 지역의 군대도 농해로隴海路 이북과 강소江蘇 북부 및 안휘安徽 북부 등 해방구解放區로 철수시키겠다는 의사를 표시했다.

이에 대해 국민정부는 20개 사단으로 감축하는 것은 고려해 볼 수 있다고 했으며, 주둔 지역에 관해서는 다시 구체적인 방법을 논의한다는데 합의했다. 또 쌍방은 군령부와 군정부 및 18집단군의 대표 각 1인씩으로 구성된 3인소조가 책임지고 해결방안을 모색하도록 한다는 데에는 합의했다.

이밖에도 해방구의 지방정부 문제에 관해서도 논의했다. 이에 대해 국민정부는 일본이 투항한 이후 해방구는 더 이상 존재할 필요가 없으며 반드시 국민정부의 행정체계 속으로 흡수되어야 한다는 입장을 고수했다.

그러나 중국공산당은 18개 해방구의 현황에 따라 성구省區와 해방구解放區를 다시 획분劃分해야 하며, 또한 정부의 통일을 유지하기 위해 원래 민선으로 당선된 각급 정부의 명단으로 중앙정부가 위원을 임명하도록 요구했다.

이에 국민정부는 성구省區를 다시 조정하는 문제는 전체성과 관련된 것으로서 단기간에 해결될 수 있는 문제가 아니라는 이유를 들어 유보적인 입장을 취했다.

그러나 중국공산당은 자신들이 선발한 사람들을 섬서陝西, 감

숙, 영하 변방구역 및 열하, 찰합이, 하북, 산동, 산서山西 등 성정
부의 주석과 위원으로 임명해 줄 것을 요구했다. 수원, 하남, 강
소, 안휘, 호북, 광동 등 성에는 부주석과 위원으로 임명해주고,
그리고 청도, 천진, 북평, 상해 등 특별시에는 부시장으로 임명하
도록 요구했다. 이는 국민정부가 중국공산당 대표를 임명함으로
써 공산당 세력을 동북지방의 행정에 참가시키도록 요구한 것이
었다.

이러한 공산당의 요구에 국민정부는 중국공산당이 추천한 사람
들 중 행정경험과 항일공적을 참고로 하여 임명할 것임을 약속했
다. 그러나 특정인을 특정 지위에 임명해 달라는 중국공산당의 요
구에는 전적으로 동의하지는 않았다.

마지막으로 일본군의 투항에 따른 후속문제의 처리와 관련해서
협상했다. 이에 관해 중국공산당 측은 매국노를 엄벌에 처하고 괴
뢰정부의 군대는 해산시킬 것을 요구했다. 이에 국민정부는 원칙
적으로 동의는 하지만 매국노에 대한 징벌은 법에 따라 처리하며,
괴뢰정부의 군대를 해산시키는 것은 치안에 방해가 되지 않는 선
에서 해결할 수 있다고 했다.

그러나 협상에 임하는 국공 양당의 본심은 서로 다른 데에 있었
다. 협상은 단지 시간을 벌기 위한 방편에 지나지 않았으며, 국공
양당은 협상의 진행 여부와는 관계없이 각자의 세력범위를 확장
하는 것에만 온 힘을 집중하고 있었다.

마샬 장군의 중재와 국공관계

장개석의 공산당 소탕작전과 중국공산당의 대응

중경회담이 진행 중이었을 때도 국공 양당은 각기 자기들의 목표에 따라서 행동하고 있었다. 장개석은 일본군에 함락되었던 지역의 중심도시를 신속히 접수하고, 모든 지역의 전략거점과 교통로를 장악하도록 중국국민당 정부군에 명령했다.

그리하여 1945년 11월 9일 국민정부 군사위원회는 각 지역의 주요군사지휘관이 참석한 군사회의를 소집하고 공산당이 점령하고 있는 지역인 해방구를 공격하기 위한 작전계획을 결정했다.

결국 이 〈회의〉는 공산당의 후환을 근절하기 위해 6개월 이내에 8로군과 신4군 주력을 섬멸한 후에 공산군 소탕작전을 전개하기로 결정했다. 이 계획은 3단계로 나뉘어 시행되는 것이었다.

첫 번째 단계에서는 강소 북부, 안휘 북부와 산동을 통제하고, 진포 철도津浦(天津–南京市浦口鎭)와 평한철도平漢(北京–武漢)를 연결시키며,

두 번째 단계에서는 북평과 천진에 병력을 집중시켜 화북華北을 소탕하고,

세 번째 단계에서는 평수철도平綏(北京–呼和浩特)를 연결시키고, 수원綏遠, 찰합이察哈尔를 점령하는 것이었다.

한편 모택동도 중경회담을 전후하여 동북지방의 정치와 군사 상황에 지대한 관심을 가지고 있었다. 그는 1945년 9월 중순에 주은래, 유소기 등과 함께 논의한 끝에 동북 지역과 열하 및 찰합이 2개 성으로 발전하는 것을 중심으로 하는 이른바 "북쪽을 향해 발전하고 남쪽을 향해 방어한다."라는 전략방침을 확정했다. 이 전략방침의 핵심은 동북지방을 통제하는 것이었다.

이를 위해 중국공산당 중앙은 8로군의 산동군구, 신4군 및 8로군의 산서·하북·산동·하남과 섬서·찰합이·하북, 섬서·수원 등 군구와 연안총부로부터 2만 명의 간부와 11만 명의 병력을 차출하여 동북 지역에 전개했다.

이들 간부 중에는 10명의 당 중앙위원과 10명의 후보중앙위원이 포함되었으며, 8로군의 산동군구 사령관 겸 정치위원인 나영환羅榮桓이 지휘하는 6만여 명의 병력과 신4군 제3사단 사단장 겸 정치위원인 황극성黃克誠 휘하의 약 3만5천여 명의 병력이 주력을 이루고 있었다.

이어서 1945년 10월 31일 중국공산당 중앙과 당 중앙군사위원회는 동북 지역에 주둔하고 있는 모든 인민군대를 동북인민자치

군으로 편성하기로 결정했다. 임표林彪가 총사령관에 임명되었고, 팽진彭眞이 제1정치위원, 라영환羅榮桓이 제2정치위원에 임명되었다. 동북인민자치군은 1945년 말에 이르러 총병력이 27만여 명으로 증가했다.

　같은 해 11월 20일 이후 중국공산당은 소련이 중소우호동맹조약을 이행할 것을 요구해 옴에 따라 동북중앙국으로 하여금 동북인민자치군이 중장철도中長(滿洲里~綏芬河, 哈尔濱~大連)연변 및 대도시를 내주고 그 주력을 동만주, 북만주, 그리고 서만주로 이동시켜 근거지를 구축하도록 함과 동시에 열하熱河(지금의 하북성 동북부와 요령성 서부, 그리고 내몽고 자치구 일부를 포함하는 지역임)와 하북 동부 지역의 사업을 강화하도록 직접적으로 지시했다.

동북 지역 장악을 위한 국공의 조치와 작전

장개석 역시 동북 지역을 매우 중시하고 있었다. 그는 중국국민당 정부군이 동북 지역을 장악한다면 중국공산당의 해방구를 남과 북 양쪽에서 협공해 들어갈 수 있다고 생각했다. 그리고 자원의 보고인 전략 지역을 확보할 수 있다는 점에서 항일전쟁 이후 동북 지역을 접수하여 통치한다는 계획을 수립해 놓고 있었다.

　따라서 국민당은 동북 지역을 장악하기 위해 소련과 중소우호동맹조약을 체결하기 위한 협상을 추진했다. 그리하여 국익을 손상시키면서까지 소련의 지지를 얻어내기 위해 각종 양보안을 제시했다. 이는 공산당을 지원하는 소련과 우호관계를 맺음으로서 공산당의 활동을 막자는 생각에서였다.

그리하여 국민정부는 동북 지역에서 가지고 있는 소련의 권익을 보장하며, 소련은 수복 후의 동북 지역을 국민정부에 넘겨준다는 내용이었다. 미국 정부의 지지를 받고 있는 장개석으로서는 소련과의 조약만 체결한다면 동북을 손에 넣는 것은 시간문제일 뿐이라고 생각했다.

장개석은 1945년 8월 31일 동북 3개 성을 9개 성과 3개 시로 분할한다고 선포했다. 그리고 웅식휘熊式輝를 국민정부 군사위원회 위원장 동북행영行營(야전사령부 주임)으로 임명했다. 동북 지역에 대한 군사책임자로 임명한 것이다.

국민당은 동북 지역에 진입하여 소련 홍군으로부터 정권을 접수하려고 준비했다. 장개석은 "동북지방이 중국혁명의 발원지가 아니라 중국혁명의 귀착지이다."라고 하면서 주중 미군의 지원을 받아 해상으로 병력을 수송하여 진황도秦皇島에 상륙시킨 후 동북 지역을 향해 진군시키려고 시도했다.

국민정부는 중소우호동맹조약의 규정에 근거하여 재차 소련을 향해 동북 지역을 중국공산당이 아닌 국민정부에게 넘겨 줄 것을 보장하라고 요구했다. 소련도 전후의 세력균형을 고려하여 동북 문제로 인해 국민정부 및 미국 정부와의 전략관계가 영향을 받는 것을 원하지 않았다. 때문에 중장철도 및 그 연변 대도시들을 국민정부에 넘겨줄 것이라는 성명을 발표했다. 그리고 중국공산당 부대는 이들 지역에서 신속히 떠나라고 압박했다.

1946년 1월에 이르러 중국국민당 정부군은 소련의 승낙과 미국의 협조하에 동북 지역의 대중도시와 주요교통로를 장악했다. 하지만 동북 지역을 완전히 접수하지는 못했다. 그리고 소련 홍군의 철군 기한이 이미 임박했는데도 국민당은 자체의 전략목표를 달성하지 못했다. 그러자 장개석은 소련에게 철군시기를 늦추어 줄 것을 요구하는 한편, 미국 정부를 향해 해상수송능력을 강화하여 중국국민당 정부군 병력을 동북으로 운송해 줄 것을 요구했다.

따라서 그해 봄에 이르러 동북 지역으로 진입한 중국국민당 정부군 병력은 7개 군단의 25만 명으로 증가했다. 공산당이 장악하고 있는 동북 지역에 군사적 압박을 가한 것이다.

한편 대중도시와 주요교통로에서 철수한 동북 인민자치군은 넓은 농촌 지역에 근거지를 구축하면서 대중적 기반을 공고히 하기 시작했다. 1946년 1월 14일 동북인민자치군은 동북민주연합군으로 이름을 바꾸고 총사령관에는 임표를 임명하고, 제1정치위원에는 팽진을 임명했으며, 제2정치위원에는 라영환이 그대로 유임시키었는데 이때에는 총병력이 30만여 명에 이르렀다.

1946년 3월 중순 경 동북민주연합군은 중국공산당 중앙의 결정에 따라 소련 홍군이 중장철도로부터 철수하고, 중국국민당 정부군이 서만주에 머물고 있는 틈을 타 길림성吉林省의 서평시四平市를 점령했다.

그리고 그해 4월 하순에는 장춘, 합이빈哈尔濱(하얼빈), 제제합이齊齊哈尔(치치하얼) 등 주요도시를 점령했다. 그 후 중장철도를 완전히 장악함으로써 북상하고 있는 중국국민당 정부군을 공략할 수 있는 유리한 전략적 태세를 갖출 수 있게 되었다.

이어서 중국공산당 중앙은 전략적 배치를 조정했다. 이와 동시에 인민군대를 향해 군사전략상 새로운 방향으로의 전환을 요구

했다. 이것은 사상적으로는 항일민족해방전쟁으로부터 국내혁명
전쟁으로의 신속한 전환을 말하는 것이다. 그리고 작전형태에서
는 병력을 분산하여 유격전을 위주로 하는 작전형태로부터 병력
을 집중하여 운동전을 위주로 하는 작전형태로 신속하게 전환을
하는 것이었다.

공산군은 이를 위해 각 전략지구에 비교적 큰 범위 내에서 기동
작전을 실시할 수 있는 야전병단을 신속하게 건설했다. 동시에 야
전군과 지방군 그리고 민병유격대의 세 군대를 결합시켜서 무장
역량체제를 강화하기 시작했다.

마지막 중재를 위한 마샬의 방중

한편 일본이 패망한 이후에도 국공 간의 협상에 진전이 없음을 알
게 된 미국은 중국문제의 전면적인 재검토에 착수했다. 국공내전
을 방지하지 못하고 민주헌정의 통일된 중국을 실현하지 못한다
면 만주는 영원히 소련의 수중에 들어가게 될 것이기 때문이었다.
그렇게 되면 아시아에서의 미국과 소련의 세력균형은 깨지게 되
고, 미국에게 매우 불리한 방향으로 전개될 수가 있었다. 미국의
고민은 깊어만 갔다.

때문에 루즈벨트 미국 대통령은 일본이 패망한 이후 국공내전
이 점차 복잡한 양상을 띠어감에 따라 그동안 국공관계의 중재역
을 담당했던 헐리 대사를 1945년 11월 전격적으로 경질하고 그 대
신에 마샬George C. Marshall 장군을 대통령 특사로 임명하여 국공

조정문제를 직접 관장하게 했다. 동시에 스튜어트Leighton Stuart 신임대사로 하여금 그를 도와 중국문제를 해결하도록 지시했다.

당시에 중국문제를 가장 잘 이해하고 있었던 사람은 중국 주재 미군사령관 겸 중국전구총사령부 참모장으로 있었던 웨드마이어 Albert C. Wedemeyer 중장이었다.

마샬 장군은 투르먼 대통령의 명령에 따라 상해에 도착한 즉시 웨드마이어 중장을 만나서 그의 견해를 들었다.

"당신은 국공 양당이 실행할 수 있는 방법을 모색할 수 없을 것이다. 국민당은 대권을 포기하지 않을 것이고, 중국공산당 역시 소련의 도움을 얻어 대권을 장악하려는 결심을 포기하지 않을 것이기 때문이다."

이 말은 당시의 상황을 정확하게 짚은 것이기는 하지만 마샬에게는 실망스러운 대답이었다.

웨드마이어 장군은 1945년 11월 경에 이미 소련과 중국공산당과의 합의 없이는 장개석이 수년 내에 화북 지역을 안정시키기는 어렵다는 판단하고 있었다. 그래서 그는 중국국민당 정부군이 만주에 진입하기 이전에 우선 만리장성 이남과 장강長江 이북 지역을 완전히 장악하여 육상교통로를 확보해야 한다는 점을 장개석에게 건의한 바가 있었다.

그밖에도 국민당정부가 안정될 때까지 만주를 중·영·미·소·불 등 5개국이 공동으로 관리하도록 할 것을 제의했다. 그러나 국민당과 공산당은 모두 스스로 중국전체를 통치하려는 생각을 가지고 있기 때문에 모두 이를 거부당했던 일이 있다.

하여간 마샬 장군이 중국에 도착하기 전에 미국의 투르먼 대통령은 중국문제와 관련하여 국공 쌍방이 즉각 무장충돌을 중지할 것과, 그리고 중국의 주요정치인물들이 빠른 시일 내에 전국적 성격의 회의를 소집하여 충돌을 중지하고 통일을 촉진시킬 것을 촉구했다.

그리고 나아가서 그는 또 미국과 연합국이 국민정부를 중화민국의 유일한 합법정부로 승인하며, 또한 그 정부로 하여금 통일을 촉진시키고, 헌정을 단계적으로 실시하며, 정당을 받아들이고, 자주군대를 취소하며, 중국국민당 정부군을 개편할 것을 촉구했다. 미국이 확실하게 국민당 정부를 지원한 셈이었다.

그러나 그동안 국공협상의 걸림돌로 작용했던 요인들이 그대로 상존하고 있었기에 미국의 적극적인 개입과 조정 노력에도 불구하고 국공 양당 관계에는 전혀 개선의 조짐이 나타나지 않고 있었다.

다시 말해서 마샬 장군에게 주어진 사명은 군대와 지방정권 문제의 해결과 그리고 정치와 전후처리 문제, 그리고 일본군 점령지역의 접수 문제를 해결하는 것이었다. 그의 활동이 성공할 것인지 실패할 것인지는 이러한 문제의 성공적인 해결에 있었다.

그리하여 마샬 장군은 국공합작이 어렵다는 현실 인식에 기초한 웨드마이어 중장의 조언을 불쾌하게 생각하고 받아들이지 않았다. 그리고 국공 양당 간에 좀처럼 좁혀지지 않고 있었던 군대 문제, 지방정권 문제, 그리고 정치와 관련된 문제들을 해결하기 위한 스스로 조정 작업을 추진했다.

마샬의 조정활동

① 군대의 국가화와 통합문제

중공군의 정수定數, 방어지역, 대우 등 문제는 국공 간에 매우 민감한 문제였다. 중공군의 입장에서는 되도록 많은 군대를 갖고 싶어 했다. 당연히 자기 자신을 지키는 힘이기 때문이다. 그리하여 중공군은 아무리 많이 줄인다고 해도 최소한 20개 사단은 가져야 된다고 주장했다.

이 문제는 모택동이 구체적으로 지적한 사항이어서 중국공산당으로서는 물러 서기 어렵다고 맞섰고 중국국민당은 더 많이 감축해야 원만하게 중국을 통괄할 수 있기 때문에 군대문제는 양측 간에 아주 중요한 핵심문제로 부상하고 있었다.

새로운 국가를 건설하는 방향을 정하기로 하는 정치협상회의에서도 군대에 관한 문제는 매우 중요하게 다루었다. 그리하여 일찍부터 건군원칙, 군대편성원칙, 정치로서 군사를 영도하는 방법상의 문제 등을 포함한 제반 군사문제를 논의한 바가 있었다.

특히 그중에서도 가장 구체적이고 가장 긴급하게 해결해야 할 문제는 군대의 편성방법이었다. 이를 위해서 군사3인소조를 구성하여 편성방법을 상의하도록 하며, 중국국민당 정부군과 중공군의 편성작업을 착수하도록 하는 것이었다.

국민정부 대표는 장군張群이었고, 중국공산당 대표는 주은래였는데, 초청고문인 마샬 장군으로 군사3인소조를 구성했다. 일단 전국 군대의 정수를 50개 사단에서 60개 사단 사이에서 정하기로 했다. 그리고 여기에서 군대를 재편하고 중국공산당의 군대를 통합 편성하여 국가의 군대로 하는 기본방안을 협의하고 서명의식을 거행했다.

여기서 결정된 군대 개편의 기본방향은 마샬 장군이 제기한 방안을 중심으로 협의되었다. 그리하여 협정이 공포된 이후에 1개 사단의 정수는 14,000명이 넘지 않도록 하는데 12개월 이내에 중국국민당 정부군은 90개 사단, 중공군은 18개 사단으로 총 108개 사단으로 재편한다고 했다.

그 후 6개월 이내에 다시 중국국민당 정부군은 40개 사단을 줄여서 50개 사단으로 만들고, 중공군은 8개 사단을 줄여서 10개 사단으로 만들어 모두 총 60개 사단으로 재편한다는 것이었다. 그런 후 쌍방 군대를 혼합편성하며, 마지막으로 국내의 모든 군대가 국가의 군대가 되도록 한다는 것이었다.

사실 역사적으로 보면 왕조 말적 혼란기에 자생적으로 만들어진 군대는 사병私兵이었고 이 사병을 국가의 군대로 재편성하는 문제는 어느 시대든지 민감한 문제였다. 사병을 가진 사람의 이해관계와 밀접한 관계를 가진 것이기 때문이다.

그러한 점에서 국공은 향후 권력의 장악과 주도권 행사에서 군대만큼 중요한 문제가 없었을 것이다. 역사에서는 일단 왕조를 세운 주류가 이 문제를 주도해 나갔지만, 제2차 세계대전 이후에는 국공 어느 쪽도 주도할 수 없어서 미국이 조정안을 가지고 조종한 것이다.

마샬 장군의 입장에서는 자기들의 주장에서 물러서지 않는 국공을 설득해야 했다. 그러기 때문에 공평하고 기계적인 방법을 제시했다. 즉 국민당 정부군대와 중국공산당 군대를 똑같이 45%정도씩 감축한다는 안이었다. 이 안은 논리적으로 공평했지만 당시에 절대적으로 많은 군대를 가진 국민당정부 군대의 입장에서는 아주 심한 타격일 수가 있었다.

이 안으로 군대에서 감축되어야 하는 군대의 수를 비교한다면 국민당에서는 56만 명이 감축되어야 했고, 공산군에서는 11만 2천명 정도였다. 국민당 군대는 공산당 군대의 5배의 숫자를 제대시켜야 했다. 당시에 오랜 동안 군대에서 생활했던 군인들과 감군에 해당되는 사람들에게는 직업을 잃는 것이었다.

국민당군대에서 감축작업과 부대 해산조치가 진행되자 남경에 있는 국민당 정부군의 장교들은 이러한 감군조치가 나라를 망치는 것이라고 생각하고 애절한 구국救國운동을 전개하기도 했다. 또한 국부군에서 감축된 군인들 가운데 일부는 이미 돌아갈 고향이 없는 사람들도 있었다.

이들은 해산된 부대를 떠나서 고향으로 가는 길에 발길을 돌려서 그동안 총부리를 맞대고 싸웠던 중공군부대로 향하기도 했다. 물론 중국공산당의 군대도 군대를 감축하기는 했지만 국민당 정부군만큼 많은 수가 아니었으므로 타격은 심하지 않았다.

② 점령지역의 수복과 지방정권의 접수문제

일본이 항복한 이후 점령지역을 접수하는 수복과정에서 중국공산당은 국민정부와 함께 참가할 것을 요구했다. 그러나 국민당은 국민정부만이 중화민국의 유일한 합법정부임을 내세워 일본의 투항을 받아들이고 그 점령지역을 수복할 수 있는 권한을 가지고 있음을 주장하면서, 국민정부의 명령을 따를 경우 중국공산당원의 참여를 고려해 볼 수 있다고 했다.

그러나 항일전에 참가했던 중국공산당은 자기들도 일본의 항복을 받고 수복하는 일에 참가하겠다는 요구를 했다. 수복지구에 군대를 파견한다는 것은 그 지역에 대한 지배권을 행사할 수 있기 때문에 보다 많은 지배 지역을 확보하고자 하는 중국공산당의 입장에서는 대단히 중요한 일이었다.

하지만 수복지구에 군대를 파견하는 것과 지배력의 관계를 잘 아는 국민당정부로서는 이 요구를 액면그대로 받아들일 수 없었다. 국민당은 공산당의 군대가 항일전에 참가한 것은 사실이지만 국민정부만이 중화민국의 유일한 합법정부임을 내세워 일본의 투항을 받아들이고 그 점령지역을 수복할 수 있는 권한을 가지고 있다고 주장했다. 그러나 국민정부의 명령을 따르는 사람이라면 설사 중국공산당 당원이라고 해도 수복사업에 참여하는 것을 고려해 볼 수 있다고 했다.

그러나 중국공산당은 국부군이 북상하여 수복활동을 계속할 경우 자신들이 장악하고 있는 하북과 산동의 군사지구에 위협이 될뿐만 아니라 장차 생존과 발전에도 치명상을 입을 수 있다고 판단하여 북방으로 향하는 교통로를 파괴하기도 하고 기습을 감행하면서까지 국부군의 북상을 적극적으로 저지했다.

이 지역이 국민당 정부군에게 장악된다면 결국 장차 공산당의 생존과 발전에도 치명상을 입을 수 있다고 판단한 공산당은 중국 국민당 정부군의 북상을 적극적으로 저지하기 위해 북방으로 향하는 교통로를 파괴하기도 하고 국민당 군대를 기습하기도 했다.

그러자 국민정부는 "동북지방은 9·18사변 이후 일본군에 의해 점령되었고, 그 이후 이 지역에서 중공군은 전혀 활동을 한 일이 없었기 때문에 중국공산당은 더 이상 충돌을 야기해서는 안 된다."라고 주장했다.

이러한 주장과 함께 국공의 조정역할을 맡은 마샬 장군 역시 주은래에게 미·영·소 3개국이 일찍이 동북지방을 중국에 귀속시키기로 중화민국과 조약을 맺었다고 말하면서, 국민정부가 중화민국의 유일한 합법정부이므로 당연히 국민정부에게 동북지방을 접수할 권리가 있다는 점을 지적해 주었다. 논리적으로 밀린 주은래역시 충돌을 중지한다는 명령에 동의했다.

더 나아가서 부설 조항을 신설했다. 즉, "국민정부의 군대가 중국의 주권을 회복하고 동북의 9개 성에 진입하거나 또는 동북 역내에서 군대를 이동시키는데 결코 영향을 받지 않을 것"이라는 내용을 제2조로 하여 추가한 것이다.

이로써 장개석은 1946년 1월 10일 정치협상회의에서 쌍방 간에 충돌 방지를 위한 명령에 합의했음을 선언했고, 그 날 오후 3시 마샬 장군의 관저에서 쌍방 대표들이 모여 정식으로 서명했다. 이 문제에 있어서는 장개석이 유리한 고지를 점령한 것이다.

그 후 국민정부는 부설조항의 제2조 규정에 근거하여 병력을 동북지방으로 진입시켰다. 그러나 소련의 입장은 달랐다. 국공간의 합의와 상관없는 소련은 중국국민당 군대가 동북 지역을 장악하는 것은 자국의 이익을 해칠 수 있다고 생각한 것이다.

그리하여 중국국민당 정부군 병력이 대련항大連港에 상륙하려는 것을 저지했다. 이에 다시 중국국민당 정부군이 영구營口로 상륙하겠다고 요구하자 소련은 그 지역을 중공군에게 넘겨 수비하도록 했다. 그러면서 소련은 철군을 미룬 채 시간을 끌면서 중공군이 동북지방을 장악하는데 힘을 보태주었다.

일본이 투항한 이후 중공군 병력 수천 명이 이미 동북지방으로 진입한 상태였으며, 당시 중공군은 일본군이 남기고 간 많은 량의 무기를 확보하여 막강한 화력을 갖게 되었다. 중국공산군이 이때 확보한 무기는 소총 70만 자루, 경기관총 1만1천 정, 중기관총 3천 정, 항공기 900대, 전차 7백 량, 대포 1천8백 문, 박격포 2천5백 문, 대형 무기고 800개였다.

그 외에 송화강松花江에 머물던 모든 함정 등 각종 무기와 군수물자를 소련을 통해 넘겨받았다. 과거 중국공산당 군대가 가졌던 화력에 비해 막대한 양의 무기를 갖게 된 것이다.

국민당 정부군은 소련의 교묘한 저지활동과 방해공작에도 불구하고 점차 병력을 동북지방으로 이동시켜 일본군 점령지역을 접수하는데 진력했다. 그러나 소련은 군대를 철수시키면서 그 지역을 중공군에게 넘겨주었으며, 중국국민당 정부군이 개입할 수 있는 여지를 원천적으로 봉쇄했다.

그러면서 소련은 중국공산당과 긴밀한 연락을 취했던 것이다. 그리하여 소련군대가 1946년 4월 14일 장춘長春을 떠나자 중공군은 그 다음 날 이 지역으로 진입하여 동북 지역을 접수했다. 중국국민당 정부로서는 뒤통수를 맞은 것이다.

그러나 당시 국민정부는 중소조약에 근거하여 소련군이 철군할 시 장춘長春에서 합이빈哈爾濱(하얼빈)에 이르는 철도 연변 지역은 마땅히 중국국민당 정부군이 들어 가 접수해야 한다고 생각하고 있었다. 그리고 충돌을 중지하라는 명령의 규정에 근거하여 중국국민당 정부군이 동북지방에 진주할 권한을 가지고 있다고 생각했다.

그런데 중공군이 전격적으로 이 지역을 점령하자 중국국민당 정부군은 장춘을 장악하지 못하면 동북지방을 통제할 수 없다고 생각하기에 이르렀다.

사실 이때에 중국공산당은 군대의 배치와 지방정부의 제반 문제를 순조롭게 풀기 위해 먼저 군사충돌을 중지해야 하며 평화적인 협상을 통해 해결할 것을 요구했다. 물론 중국공산당의 이러한 주장은 소련과 긴밀하게 협조하면서 동북지방을 장악하고 있는 유리한 조건을 그대로 유지하기 위한 술책에 불과한 것이었다.

이와 같이 국공 양당 간에 대치가 지속되고 마샬 장군의 조정 작업도 더 이상 기대할 수 없는 상황하에서 중국국민당 정부군은 전진을 계속하여 5월 23일 중공군을 몰아내고 장춘시를 장악했다. 무력을 행사한 것이다. 그런 후 마샬 장군의 강력한 요구 때문에 장개석은 6월 7일 오후 15일 간의 휴전을 명령했으며, 그 후 또다시 8일을 연장했다. 휴전기간 중 3인위원회는 동북지방에서의 정전, 교통로의 원상복귀, 그리고 군대의 개편에 관한 문제 등을 협의했다. 6월 30일 이들 3개 문제들에 대해서 기본적인 합의에 도달했다.

다만 중공군이 철수한 이후의 정권문제에 관해서는 해결점을 찾지 못했다. 중국공산당은 민정과 군정은 엄연히 분리되어야 한다는 이유를 내세워 지방정권과 보안대를 계속 유지하려 했다.

그러나 국민정부는 정치협상회의에서 결정한 '지방자치를 적극적으로 추진하며 아래로부터 위로 올라가는 선거를 실시한다'

라는 조항을 가지고 논리를 전개했다. 국민당은 중국공산당이 점거하고 있는 지역에서는 근본적으로 자유롭고 공정한 선거를 치룰 수가 없기 때문에 마땅히 정부가 먼저 이 지역을 접수하여 관리하고 난 후 다시 공평한 선거를 실시해야 한다는 입장을 표명했다.

그리고 6월 30일에 휴전기간이 만료되자 장개석은 중국공산당을 향해 점령지역에서 중공군을 철수시킬 것을 재차 요구했다. 그러나 중국공산당은 중공군의 주둔 지역이 지방정권 문제와 직결되는 것이기 때문에 고려의 대상이 될 수 없다는 입장을 분명하게 전달하면서 장개석의 요구를 묵살했다.

결국은 똑같은 논의만 계속 된 것이다. 중국국민당은 합법적 정부로서 전국적 장악을 포기할 생각이 없고, 공산당은 자기들이 이미 확보한 지역에 대한 지배권을 포기할 수 없었던 것이다. 그러한 점에서 웨드마이어 장군의 시각은 맞는 말이었다.

③ 정치와 관련된 문제

정치문제의 경우는 1946년 1월 중경에서 소집된 정치협상회의에서 통과된 결의안을 여하히 준수하느냐 하는 것이었다. 다시 말해서 정부조직, 평화적 건국강령, 군사문제, 국민대회, 헌법초안 수정에 관한 방안을 놓고 각 당파 간에 이견을 조정하는 것이 주된 내용이었다.

원래 정치협상회의가 소집된 배경은 원래 국민정부 대표인 왕세걸王世杰이 1945년 2월 3일 중국공산당을 향해 제기하여 이루어진 것이었다. 사실상 이러한 성격의 회의는 원래 모택동이 동년

1월 11일 헐리에게 보낸 서신 속에서 제의한 것이었다. 그 후 헐리의 중재를 통해 국공 양당이 동의하면서 역사상 최초로 중경에서 정치협상회의가 개최되었던 것이다.

1946년 1월 10일 중경에서 개최된 정치협상회의에는 국민당 대표 8인, 중국공산당 대표 7인, 민주동맹 대표 9인, 청년당 대표 5인, 무당파 9인 등 모두 38명이 참석했으며, 국민정부 주석인 장개석이 그 정치협상회의의 의장직을 담당했다.

장개석은 개회사를 통해 다음과 같은 내용의 실천방안을 제시했다.

첫째, 인민은 신체, 신앙, 언론, 출판, 집회, 결사의 자유를 향유한다. 현행 법률은 이 원칙에 근거하여 폐지하거나 수정한다. 사법과 경찰 이외의 기관은 인민을 체포, 심문, 처벌할 수 없다.

둘째, 각 정당은 법률 앞에서 일률적으로 평등하며, 법률의 범위 내에서 공개적으로 활동할 수 있다.

셋째, 지방자치를 각 지역에서 적극적으로 추진하며 법에 따라 아래로부터 위로의 선거를 실시한다.

넷째, 정치범은 매국노와 민국에 위해한 행위를 한 자를 제외하고는 분별하여 석방한다.

이 정치협상회의는 21일 동안 개최되었으며, 정부조직안, 평화적 건국강령안, 군사문제안, 국민대회안, 헌법초안 수정원칙안 등 5개항을 결의하여 통과시켰다.

먼저 평화적 건국강령안은 장개석이 제창한 '정치민주화, 군대의 국가화, 정당의 평등과 합법화가 평화적 건국을 위해 반드시 거쳐야 하는 과정임을 확인하고, 국가의 평화적 발전을 보장하기 위해 정치적 갈등은 정치적 방법으로 해결한다'라는 원론적이고 수사적인 문구로 나열되어 있어 큰 쟁점은 되지 않았다.

헌법초안의 수정원칙을 결정하기 위한 수순으로 헌법초안분조위원회는 헌법의 내용을 협의하고 수정하는 것 이외에도 헌법초안심의위원회를 구성했다. 그리고 헌법초안분조위원회는 최종적으로 12개 조항의 헌법초안 수정원칙을 통과시키고 헌법심의위원회가 그 원칙과 의견을 수렴하여 55헌법초안의 수정안을 국민대회에 제출하여 채택하는 것으로 했다.

그 수정안에는 국민대회의 개편, 행정원과 입법원의 관계, 성省과 중앙 간의 권한 관계, 권력균형의 원칙 등이 포함되어 있었다. 헌법 113조인 '성에 속하는 입법권은 성 의회가 시행하도록 한다'라는 내용은 중국공산당 대표인 진방헌秦邦憲의 주장이 반영된 것이었다. 반면에 제27조 4항인 '국민대회의 창제와 복결 등 2개 권한은 전국의 과반수 이상의 현과 시에서 시행한 이후로 미룬다'라는 조문은 국민당 대표인 오철성吳鐵城의 의견이 반영된 것이었다.

또한 국민당 대표인 왕세걸王世杰의 주장으로 행정원이 입법원에 대해 책임을 지도록 하는 등 각 당파의 의견이 수렴되었다. 그러한 최종 수정안의 작성을 눈앞에 두고 있었다.

그러나 진방헌이 갑자기 비행기 추락사고로 사망하는 사건이 생겼다. 그래서 그를 대신하여 중국공산당 대표로 참석한 이유한이 제116조에서 '국가의 법률에 위배되는 성의 법규는 무효로 한다'라고 규정한 조문을 문제 삼아 수정안 전체를 수용할 수 없다고 선언했다. 순조로운 진행이 불가능해 졌다.

중국공산당은 더 나아가서 국민정부가 각 당파를 포함하는 연합정부로 개편된 이후에 자신들의 군대를 이관할 수 있다고 하면서 국민정부의 구성을 반대했다.

원래 국민정부 위원의 정수는 정치협상회의의 결의에 따라 40인으로 정해졌으며, 그 중에서 절반인 20석이 국민당원들로 충원되고 나머지 20석은 기타 당파와 사회 인사들로 충원되도록 되어 있었다.

이에 따라서 국민당 이외의 20석은 중국공산당, 민주동맹, 청년당, 사회인사 등에게 골고루 5석 씩 배분되었는데, 다른 당파가 1석 씩 양보함으로써 중국공산당은 8석을 확보할 수가 있었다. 그러나 중국공산당은 이에 만족하지 않고 민주동맹과 합쳐 부결권을 행사할 수 있는 14석을 줄기차게 요구했다.

결국 장개석은 1946년 10월 2일 마샬 장군에게 서한을 보내 목전의 문제를 해결하기 위해 국민당으로서는 최대한 양보할 의사가 있음을 밝히면서 다음과 같은 복안을 제시했다.

즉 국민정부 위원 문제에 있어서 중국공산당에게는 8석, 민주동맹에게는 4석을 배분할 것이며, 무당파 인사 1명도 중국공산당이 지명하여 국민정부 주석의 동의하에 임명하도록 함으로써 모두 13석을 보장하겠다는 것이었다. 하지만 부결권을 행사하기에는 여전히 1석이 부족한 숫자였다. 때문에 중국공산당은 바로 그 1석이 부족하다는 이유를 내세워 명단 제출을 거부했으며, 이로 인해 결국 국민정부를 구성한다는 목적은 무위로 끝나고 말았다.

국민당으로서는 아무리 좋은 안이라도 공산당이 거부권을 행사한다면 이루어 질 수 없다고 판단한 것이고, 공산당으로서는 민주적 결정방법은 참가 인원의 다수파가 승리하는 것이므로 자기가 비록 참여한다고 해도 들러리로 전락할 것이라는 우려를 갖고 있는 것이었다.

그리하여 중국공산당은 국민대회가 국민정부에 의해 단독으로 개최되는 것은 정치협상회의의 결의에 정면으로 위배되는 것으로서 결코 인정할 수 없다는 입장이었다. 이에 대해 국민정부는 정치협상회의의 결의에 근거하여 국민대회가 1946년 5월 5일 개최되어야 했는데 다시 연기된 것은 완전히 중국공산당의 책임이라고 주장했다.

공산당이 부결권을 요구하면서 국민대회에 참가할 대표 명단을 제출하지 않아 국민정부를 구상할 수 없었다는 것이었다. 정치협상회의의 결의를 위반한 것은 중국공산당이지 결코 국민정부가 아니라는 것이었다. 역시 피차가 양보할 수 없는 논쟁으로 상대방에게 책임 떠넘기기로 넘어 간 것이다.

사실 정치협상회의는 그 구성원 자체를 놓고만 보더라도 너무나도 현실과 동떨어진 것이어서 타협점을 찾기란 애당초 불가능한 것이었다. 38명의 대표로 구성된 정치협상회의에서 국민당은 단지 8명의 대표만 참석할 수 있었으며, 이에 비해 중국공산당은 7명의 대표, 민주동맹은 9명의 대표, 청년당은 5명의 대표, 그리고 무당파가 9명의 대표를 참석시켰다. 물론 이러한 협상안은 미국이 주도하여 만든 것이었고, 장개석의 국민당은 미국의 강력한 요구를 거절할 형편이 못되어 마지못해 참석했을 뿐이었다.

마샬이 현실을 무시하고 국공의 협상을 성공시켜서 자기들의 목표를 달성하고자 했던 것이 항상 발목을 잡고 있는 것이었다. 그래서 협상이 진행되면서 원칙적인 합의에도 불구하고 근본적인 문제에 관해서는 여전히 당파 간의 이견은 좁혀지지 않았다.

중국공산당의 대표는 헌법심의위원회에서 기초한 헌법초안을 돌연 반대했으며, 정치협상회의의 결의에 따라 구성된 국민정부가 각 당파가 포함되는 연합정부로 될 경우에만 자신들의 군대를 그 연합정부에 예속시키겠다고 주장하게 되니, 숨겨 있던 현실문제가 밖으로 들어난 것이었고, 해결의 실마리는 풀리지 않았던 것이다.

결국 1946년 11월 16일 주은래는 마샬 장군을 만나 더 이상의 회담은 무의미하게 되었다는 말을 남기고, 중국공산당 대표들과 함께 연안으로 돌아갔다. 연안에 도착한 이후인 동년 12월 4일 주은래는 마샬 장군에게 "장 주석이 국민대회를 해산시키고, 군대를 1월 13일 당시의 위치로 복귀시킨다는 약속만 지킨다면 얼마든지 회담에 응할 용의가 있다."는 내용의 서한을 보냈다.

그러나 협상이 진행되고 있는 과정에도 국공 양측은 서로 유리한 고지를 점령하기 위해 군사 활동을 진행시키고 있었다. 중국국민당 정부군은 동북 지역에서 중국공산당의 통제하에 있는 장가구張家口를 공격할 준비를 하고 있었다. 이에 비해 중국공산당은 산서성山西省의 대동大同을 공격하고 있었다.

이러한 현실을 목도하고서야 마샬 장군은 자신의 조정안이 국민당과 중국공산당 모두에게 받아들여질 수 없다는 것을 확인하게 되었다. 그는 중국에 머물러 봐야 국공협상은 해결될 수 없다는 것을 절감하고 더 이상 자기가 계속 중국에 머물 필요가 없음을 깨닫고 홀연히 귀국길에 올랐다. 이제 재판장의 말을 듣지 않는 양쪽의 싸움은 재판장 없는 싸움으로 진행될 시점에 이른 것이다.

결국 1947년 3월 중국공산당 대표가 남경을 떠남으로서 국공 회담은 사실상 결렬되었다. 연안에 있던 미국연락사무소도 폐쇄되었다. 그리고 수일 후인 3월 19일 중국공산당 중앙이 있던 연안은 국민정부군의 공격을 받아 함락되었으며 국공 양당 간에 전면적인 내전이 시작되었다.

국공 간에 역전되는 전세

중국공산당의 인민해방군으로의 군사개편

마샬 장군의 조정안을 중국공산당이 거부하고 중국공산당이 제시한 협상안을 중국국민당이 거부하면서 마샬 장군은 떠나버렸고 이제 국공 양당은 전면적인 내전상태로 돌입했다.

이때에 정치와 경제상황 역시 호전될 기미가 보이지 않게 되자 민심이 극도로 악화되었다. 그동안 지배적 지위를 가지고 정치를 책임졌던 국민정부도 경제 상황이 호전되지 않자 점차 부정적 영향을 받기 시작했다. 사실 국민당 정부로서는 정치와 경제를 호전시킬 여유를 갖지 못했다. 그러나 일반 백성들의 입장에서는 정권을 가진 사람에게 책임을 지울 수밖에 없었다.

결국 일반 국민들로부터 외면을 받기 시작한 국민당은 쇠락의 길로 접어들고 있었다. 그 위에 절대적 우위를 점하고 있던 군사력 또한 점차 국부군의 감군 조치로 인해 역전의 조짐마저 나타나고 있었다.

뿐만 아니라 중국공산당 중앙은 전략임무에 근본적 변화가 발생함에 따라 8로군, 신4군, 그리고 동북민주연합군 등 인민무장을 중국인민해방군으로 호칭하기 시작했다. 그리고 최고영도기구인 중국공산당 중앙 혁명군사위원회(약칭 당 중앙군사위원회 또는 중앙군위)는 주석에 모택동, 부주석에 주덕, 유소기, 주은래, 팽덕회, 비서장에 양상곤이 선출되었다.

또한 당 중앙군위의 사업기구인 총참모부는 팽덕회가 총참모장을 겸임하고 엽검영이 부총참모장에 임명되었다. 총정치부는 유소기가 주임을 겸임하고 부종傅鐘이 부주임에 임명되었다. 그리고 총후근부는 양립삼楊立三이 부장에 임명되었다. 대외적으로 중국인민해방군 총부는 주덕이 총사령, 팽덕회가 부총사령, 그리고 엽검영이 참모장을 맡도록 했다.

인민해방군의 동북 지역 장악

중국공산당의 이러한 전략임무 변화를 보면서 장개석은 중국공산당이 관내에 3개의 중요한 근거지, 즉 연안을 중심으로 하는 정치근거지, 산동 지역의 기몽산구沂蒙山區를 중심으로 하는 군사근거지, 그리고 교동膠東을 중심으로 하는 교통근거지가 있는 것으로 파악했다. 그동안 공산군이 산동 지역으로 진출하여 산악지역을 중심으로 활동했기 때문에 이 지역이 공산군의 근거지로 본 것이

중국인민해방군의 지휘계통도(1948년 9월)

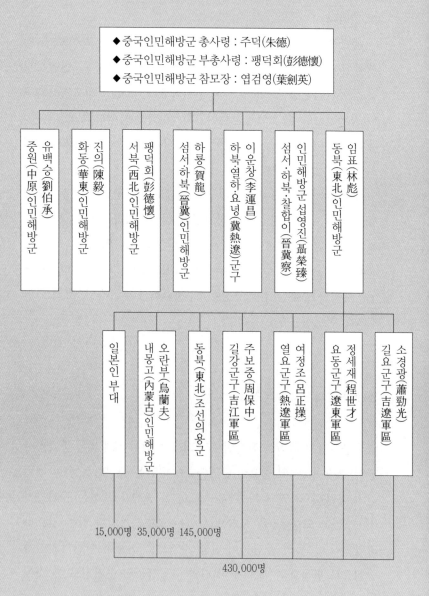

◆ 중국인민해방군 총사령 : 주덕(朱德)
◆ 중국인민해방군 부총사령 : 팽덕회(彭德懷)
◆ 중국인민해방군 참모장 : 엽검영(葉劍英)

- 유백승(劉伯承) 중원(中原)인민해방군
- 진의(陳毅) 화동(華東)인민해방군
- 팽덕회(彭德懷) 서북(西北)인민해방군
- 하룡(賀龍) 섬서·하북(晉冀)인민해방군
- 이운창(李運昌) 하북·열하·요녕(冀熱遼)군구
- 인민해방군 섭영진(聶榮臻) 섬서·하북·찰합이(晉冀察)
- 임표(林彪) 동북(東北)인민해방군

- 일본인 부대
- 오란부(烏蘭夫) 내몽고(內蒙古)인민해방군
- 동북(東北)조선의용군
- 주보중(周保中) 길강군구(吉江軍區)
- 여정조(呂正操) 열요군구(熱遼軍區)
- 정세재(程世才) 요동군구(遼東軍區)
- 소경광(蕭勁光) 길요군구(吉遼軍區)

15,000명 35,000명 145,000명

430,000명

다.

구체적으로 보면 기몽산구는 산동성 임기시臨沂市와 일조시日
照市, 그리고 강소성의 연운항시連雲港市를 중심으로 한 넓은 지역
이다. 이 안에는 임기시에 있는 3개의 구區와 9개의 현縣, 일조시
의 대부분, 치박시淄博市의 기원현沂源縣, 유방시濰坊市의 임구현臨
朐縣, 제녕시濟寧市의 사수현泗水縣, 조장시棗庄市의 시중구市中區, 봉
성구峰城區, 태이장구台爾庄區, 산정구山亭區의 일부분, 태안시泰安
市의 신태시新泰市, 강소성의 연운항시, 공유贛楡, 동해東海, 비주邳
州, 신기新沂 등의 현에 있는 시가지역 일부분을 말한다. 제2차 세
계대전이 종료되기 전까지 중국공산당이 있던 지역을 말하는 것
이다. 그리고 교통근거지는 교동膠東이라고 파악했다. 교동은 진
秦나라 시대에 산동 지역에 교동군을 두면서 시작되었다. 그 지역
에는 교곡채膠菜谷이 있고, 교유膠濰평원이 있는데 그 동부 지역을
말한다. 이 지역을 크게 말하면 교채하의 동부를 말하고, 작게 말
하면 연위烟威 지역을 말하는데, 동부와 남부 북부가 바다로 둘러
싸인 반도이다.

이렇게 파악한 장개석은 먼저 섬서성에 있는 연안延安을 공격하
여 중국공산당의 당정군 지휘중심을 붕괴시키려고 했다. 공산당
의 지휘소를 붕괴시켜서 중국공산당의 군대의 마음을 동요시키고
민심을 와해시키며 그 국제적 지위를 약화시킨다는 계획이었다.

그 다음으로 교통의 요지인 교동을 공격하여 중국공산당이 관
외에서 관내로 들어오는 육상과 해상의 보급로를 차단한다는 것
이다. 이렇게 중심부와 외부와의 연락을 끊어서 고립시킨 다음에
마지막으로 역량을 집중하여 군사의 중심지인 기몽산구를 공격하

고, 이어서 황하를 건너 화북에 있는 인민해방군을 섬멸한 후 병력을 집중하여 동북을 향해 전진하고자 했다.

때문에 장개석은 먼저 연안을 공격하여 중국공산당의 당정군 지휘중심을 붕괴시킴으로써 중국공산당의 군심을 동요시키고 민심을 와해시키며 그 국제적 지위를 약화시켰다. 그 다음으로 교동을 공격하여 중국공산당이 관외에서 관내로 들어오는 육상과 해상의 보급로를 차단하며, 마지막으로 역량을 집중하여 기몽산구를 공격하고, 이어서 황화를 건너 화북의 인민해방군을 섬멸한 후 병력을 집중하여 동북을 향해 전진하고자 했다.

특히 장개석은 중국국민당 정부군이 동북 지역을 고수하고 화북 지역을 공고히 하며, 병력을 집중하여 전략거점을 수비하면서 심양, 금주, 장춘을 확보한다는 방침을 포기하지 않았다. 그러나 북녕北寧철도(북경~심양)와 발해만 근처에 있는 영구營口를 인민해방군이 장악하고 있었기 때문에 오히려 동북 지역에 주둔하고 있는 55만 명의 중국국민당 정부군 병력이 완전히 고립된 상태였다.

또한 1948년 가을 동북지방은 이미 그 97%의 면적과 86%의 인구, 그리고 95% 이상의 철도가 인민해방군에 의해 통제되고 있었으며, 동북인민해방군도 야전군 병력이 70만 명, 그리고 지방부대 병력이 33만 명으로 증가했으며, 화력이 막강한 포병부대도 확보하고 있었다. 이 부분은 장개석의 계획대로 추진하는데 어려운 점이었다.

1948년 10월 9일 인민해방군 동북야전군은 사령관인 임표와 정치위원인 라영환의 지휘하에 5개 종대와 포병종대 주력 약 25만 명을 동원하여 금주錦州 공략에 나섰다. 동북인민해방군이 금주를 공격한 당일 장개석은 심양으로 와서 장춘의 중국국민당 정부군에게 포위망을 뚫고 심양으로 이동하도록 명령했다.

그러나 중국국민당 정부군으로서는 장춘도 지킬 수가 없고 포위망도 뚫고 나갈 수가 없는 상황이 발생했다. 장춘을 방어하던 중국국민당 정부군 제60군 사령관인 증택생曾澤生(1902~1973)이 1948년 10월 17일에 반란을 일으켰기 때문이다. 국민당정부로서는 큰 타격이 아닐 수가 없었다.

그 위에 동부 지역의 소공작전을 지휘하던 중국국민당 정부군 총사령관인 정동국鄭洞國(1903~1991) 중장이 증택생이 반란하고 4일 뒤인 그해 10월 21일에는 무기를 버리고 인민해방군에 투항했다. 그리하여 장개석이 확보한 장춘은 완전히 인민해방군에게 함락되었다.

이들이 중국공산당에게 투항하기 이전인 1948년 9월 7일에 금주錦州가 인민해방군의 공격을 받아 함락되었고, 1948년 9월 23일 산동의 제남濟南이 중공군의 수중으로 넘어가 버렸다. 이러한 여파에 반란과 투항까지 일어나니 결국 장춘長春과 심양瀋陽도 연이어 함락되었다. 이러한 일련의 사건으로 중국국민당 정부군은 완전히 전의를 상실하고 있었다.

반대로 동북지방을 장악한 모택동은 여세를 몰아 중국국민당 정부군에 대한 공세를 늦추지 않았다. 1948년 9월 12일부터 1949년 1월 31일까지 약 5개월 동안 요심전역遼瀋戰役, 회해전역淮海戰役, 그리고 평진전역平津戰役 등 3개 전역에서 중국국민당 정부군은 인민해방군의 맹공을 받았다. 이 세 군데의 전투에서 국민당정부군은 144개 사단의 정규군과 29개 사단의 비정규군 병력 약

154만 명을 잃어버렸다. 이제 국민당 군대는 더 이상 버틸 여력이 없었으며, 전쟁의 주도권은 점차 중국공산당 쪽으로 기울기 시작했다.

국공내전의 역전과 몰리는 장개석

사실 전면적 내전이 시작되었을 때 국민당은 병력수와 무기와 장비 및 외부로부터의 원조 등에서 중국공산당을 크게 압도하고 있었다.

우선 병종의 경우만 보더라도 중국국민당 정부군은 육군, 해군, 공군을 가지고 있었지만 인민해방군은 오직 육군만 가지고 있었다. 무기와 장비면에서도 중국국민당 정부군은 미국의 군사원조를 받아 막강한 화력을 유지하고 있었지만 인민해방군은 일본군과 중국국민당 정부군으로부터 노획한 장비와 무기에 전적으로 의존하고 있었다.

또한 중국국민당 정부군은 전국토의 76%에 달하는 면적과 3억 4천만 명의 인구, 그리고 경제력이 집중된 대도시를 거의 대부분 통제하고 있었지만 인민해방군은 전국토의 24%에 달하는 면적과 1억4천만 명의 인구, 그리고 대부분의 농촌 지역을 관장하고 있었다.

일본이 패망한 1945년 당시만 해도 중국국민당 정부군의 병력은 인민해방군의 그것에 비해 5배나 많은 약 250만 명에 이르고 있었다. 그러나 1946년 7월에 이르러 200만 대 61만 명이던 중국국민당 정부군과 인민해방군의 병력 대비가 1947년 7월에는 150만 대 100만 명으로 그 격차가 많이 좁혀졌다.

그리고 1948년 가을에 이르러서는 198만 대 149만 명에 이르렀으며, 그해 말에는 150만 대 160만 명으로 그 수가 역전되기 시작했고, 1949년에는 150만 대 330만 명으로 인민해방군이 수적으로 압도적 우위를 확보하게 되었다. 중국국민당의 군사는 그 숫자가 계속 줄어 들었고, 공산군의 숫자는 계속 증가한 것이다.

국민정부의 붕괴가 시간문제라고 판단한 스튜어트Leighton Stuart 주중 미국 대사는 1948년 10월 장개석의 하야를 권고하는 한편 이종인 또는 국민당내의 덕망이 있는 정치지도자를 물색하여 그 자리에 앉혀야 한다고 워싱턴에 건의했다.

그러나 그는 자신의 건의가 받아들여지지 않자 그해 11월 중순 장시간에 걸쳐 이종인과 대화를 나누었다. 여기서 이종인은 중국국민당 정부군이 완전히 패망하기 이전에 장개석이 하야하는 것이 바람직하다는 의사를 표시했다. 특히 인민해방군을 장강長江 이북에 묶어두기 위해서는 서남 지역의 강력한 지지가 필요하다는 점을 강조했다.

결국 장개석과 시종 껄끄러운 관계를 유지하고 있었던 광서계의 수령인 이종인과 백숭희는 중국공산당과의 회담을 명분으로 내세우면서 장개석이 하야하도록 압박을 가했다. 특히 백숭희는 1949년 말 북경과 천진이 중국국민당 정부군의 수중에 있을 때 시간을 벌기 위해서라도 중국공산당과의 협상이 필요하니 장개석이 일선에서 물러나야 한다고 주장했으며, 그의 이러한 행동은 국민당내에서 점차 호응을 얻어가고 있었다.

한편 모택동은 1949년 1월 14일 중국공산당 중앙 주석 명의로 발표한 〈중국공산당 중앙 모택동 주석의 시국에 관한 성명〉을 통해 장개석이 요구한 평화협상은 거짓이며 전쟁을 계속하려는 꼼수에 지나지 않는 것이라고 일축했다.

또한 모택동은 〈성명〉에서 인민해방군이 그다지 멀지 않은 시간 내에 중국국민당 정부군의 잔존 군사력을 섬멸시킬 수 있는 충분한 역량을 가지고 있지만 전쟁을 조속히 끝내고 진정한 평화를 실현하며 인민의 고통을 줄여주기 위해 중국공산당은 남경의 국민당 반동정부와 기타 국민당 지방정부 및 군사집단과 평화협상을 하기를 바란다고 했다.

모택동의 성명과 물러나는 장개석

이어서 모택동은 평화협상이 필요하다고 하면서 그 전제조건으로 8개항을 제시했다.

① 위조 입헌정부를 해산시킬 것.

② 위조 헌법을 폐기할 것.

③ 전범자를 처벌할 것.

④ 민주원칙에 따라 반동군대를 개편할 것.

⑤ 관료자본을 몰수할 것.

⑥ 토지개혁을 실시할 것.

⑦ 매국조약을 폐기할 것.

⑧ 반동분자를 제외한 정치협상회의를 소집하여 민주연합정부를 구성한 후 남경의 국민당정부 및 그에 소속된 각급 정부의 모든 권력을 몰수할 것.

여기서 위조헌법이란 중화민국의 헌법을 말하는 것이며, 위조입헌정부란 국민정부를, 반동군대란 국민정부군을 말하는 것이다. 특히 전범자란 장개석을 포함한 국민당 지도부의 간부를 지칭하는 것으로서 사실상 국민정부의 법통法統과 국민당의 존재이유를 포기하라는 항복 명령이나 다름이 없는 조건이었다.

〈성명〉이 발표되고 며칠이 지난 1월 22일 해방구에 도착한 민주당파 지도자와 저명한 사회인사인 이제심李濟深, 심균유沈鈞儒, 곽말약郭沫若, 담평산譚平山 등 55인은 연명으로 시국에 대한 의견을 발표하고 모택동의 〈성명〉에 대한 적극적인 지지를 선언했다. 중국공산당의 영도하에 중국혁명을 추진하고 새로운 중국을 건설하기 위해 자신들의 역량을 받칠 것을 결의했다. 장개석이 여론에서 밀려난 것이다.

사태가 이 지경에 이르자 국민당내부에서는 자중지란이 일기 시작했으며, 미국, 영국, 프랑스, 소련 등 4개국 정부에 요청한 중재안마저 거부당하자 장개석은 마침내 1948년 3월 29일 제1차 국민대회에서 총통總統으로 당선된 지 10개월 만인 1949년 1월 21일 총통직을 사임했다.

결국 '총통이 사정이 생겨 일을 볼 수 없을 때는 부총통이 그 직권을 대행한다'라는 중화민국 헌법 제49조의 규정에 근거하여 그해 1월 21일부터 부총통인 이종인李宗仁이 총통직을 대행하기 시작했다.

총통직을 물려받은 이종인은 국민정부를 이끌고 중국공산당과의 협상에 나섰다. 그는 그해 1월 27일 모택동에게 '국민정부는 중국공산당이 제기한 8개항 조건을 기초로 하여 협상을 진행하기를 바라며, 각 항의 문제는 회담과정에서 협의하여 결정할 수 있다'라는 내용의 전문을 보냈다. 결국 항복요구와 다름이 없는 조건을 국민당 정부가 수용하겠다는 것이다.

또한 이종인의 국민정부가 제시한 협상안은 3가지였다.

첫째, 성공적인 협상을 위해 국·공 쌍방은 대등한 입장에서 상호 존중해야 한다.

둘째, 중국공산당이 조종하는 연합정부에 동의하지 않고 장강長江을 경계로 하여 남쪽은 국민당이 다스리고 북쪽은 공산당이 다스리도록 하는 획강분치劃江分治를 한다.

셋째, 중국공산당측이 제시한 8개조의 평화안은 분치分治를 바탕으로 하여 협상한다.

요컨대 이들 3개항 기본원칙의 구심점은 중국공산당과 국민당이 장강長江을 기준하여 북쪽은 중국공산당이 다스리고 남쪽은 국민당이 다스리도록 하자는 것이었다. 이는 중국역사에서 흔히 나타나는 현상이었고, 이때에도 역시 이러한 방안 제시하여 평화적인 공존을 하고자 했던 것이다.

이와 같이 이종인과 백숭희는 "정치는 양자강揚子江을 건너올 수 있지만 군사는 양자강을 건너와서는 안 된다."라고 하면서 양자강을 경계로 국민당과 공산당이 서로 대륙을 나누어 통치한다 [劃江而治]는 원칙을 고수했다.

그러나 일단 우세를 점령한 모택동은 양보할 필요가 없었다. 결국 그는 "정치도 양자강을 건널 것이고 군사도 양자강을 건널 것이며, 뿐만 아니라 아주 빨리 양자강을 건너게 될 것이다."라고 하면서 느긋하게 여유를 보였다.

백숭희의 고집 또한 만만치가 않았다. 그는 만약 중공군이 도강 渡江을 감행한다면 전쟁은 불가피하다는 입장을 밝히면서, 전쟁이 일어난다면 장개석을 지지하고 있는 미국의 개입으로 제3차 세계 대전이 발발할 것이라는 주장까지 했다.

당시 장개석은 하야했지만 국민정부의 실권은 여전히 장개석과 그 심복들에 의해 조종되고 있었다.

또한 장개석은 하야하기 직전 진성陳誠을 국민당의 대만성 정부 주석으로 임명했으며, 자신의 아들 장경국蔣經國을 대만성 당부 주임위원으로 임명하여 국민당 중앙은행에 보관되어 있던 대략 5억 달러에 달하는 황금과 은 및 외화를 대만으로 운반하도록 명령한 상태였다.

한편 이종인은 장개석이 계구溪口에서 정국을 조종하고 있는 것을 보고 그를 해외로 내보낼 방법을 강구하고 있었다. 그러나 장개석은 하야한 후에 보통국민으로서 그 누구도 어디서나 살 수 있는 권리가 있으며, 아무리 망명을 강요하더라도 절대로 나라 밖으로 나가지 않을 것이라고 하면서 당·정·군의 실권을 내놓을 의사가 없음을 분명히 했다.

모택동에게 투항한 중국국민당 대표

한편 모택동은 이종인을 장개석과는 달리 섭섭하지 않게 대우했으며, 그가 요구한 회담도 들어주기로 결심했다. 그러나 본 회담에 앞서 국민당 측의 대표가 중국공산당 측의 요구에 따라 수석대표를 장치중張治中으로 결정했고, 협상대표도 다시 황소굉黄紹竑, 소력자邵力子, 장사검章士劍, 이비李蒸, 유비劉斐로 조정되는 일도 있었다.

그러나 중국공산당 지도부는 회담을 위해 1949년 4월 1일 전용기를 타고 남경을 떠나 북경으로 날라 온 장치중張治中 일행을 냉대했다. 장치중 일행은 아무도 자신들을 영접하러 나오지 않았다는 것을 알고는 당혹감을 감추지 못한 채 거처할 여관을 찾아보려고 시내로 향했다.

여관을 정해놓고 얼마를 기다리자 주은래가 찾아와 장치중을 만나자마자 말했다.

"원래 비행장에 나가 당신을 영접하려 했는데, 솔직히 말해서, 이곳에 오기 전에 먼저 봉화奉化를 들러 장개석을 만난 것이 무언가 직접적을 지시를 받게 되기를 청하려고 한 것 같아 보여 회담에 성의가 없는 것으로 알고 나가지 않았다."

주은래의 이러한 첫마디에 장치중은 이렇게 응수했다.

"장개석 선생은 중국국민당의 총재이며, 우리들 대표단은 장사검 이외에는 모두 국민당 당원이니 먼 길을 떠나기 전에 당의 총재를 찾아뵙고 지시를 받는 것은 마땅한 도리라고 생각한다. 장개석 총재는 이종인과 하응흠 두 분이 이번 회담을 주관하고 있다는 것을 잘 알고 계신다."

이어서 장치중은 이종인의 친서를 모택동에게 전해 줄 것을 주은래에게 부탁했다.

한편 중국공산당은 회담을 시작하기 이전에 전범을 처리하는 문제와 도강문제를 먼저 해결하기를 바랐다. 중국공산당은 전범 명단을 확정할 것을 요구하면서 이 문제가 해결되지 않으면 회담 자체가 무의미하다고 주장했다. 또한 도강문제는 이미 정해놓은 계획에 따라 실행한다는 방침을 세워놓고 있었다. 즉 양자강을 중심으로 남북으로 나누어 통치하자는 국민당의 의견을 받아들이지 않겠다는 뜻을 분명한 것이다.

그런데 회담이 시작된 지 9일이 되는 날인 4월 9일 갑자기 모택동이 대표단 단원들과 개별면담을 가질 것이라는 소식이 국민정부 대표단에게 전해졌다. 개별면담은 먼저 장치중을 시작으로 하루에 한 명씩 소력자, 장사검, 황소굉 순으로 진행되었다.

모택동은 1949년 4월 중순 쌍청雙淸별장에서 국민정부의 회담 대표로 온 황소굉과 유비를 만나 지금 이종인은 그 누구도 믿지 못하는 상황에 처해 있으며 오직 믿을 것은 공산당뿐이라고 했다.

그가 말했다.

"이종인은 장개석도 믿지 못하고, 미국제국주의도 믿지 못하고, 장개석의 군대도 믿지 못하며, 광서계의 군대도 믿지 못하고, 회담을 지지하는 남경의 일부 인사들도 믿지 못하고, 성심껏 회담하지 않으면 공산당도 믿지 못하는 입장이다."

그 후 며칠이 지난 4월 13일 주은래는 〈국내평화협정〉이라는 문서를 가지고 와 최종적으로 확정된 안이라며 다음 날 올 테니 상의한 후 서명하기 바란다는 말만 남겨놓고 떠났다. 결국 북경에 도착하여 협상 테이블에도 앉아보지도 못한 국민당 대표 6명 모두는 북경에 남아 중국공산당에 투항하고 말았다. 그 후부터 인민해방군의 공세도 나날이 거세지기 시작했다.

사실 그 국내평화협정의 내용은 국민당을 손중산孫中山 선생의 주의를 배반한 반동으로 몰아세우면서 내전의 책임을 물어 '전범'으로 처벌해야 한다는 내용으로 시작되었다.

그 협정안에 따르면 육해공군과 기타 무장부대, 그리고 모든 후방지원부대와 교육기관을 포함한 국민정부 소속의 무장역량이 인민해방군으로 편입되어야 하며, 국민정부의 모든 군사시설과 군용물자 역시 인민해방군에 넘겨주도록 되어 있었다.

또한 연합정부가 구성되기 이전에는 인민해방군 총부가 국민정부의 직권 행사를 감독하며, 중국공산당이 국민정부의 군대와 전국의 정권을 접수할 뿐만 아니라 군사관제위원회의 통제하에 지방의 모든 권력 및 국가의 재부를 접수한다는 것이었다. 완전히 역전된 상황을 공식화하려는 것이었다.

게다가 국민당의 입장에서 도저히 받아들일 수 없는 것은 중국공산당이 제기한 새로운 정치협상회의의 구성과 연합정부 참여

문제였다. 중국공산당은 국민정부가 정치협상회의에 참가하고 연합정부에 참가할 수 있는지의 여부는 반드시 중국공산당의 제의를 기다려야 할 뿐만 아니라 국민정부가 연합정부에 참가할 수 있는 인원수와 인선 역시 중국공산당의 결정에 따라야 한다는 것이었다.

인민해방군의 총공격과 국부군의 퇴각

국민정부는 중국공산당이 제기한 최종 협정안에 대한 비준 여부를 결정하기 위해 4월 18일 남경에서 최고회의를 소집했다. 회의에는 이종인과 하응흠 이외에 기타 4개 원의 원장, 태원·수정太原綏靖주임인 염석산, 화중華中 군정수장인 백숭희, 그리고 손과孫科를 제외한 중앙회담 지도위원 전원이 참석했다.

먼저 하응흠의 회담경과에 관한 보고가 있었으며, 그런 후 북평北平에서 중국공산당과 진행한 회담 상황에 대한 황소굉의 보고가 이어졌다. 보고가 끝난 뒤 국가의 운명과 민족의 장래가 촌각에 달려 있으며, 더 이상 중국공산당이 요구하는 치욕적인 조건에 응할 수 없다는 취지의 발언에 공감대가 형성되면서 침통한 분위기가 이어졌다.

결국 1949년 4월 20일 이종인과 하응흠 두 사람은 공동으로 중국공산당이 제기한 협정안을 거부한다는 내용의 전문을 보냈다. 국민당의 전문을 접수한 지 하루 만인 4월 21일 중국공산당은 모택동과 주덕 두 사람 명의로 인민해방군을 향해 아래와 같은 내용

중국인민해방군의 도강작전도 (1949.4 ~ 1950.6)

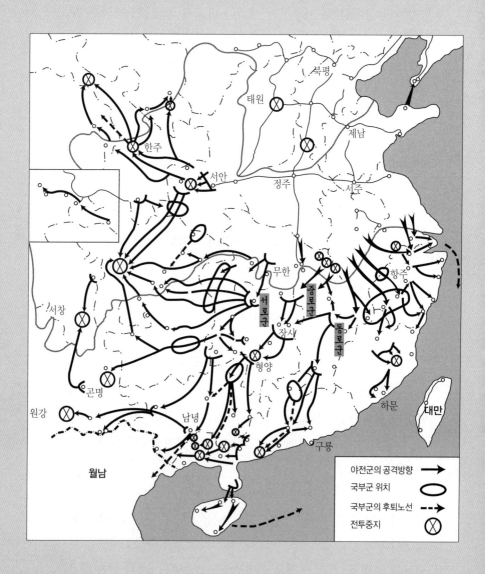

의 명령을 하달했다.

첫째, 용감하게 전진하며, 확고하며, 철저하며, 깨끗하며, 완전하게 중국의 국경 내에서 저항하고 있는 모든 국민당 반동파를 섬멸하며, 전국 인민을 해방시키고, 중국의 영토주권의 독립과 보전을 보위한다.

둘째, 용감하게 전진하며, 극악무도한 모든 전범자들을 체포한다. 그들이 어디로 가든 반드시 체포하여 재판에 회부한 후 법에 따라 징벌을 받도록 한다.

셋째, 모든 국민당의 지방정부와 지방군사집단을 향해 국내평화협정의 최종수정안을 선포하며, 전쟁을 억제하고 평화적인 방법으로 문제를 해결할 수 있도록 최종 수정안의 대의에 따라 그들과 지방 성격의 협정에 서명한다.

넷째, 인민해방군이 남경을 포위한 후, 만약 남경의 이종인정부가 도망쳐서 뿔뿔이 흩어져 있지 않고 국내평화협정에 서명하기를 원한다면 다시 한 번 그 정부에게 서명할 기회를 주도록 한다.

인민해방군의 공세가 거세지자 국민정부는 1949년 광주로 수도를 옮겨갔으며, 그해 10월 15일 다시 중경으로 수도를 옮겼다. 국민정부가 광주로 천도하기로 했을 때 소련과 몇몇 국가의 대사관이 그곳으로 옮겨갔으나, 미국 대사인 스튜어트는 그대로 남경에 남아 영국과 보조를 맞추면서 중국공산당이 향후 소련을 견제해주기를 바라면서 새로 탄생하게 될 중국공산당 정권을 승인할 준비를 하고 있었다. 국민당정부는 그 우군조차 잃어가고 있었다.

사실 인민해방군이 장강을 넘어 도강작전을 하기로 결정한 것은 하북河北의 평산平山에서 소집된 중국공산당 제7기 2중전회에서였다. 그때 이미 330만 명의 인민해방군은 도강을 위해 팽덕회彭德懷의 제1야전군(60만), 유백승劉伯承의 제2야전군(70만), 진의陳毅의 제3야전군(80만), 임표林彪의 제4야전군(100만), 그리고 섭영진聶榮臻의 화북야전군(20만)으로 편성되어 있었다.

중국공산당 중앙은 1949년 4월 6일 최후통첩을 스튜어트 미국 대사에게 전했으며, 인민해방군의 도강에 대한 미국의 입장을 타진했다. 그 후 국민정부와의 협상이 완전히 결렬된 다음 날인 4월 27일 모택동과 주덕의 공동명의로 하달된 진군명령에 따라 인민해방군의 도강작전이 시작되었다.

우선 1949년 5월 제3야전군은 동로군東路軍으로서 그 일부 부대가 절강 동부와 남부를 향해 진군했다. 7월 상순 주산반도舟山半島를 제외한 절강성 전체를 장악했고, 또 다른 일부 부대는 복건성을 향해 진군하여 8월 17일 복주福州를 점령한 후 계속하여 하문厦門을 향해 진격했다

제1야전군은 서로군西路軍으로서 1949년 7월 화북지구의 제18병단과 제19병단의 약 20만 병력을 합쳐 전력을 강화한 후 서북 각성을 향해 진격하기 시작했다. 제1야전군은 7월 14일 섬서성陝西省의 부풍현扶風縣에서 호종남胡宗南의 중국국민당 정부군 4개 군단을 섬멸한 후 진군을 계속하여 8월 26일 란주蘭州를 점령했으며, 9월 5일에는 청해성靑海省의 서녕西寧을 점령했다.

제4야전군은 일시적으로 지휘하게 된 제2야전군의 제4병단과 함께 중로군中路軍으로서 1949년 7월 중남 각성을 향해 진군하면

서 백숭희의 중국국민당 정부군을 섬멸하기 위한 작전을 개시했다. 7월 초부터 8월 상순 사이 중로군은 호북 서부와 호남 북부 및 강서 서부 지역을 장악하고 백숭희의 중국국민당 정부군 부대를 압박했다. 그런 후 제4야전군은 잠시 휴식을 취한 후 호남 남부와 광동 및 광서를 향해 진군했다.

그리고 제2야전군은 1949년 9월 호북의 무한武漢과 호남의 상덕常德을 지나 호북 서부와 호남 서부에 집결한 후 서남전역을 준비했다. 제2야전군은 사천, 귀주로 진군하여 섬서陝西 남부에 도착한 제18병단과 합류한 후 서남 지역을 공격하고 호종남의 중국국민당 정부군을 섬멸했다.

이와 같이 1949년 9월 말에 이르러 서남과 광동, 광서 양광 지역을 제외한 중국대륙은 모두 인민해방군에 의해 접수되었다.

1949년 8월 24일 인민해방군이 서남으로 진격해 오자 장개석은 대만臺灣의 대북臺北(타이베이)에서 사천의 중경으로 날라 와 중경을 침략에 대항하고 공산주의를 반대하는 중심지로 만들자고 역설했다. 그해 9월 22일 다시 중경에서 운남의 곤명昆明으로 날라가서 장병을 격려했으나 인민해방군의 공격을 막아내기에는 역부족이었으며, 결국에는 귀주의 귀양貴陽과 사천의 중경 모두가 인민해방군의 수중으로 넘어갔다.

인민해방군의 총공세에 밀려 1949년 8월 1일 이미 장개석은 50여 만 명의 군대와 200여만 명의 난민을 이끌고 대만에 도착했다. 마지막으로 중국대륙의 최남단에 위치한 해남도海南島가 인민해방군에게 함락된 것은 1950년 4월이었지만 국민당이 대만에 도착했을 때 중국대륙은 사실상 중국공산당의 수중으로 넘어갔다.

중화인민공화국의 탄생

제7기 2중전회와 모택동의 인민민주독재론

장개석의 국민당을 공격하여 역전시키고 승리를 목전에 두게 되자, 중국공산당은 전국적인 승리를 다짐하기 위해 사상과 정치 조직을 준비해야 했다. 이를 위해 중국공산당은 1948년 9월 당 중앙 정치국확대회의를 소집했다. 그리고 다시 5개월 후인 1949년 3월 하북의 평산현平山縣 서백파西柏坡에서 당 제7기 2중전회를 개최했다.

이 〈회의〉에서는 모택동의 보고에 근거하여 혁명에 승리한 이후 신민주주의 건설을 위한 청사진을 확정했다. 당이 정치와 경제 및 외교 분야에서 응당 취해야 하는 기본정책, 그리고 중국을 농업국가로부터 공업국가로 전환하는 경제정책, 신민주주의사회로부터 사회주의사회로 전환하는 기본임무와 주요방안이 제시된 것

모택동 vs 장개석_중국국공혁명사

이다. 이에 따라 당의 사업 중심도 농촌으로부터 도시로 향해 옮겨가는 전략적인 전환 문제를 집중적으로 논의했다.

당 제7기 2중전회가 끝난 이후 중국공산당 중앙 및 그 소속기관은 서백파西柏坡에서 북평北平(북경)으로 이전했다.

국민당정권이 붕괴되고 새로운 중국을 건설할 수 있는 조건이 성숙함에 따라 1949년 6월 15일에는 새로운 정치협상회의 주비회籌備會 제1차 전체회의가 북평에서 개최되었다. 이를 계기로 모택동을 주임으로 하는 주비회 상무위원회가 설립되어 공동강령의 초안을 작성하고 정부방안을 결정하며 새로운 중국을 건설하기 위한 각종 사업을 추진했다. 모택동이 중심이 되어 새로운 국가를 건설하는 준비가 진행되고 있는 것이다.

모택동은 그해 6월 30일 〈인민민주독재를 논함〉이라는 제하의 글을 발표하여 그가 생각하는 국가의 성격을 규정했다. 그 글 속에서 자본계급 공화국 방안은 중국에서 통하지 않는 것이며, 오직 노동자계급이 영도하며 노농연맹을 기초로 하는 인민민주독재를 건립해야 한다고 촉구했다. 그동안 중국에서 논의하던 민주주의는 사실상 포기한 것이다.

또한 그는 인민민주독재사상이 마르크스주의의 국가학설을 풍부하게 발전시킨 것이라고 하면서 이것이 정치협상 주비회가 공동강령을 제정하는데 있어서 지침을 제공해 주는 것이며 나아가서 장차 수립될 새로운 중국을 위해서도 정치이론을 제공해 줄 수 있다고 했다. 이후 구성될 정치의 기본방향을 제시한 것이다.

마침내 그해 9월 21일 중국인민정치협상회의 제1차 전체회의가 북경에서 성대하고 장중하게 개최되었다. 이 자리에서 모택동은 개막사를 통해 "세계 인구의 4분의 1을 차지하고 있는 중국인들이 이로부터 일어섰다."라고 했다.

정치협상회의와 새 정부의 구성

인민정치협상회의는 중국공산당 영도하의 노농연맹을 기초로 하는 인민민주통일전선의 조직형태였다. 회의에는 중국공산당, 각 민주당파, 무당파인사, 각 인민단체, 인민해방군, 각 지구, 각 민족 및 국외화교 대표 등 모두 622명이 참석했다. 이 정치협상회의 전체회의는 보통선거에 의해 전국인민대표대회가 소집되기 이전까지 전국인민대표대회의 직권을 대행하도록 되어 있었다.

정협 전체회의는 모택동을 중앙인민정부의 주석으로 선출했고, 주덕, 유소기, 송경령, 이제심, 장란張瀾, 고강高崗을 부주석으로 선출했으며, 주은래 등 56명을 중앙인민정부위원회 위원으로 선출했다.

〈회의〉는 신중국의 국명을 중화인민공화국으로 하고, 북평北平을 신중국의 수도로 함과 동시에 그 이름을 북경北京으로 바꾸었다. 그리고 의용군행진곡을 국가로 사용하며, 오성홍기를 국기로 한다고 규정했다. 9월 30일 폐막 당일 저녁 천안문天安門 광장에서 인민영웅기념비 제막식이 거행되었다.

또한 정치협상회의 제1차 전체회의는 아래와 같은 내용을 핵심으로 하는 〈중국인민정치협상회의 공동강령〉을 통과시켰다.

〈공동강령〉은 중화인민공화국은 신민주주의 즉 인민민주주의

국가로서 노동자계급이 영도하며 노농연맹을 기초로 하고, 각 민주계급과 국내의 각 민족을 단결시키는 인민민주독재를 실행한다고 규정했다. 뿐만 아니라 각급 인민대표대회와 각급 인민정부는 중국 인민이 국가정권을 행사하는 기관이며, 각급 정권기관은 일률적으로 민주 집중제를 실행한다고 규정했다.

또한 경제분야에 있어서는, 공과 사를 골고루 고려하며, 노동과 자본이 모두 이롭도록 하고, 도시와 농촌이 서로 조화를 이루며, 대내외적으로 교류하도록 하는 정책을 집행함으로써 생산과 번영의 목적을 달성한다고 명시했다. 뿐만 아니라 국가가 국영경제, 개체경제, 그리고 개인자본주의경제를 조정하여 각종 사회경제 성분이 국영경제의 영도하에 분업을 통해 협력하도록 함으로써 전체사회의 경제가 발전하도록 한다는 점을 확인했다.

뿐만 아니라 〈공동강령〉은 민족문제와 외교정책에 관해서도, 중국 내의 각 민족은 일률적으로 평등하며, 각 소수민족이 거주하는 지역에는 민족의 구역자치를 실행한다고 명시했으며, 제국주의의 침략정책과 전쟁정책에 반대하며 세계의 영구적인 평화와 각국 인민 간의 우호협력을 보장한다는 외교정책의 기본원칙도 제시했다.

요컨대 〈공동강령〉은 새로운 중국을 건설하기 위한 거시적인 청사진을 제시한 것으로서 새로운 중국의 건국강령으로서 전국인민대표대회에서 헌법이 제정되기 이전까지는 임시헌법으로서 전국의 각 민족 인민이 공동으로 준수해야 하는 대헌장이었다.

마침내 모택동이 영도하는 중국공산당은 1949년 7월에 제기한 '인민민주독재론'이 중국인민정치협상회의의 공동강령에서 중화인민공화국의 기본정책으로 구체화되면서 1949년 10월 1일 북경의 천안문 광장에서 중화인민공화국의 수립을 정식으로 선포했다.

끝내면서

국공 양당의 승패요인

승리자를 도운 인화와 천시

승패의 조건들

19세기부터 나타난 서세동점西勢東漸은 중국인들에게 새로운 시대를 제공해 주었다. 그리하여 왕조체제를 무너트렸으나 새로운 정치체제를 제대로 완성하지 못한 채 국공간의 싸움으로 이어졌다. 결국 장개석의 국민당은 대륙지배에 성공하지 못하고 대만으로 물러났으며 한편 모택동의 공산당은 악전고투를 거치면서 대륙지배에 성공했다.

이 두 당은 모두 중국이 현대사에서 물려받은 숙제를 해결하고자 노력했다. 그 숙제란 민족주의와 현대화 문제였다. 이를 해결하고자 태어났던 혁명정당이 곧 중국국민당과 중국공산당이었지만, 근 30년에 이르는 혁명과정을 통해 중국인들은 그 과제를 해결하는 주역으로서 공산당의 손을 들어 준 셈이다.

보통 전쟁의 승리요건으로 천시天時와 인화人和, 그리고 지리地利를 꼽는다. 그런데 국공투쟁에서 공산당이 승리했다면 이러한 전통적인 시각에 이를 설명할 수 있을까? 결과론적으로 말한다면 공산당은 천시와 인화를 얻었다고 할 수 있을 것이다. 그러한 점에서 이 책의 결론으로 공산당이 승리할 수 있었던 인화와 천시를 설명하고자 한다.

이를 현대적으로 말하면 인화는 승리의 내적 요인이라 할 수 있고, 천시를 외적 요인이라고 할 수 있을 것이다. 장개석의 국민당 정부 군대가 초기에 월등한 우세 속에 있었지만 모택동이 승리한 인화는 어떤 것인가?

구체적으로 모택동에게 있어서 인화란 그의 정치적 영도력과 전략적 사고 및 의지를 말한다. 이것은 주관적으로 보아야 할 문제이다.

이를 위해서는 먼저 중국혁명의 성격에 대해 분석하고 민족의 해결과제인 민족주의 문제를 해결하기 위한 전략을 보아야 할 것이다. 다음으로는 혁명전쟁의 지도방침과 전략의 기본방침과 대중의 지지 획득을 위한 방법과 관심을 보아야 한다.

다음으로는 피아彼我의 전력을 대비하고 여기에서 출발하여 효율적으로 수행한 군사전략과 작전형태를 보아야 하고, 나아가서 인민군대의 건군노선 등을 보아야 할 것이다. 이러한 것들이 승패를 결정하는 중요한 요인일 것이기 때문이다.

그 다음 요인은 외부적인 요인이다. 이 외부적인 요인은 인간이 유리한 조건으로 만들려고 노력하는 것도 사실이다. 물론 그러한 인간의 노력으로 만들어지는 조건도 있다. 여기서는 이렇게 운명적으로 유리하게 작용하는 조건이 어떻게 나타났는가를 보려는 것이다.

사실 공산당은 노구교사건이 없었다면 국민당 정부군에게 섬멸되었을 것이라고 추측된다. 그러나 노구교사건을 계기로 일어난 중일전쟁은 국민당의 공산당 섬멸작전을 지연시켜 주었다.

그리고 제2차 세계대전과 미국과 소련의 자국 이익을 전제로 하여 나타난 전략적인 중국에 대한 정책도 국공투쟁에서 크게 영향을 미치는 변수였다.

인화의 주관적 요인

① 중국혁명의 성격 분석과 민족주의 문제해결을 위한 전략

국공 양당은 중국혁명의 성격을 분석하고 민족주의 문제를 풀어가는 데 있어서 서로 다른 전략을 선택했다.

중국국민당과 중국공산당은 모두 아편전쟁 이후 서구열강의 침략이 본격화되면서 그 반작용으로 나타난 중국인의 민족주의 정서와 현대화 요구를 해결하기 위해 탄생된 혁명정당이라는 점에서 공통점을 가지고 있었다.

민족, 민권, 민생의 삼민주의 실현을 목적으로 한 중국국민당의 강령이나 마르크스레닌주의를 실현하기 위해 코민테른의 1개 지부로 세워진 중국공산당의 강령 속에서도 민족주의와 현대화 문제는 중요한 핵심을 이루고 있었다.

그러나 민족주의를 실현하는 방법에 있어서는 국공 양당 간에

서로 극명한 대조를 보여주고 있었다. 그것은 중국혁명의 성격을 여하히 분석하고 있느냐에 원인이 있는 것이었다.

모택동은 중국사회를 계급으로 분석했는데, 마르크스 이론에 근거한 산업노동자는 중국 전체 인구의 1%에도 이르지 못하고 있으며, 전체 인구의 80% 이상이 농민, 특히 소작농과 소농이라는 점에 착안했다. 그리하여 일찌감치 노동자계급이 주도하는 계급투쟁으로는 공산혁명에 성공할 수 없다는 확신을 가지고 있었다.

이러한 계급분석과 반봉건·반식민半封建·半植民적인 중국사회의 특성에서 출발하여 모택동은 3천 년의 왕조시대에서 나타난 역성혁명易姓革命 모두가 농민폭동으로 인한 것이었다는 역사적 맥락에 주목했다.

그리고 그 연장선상에서 중국혁명의 성격 역시 노동자계급에 의한 사회주의 혁명이라기보다는 오히려 자본계급의 민주주의혁명을 내세우고, 그 전제하에 농민이 혁명의 주력군이 되어 외세에 대항하는 민족주의, 그리고 관료계급과 지주계급에 대항하는 민주주의 혁명으로 이끌어 가야 한다고 파악했다.

이 때문에 모택동의 공산혁명전략은 중국사회를 봉건사회로 규정하고 아편전쟁 이후 중국인들에게 부여된 2개 과제인 민족주의와 현대화 문제의 요구를 해결하는데 그 초점이 맞추어지고 있었다.

그래서 혁명전략 구호는 항상 농민의 입장에서 출발하여 농민의 실질적 이익과 결부되는 문제를 반영하는 것이어야만 했다. 또한 국민의 입장에서 외세의 침략으로부터 독립과 자주를 지키고자 하는 민족주의 정서에 부합되는 것이어야만 했다.

한편, 중국국민당 역시 중국혁명의 성격을 혁명군이 주체가 되어 봉건왕조의 정치체제와 군벌정치를 무너뜨리는 민주주의, 그리고 외세의 침략에 대항하는 민족주의가 결합된 대중혁명으로 파악했다는 점에서 중국공산당의 그것과 크게 다르지 않았다.

그러나 혁명전략과 혁명구호를 활용하는 측면에서 중국국민당은 중국공산당의 그것과는 큰 차이점을 보여주고 있었다. 중국국민당은 대중의 지지기반 확충을 위해 하층민중의 요구에 대한 적절한 대응전략을 마련해야 했는데, 그것에 너무 무관심했다. 그래서 관료계급과 지주계급의 착취로부터 대중들을 해방시키려는 의지도 부족했다.

또한 서구열강의 침략에 저항하는 중국인들의 민족주의 정서에 부응하는 전략구호를 제시하지 못했다. 결국 국민당은 중국인들에게는 오히려 혁명정당이라기보다는 지배계층의 이익을 대변하는 보수정당으로 인식되어 점차 일반대중의 관심으로부터 멀어져 가기 시작했다.

② 혁명전략의 기본방침

국공 양당이 투쟁에서 승리하기 위해서는 전략적 우위가 중요하다. 그런데 국공 양당은 중국혁명을 승리로 이끌기 위한 전략방침에 있어서도 근본적인 차이점을 보여주었다. 중국공산당은 중국혁명을 계급투쟁론에 근거하여 군사투쟁이 아닌 사회투쟁 내지는 정치투쟁의 관점에서 보았다. 그 혁명수행을 위한 전략방침도 정치 7할, 군사 3할의 비율로 규정하고, 이에 근거하여 혁명역량을 투입했다.

이에 반해서 중국국민당은 전쟁은 정치의 연속이라는 기본 명제에 충실하지 못했다. 군사적 우위만으로 승리를 하려고 했던 것이다. 그래서 애당초 중국사회의 계급상황도 고려하지 못했다. 중국국민당은 단지 군사투쟁 일변도의 전략방침하에 혁명군을 양성하여 군벌통치를 와해시키고 대륙통일을 이룬 후에 외세의 침략에 대항한다는 전략방침을 가지고 있었다. 때문에 국민당은 그 역량을 정치 3할, 군사 7할의 비율에 따라 투입했다.

그 결과, 중국국민당은 군사적 점령에는 성공했으나 점령지역 주민들의 지지를 획득하는 데는 무관심했다. 이로 인해 점령지역에 대한 정치적 통제에 실패하는 결과를 초래했다.

그러나 군사적 열세로 인해 전략 지역의 점령을 애당초 포기한 중국공산당은 국부군이 점령한 후방 지역에서 정치력을 총동원하여 그 지역주민들의 지지를 얻는데 주력했다. 그리하여 그곳에 당의 조직을 강화하고 지방정권을 수립하는 등 정치기반을 공고히 할 수가 있었다.

③ 소통수단으로서의 대중노선

정치적인 승리를 위해서는 일반대중의 지지기반을 공고히 하는 것이 무엇보다 중요하다. 대중세력을 혁명세력으로 만드는 데는 필수적인 조건이라 할 것이다. 그러기 위해 대중과 소통하는 방법이 중요한데 이 대중과의 소통 문제에 있어서도 국공 양당은 상반된 차이점을 보여주었다.

그런데 중국공산당은 대중을 향해 혁명의 당위성을 선전하고, 대중을 조직하며, 대중을 동원하고, 대중을 무장시키는 것을 주요

내용으로 하는 대중노선을 매우 중시했다.

특히 모택동은 대중 속으로 들어가 자신의 정책을 설명하고 대중이 원하는 것이 무엇인지를 확인하여 대중 속에서 나온 후 여론수렴을 거친 정책을 다시 들고 대중 속으로 들어가 선전했다. 이를 통해 대중 스스로가 자신의 정책으로 생각하고 능동적으로 혁명에 참여하게 하는 방법을 사용했고, 이를 통해 중국공산당의 기층조직을 강화하고 농민 위주의 무장세력을 확충해 나가는데 주력했다.

이에 반해 중국국민당은 당과 일반대중을 연계시키는 제도적장치를 마련하는데 소홀했다. 정치 사업에 대한 무관심으로 인해소통을 통한 대중의 신뢰와 지지기반의 확충보다는 관료 중심의상명하달식의 행정명령에 의존하는 경향이 강한 편이었다.

특히 국민정부군의 군사지휘관들은 당의 이념과 사상을 전파하고, 당의 정책 내용을 선전하는 것은 물론이고, 장병들을 삼민주의로 무장시키는데 필요한 정치사업과 사상사업의 중요성을 인식하지 못했다. 오직 막강한 화력으로 무장된 전투력의 건설만이 중국공산당과의 투쟁에서 이길 수 있는 유일한 방법이라고 굳게 믿었다.

④ 혁명전략과 군사전략 및 작전형태

국공 양당은 혁명전략과 군사전략 및 작전형태에 있어서 매우대조적인 모습을 보여 주었다.

중국국민당의 군대는 막강한 화력으로 무장된 정규 병력을 보유하고 있었으며, 이들은 주로 중국대륙의 점點에 해당되는 도시에 포진하고 있었다. 이에 반해 중국공산당은 중국대륙의 면面에 해당되는 광활한 농촌을 근거지를 삼으면서 농민 위주의 유격부대를 혁명군으로 양성하고 있었다. 점과 면의 대결한다면 면이 승리하는 것이 분명한 것이므로 모택동은 승리할 수 있는 전략을 구사하고 있었다.

그래서 모택동은 일찍이 소련혁명에 근거한 노동자 중심의 도시폭동 전략을 고집하는 코민테른에 거부감을 표시하면서 중국의 혁명은 농민을 주력군으로 삼아 농촌으로부터 도시를 포위해 들어가는 지구전 전략을 채택해야 한다고 주장했다. 또한 모택동은 농촌으로부터 도시를 포위해 들어가는 지구전 전략하에 그 작전형태와 전법도 국민당 정부군의 정규전과는 달리 유격전과 운동전 위주로 운영했다.

공산군은 국부군과의 전력 대비에서 지극히 열세한 점을 고려하여 유격전이 주요한 작전형태로 자리를 잡아 갔다. 그 과정에서 다양한 전법이 나오기도 했다. 예를 들어, 16자전법[敵進我退, 敵退我追, 敵據我擾, 敵疲我打]이라 불리는 유명한 능동적 작전을 구사했다. 후퇴를 할 때는 희생을 최소화하기 위해 맷돌을 돌리듯이 원을 그리면서 적의 추격권을 벗어나는 선마타원旋磨打圈과 탈리적인脫離敵人을 구사했다. 또는 유격대장이 유격대원들의 분산과 집중하는 화정위령化整爲零, 합령우정合零爲整의 방법으로 이동을 적절히 구사함으로써 작전의 효율성을 높이는 전법 등이 그 대표적인 것들이었다.

모택동이 구사한 운동전 역시 국민정부군의 작전형태에서는 볼 수가 없는 것이었다. 운동전의 '운동'은 '대행군'을 뜻하는 것이었다. 농촌인 광활한 공간[面]으로서 시간을 쟁취한다는 전략적 구상 하에 적의 공격 위험이 없는 농촌을 자유롭게 행군하면서 국민당 군대가 점거하고 있는 점[點]인 도시를 점령하려고 하지 않았다. 오직 국민당 정부군의 그 전투력[有生力量]을 약화시키는 것을 목적 으로 삼는 작전형태였다.

그러나 장개석의 국부군은 시종일관 정규병력을 동원하여 지역 장악을 목적으로 하는 진지전 위주의 작전형태에만 전적으로 의 존했다.

앞에서도 이미 언급했듯이 국부군은 점령지역을 통제하는데 있 어서 부패한 행정체계에만 의존했으며, 새로운 정치조직을 구축 하고 대중의 지지를 획득하는 데는 무관심했다. 때문에 항상 애써 점령한 지역을 손쉽게 공산당에게 내어주는 일이 반복되었다. 실 패할 수밖에 없는 것이었다.

⑤ 무장역량의 성장배경과 성격

성장배경이 서로 다른 국부군과 인민해방군의 특성이 전력 대 비의 역전에 미친 영향도 부정될 수 없다. 인민해방군은 정치적 성격의 유격전으로부터 시작하여 성장한 덕분에 이른바 정치적 민주와 경제적 민주 그리고 군사적 민주를 통해 훈련된 강인한 투 쟁의지로 무장된 혁명군의 역할을 수행했다.

그러나 국민당 정부군은 봉건군대와 군벌의 성격을 완전히 탈 피하지 못했다. 그래서 관료주의적 행정명령체계에 익숙해 있었 으며, 분명한 혁명목표와 강인한 혁명의지를 가지고 있지 않았다. 국민당 정부군은 비록 삼민주의의 실현을 최고 가치로 삼고 있었지만 그 행태와 의지에 있어서 혁명 자체를 직업으로 삼고 있었던 중국공산당의 군대와는 비교가 될 수 없었다.

일본의 패망으로 공격대상이 사라지게 되자 국부군 병사들은 긴장이 풀리고 사기가 저하되기 시작했다. 그리하여 중공군에 대한 군사작전에 심리적으로 해이해지기 시작했으며, 게다가 미국으로부터 받던 군사원조가 점차 줄어들고 정부의 재정마저 고갈되었다.

혁명군의 성격이 강하고 그 투쟁의지와 사기가 상대적으로 높았던 인민해방군과는 달리 혁명의식이 투철하기보다는 봉급을 받고 생활하는 단순한 직업군대로서 봉건적 성격이 강했던 국부군에게 미국의 군사원조 중단은 사형선고를 받은 것이나 다름이 없었다. 결국에는 감군과 해산의 수순으로 이어지게 되었다.

천시의 객관적 요소

① 항일전쟁과 통일전선

공산당은 중일전쟁이 발발하기 전까지는 국민당 정부군에게 몰려서 괴멸직전까지 갔었다. 그러나 국공투쟁의 전세가 완전히 역전되기 시작한 것은 중일전쟁이 발발하고 이를 적절히 이용한 중국공산당의 통일전선 전략이 주효했기 때문이었다. 중일전쟁이라는 돌연 변수가 국공의 운명을 바꾸어 놓았다고 할 수 있다.

다시 말해서 중일전쟁은 모택동이나 장개석의 의지와는 전혀 상관없이 하늘에서 내려준 것이나 다름없는 것인데, 이것이 양당의 역량을 역전시키는 결과를 가져왔다. 물론 모택동이 이를 철저하게 이용하려고 했고, 장개석은 논리에 몰려서 하는 수 없이 중일전쟁에 대응해야 했지만 말이다.

모택동은 일찍이 통일전선, 무장투쟁, 그리고 당의 건설을 중국공산당이 중국혁명에서 승리할 수 있었던 요인으로 규정하면서 이를 3개 법보라고 한 일이 있다. 그는 특히 통일전선을 무장투쟁과 더불어 적과 싸워 이기는 기본무기로 생각하고, 무장투쟁을 하는 통일전선의 성격으로 규정했다.

통일전선이란 원래 공산주의자들이 즐겨 사용하는 계급투쟁의 주요한 형태이다. 통일전선은 모택동이 만들어 낸 것이 아니라, 내일의 적을 이용하여 오늘의 적을 치며, 좌파와 연합하고 중도파를 끌어들여 우파를 공격함으로써 혁명의 주도권을 장악한다는 공산주의자들의 계급투쟁 형태이다. 그리고 이것은 전략과 전술적 차원에서 운영된다.

일본의 중국대륙 침략이 점차 노골화되고 있을 때에 중국공산당은 국민정부군의 추격에 시달리면서 각고의 행군 끝에 마침내 중국대륙 북부의 섬서성陝西省에 위치한 연안延安에 도착하여 재기의 기회 만을 노리고 있었다. 그러나 장개석은 이 시기를 중국공산당과 그 무장부대를 섬멸할 수 있는 마지막 기회로 생각하고 그 지역의 국부군 사령관인 장학량張學良과 양호성楊虎城에게 공격 명령을 하달했으나 이들은 좀처럼 군대를 움직이려 하지 않았다.

장개석의 인내에도 한계가 있었다. 더 이상 지체할 수 없다고 판단한 장개석은 이들을 독려하기 위해 1936년 12월 12일 서안西安에 도착하게 된다. 그러나 이때 장개석이 예상하지 못하지 못했던 일이 벌어졌다. 장학량이 장개석을 구금하고 공산당과 함께 일본에 대항할 것을 약속하지 않으면 목숨을 내놓아야 할 것이라고 협박을 한다. 바로 이 서안사변이 모택동과 장개석의 운명을 뒤바꾸어 놓는 단초가 되었다.

공산당은 중국인은 중국인을 치지 않는다는 구호를 내걸고 전 국민을 향해 호소하자, 공산당의 기만전술을 모르는 일반 대중들 가운데는 점차 동조세력이 늘어나기 시작했다. 공산당은 근본적으로 민족주의를 가지고 국민당을 압박한 셈이었다.

이와는 대조적으로 먼저 국내정치를 안정시키고 후에 일본군에 대항한다는 국민당의 방침은 민족 간의 갈등으로 비칠 수 있었기 때문에 국민당에 등을 돌리는 사람이 늘어나기 시작했다. 단순한 민족주의적 선전이 복잡한 정치적 상황에 의한 판단을 어렵게 만든 것이다.

서안사변에 이어 1937년 7월 7일에 발생한 노구교사건으로 중일전쟁이 발발하면서 국공 양당은 제2차 국공합작을 성사시켰다. 이를 계기로 중국공산당은 국민당으로부터 공격을 받지 않을 수 있었고, 오히려 통일전선을 본격적으로 가동하기 시작했다.

중국공산당은 항일민족통일전선 구축에 성공한 후 '7할의 힘은 자신의 발전에 힘쓰고[7分發展], 2할의 힘은 국민당에 대응하는데 쓰며[2分應付], 1할의 힘만 일본에 대항하는데 쓴다[1分抗日]'라는 전략방침하에 항일을 명분으로 내세우면서 거의 모든 역량을 자신의 발전을 위해 투입했다. 그 결과 일본이 패망할 당시에는 국부군에 대적할 수 있을 정도의 정치력과 군사력을 확보할 수가 있었다.

② 소련과 미국의 대중국 전략

중국대륙의 지정학적 가치와 국가이익에서 출발한 미국과 소련의 이해관계 충돌 역시 국공 양당의 진로를 좌우하는 중요한 변수의 하나로 작용했다.

중국공산당은 코민테른의 1개 지부로 탄생한 이후 코민테른과 소련의 지지하에 혁명활동을 전개했다. 특히 소련은 일본이 패망하기 직전 중국대륙의 동북 지역을 점령한 이후 장개석의 국민당 정부군 30만 병력의 동북 진입을 지연시켰다. 그곳에 있던 일본의 관동군이 떠나면서 남긴 무기와 장비 및 병력을 소련은 인민해방군에 넘겨주었다. 이로써 공산당의 인민해방군은 처음으로 전해 비해 엄청난 양의 육해공 화력을 갖출 수 있게 되었다.

물론 소련은 중국공산당이 중국대륙을 장악한다 하더라도 중국이 동구 위성국처럼 소련에 의존하리라고는 생각하지 않았다. 그러나 소련은 적어도 중국이 통일국가로 있으면서 미국의 위협을 막아주는 중간지대 역할은 해 줄 것이라고 생각했다. 그리고 그것이 자국의 안보를 위해서도 도움이 된다고 판단했기 때문에 중국 공산당을 계속해서 지지했던 것이다.

한편 미국은 제2차 세계대전 당시에는 중국국민당과 중국공산당이 힘을 합쳐 일본을 견제해 주기를 바랐으며, 일본이 패망한 이후에는 다시 중국국민당과 중국공산당이 합작하여 통일된 중국으로 남아 있으면서 소련을 견제해 주기를 바랐다. 미국과 소련은 동상이몽을 한 셈이다.

미국은 심지어 중국대륙이 중국국민당이나 중국공산당 어느 한쪽으로 넘어가든 상관없이 중국대륙이 통일된 상태로 남아 소련의 위협을 막아주는 방패막이가 되는 것만으로도 충분하다고 여겼다. 미국의 이러한 판단은 공산당에게 기회를 주었다. 즉 공산당은 소련으로부터 100% 지원을 받으면서 동시에 미국으로부터 50% 정도의 지원을 받은 셈이다. 그러나 장개석의 국민당은 겨우 미국으로부터 50%의 지원만을 받았고, 소련의 지원을 전혀 받지 못했다.

이러한 미국의 전략을 꿰뚫고 있던 주은래周恩來는 오늘의 적인 국민당을 타도하기 위해 내일의 적인 미국을 끌어들이는데 전력을 집중했다. 역시 공산당의 전략에 말려 든 것이다.

어쨌거나 주은래는 미국의 환심을 사기 위해 중국공산당도 일본과 싸우고 있으니 무기를 제공해 달라고 했으며, 미국 대표단이 연안延安을 시찰해 줄 것과 연안을 항공기지로 이용해도 좋다는 제안을 내놓기도 했다.

미국을 향한 주은래의 끈질긴 설득과 노력은 당시 중국 주재 미국 대사관 요원들을 감동시키기에 충분했다. 이들 대부분은 장개석의 지배하에 있는 중국을 '봉건중국'으로, 그리고 중국공산당의 지배하에 있는 중국을 '민주중국'으로 이해했다. 공산당의 선전전략에 미국이 넘어 간 것이다.

또한 미국은 일본이 패망한 이후 중국대륙이 국공내전으로 전환되면서 장개석의 국민정부에 대한 군사원조에 점차 조건을 달기 시작했다. 미국은 군사원조를 빌미로 국민정부를 향해 자신들이 원하는 조건으로 중국공산당과 협상할 것을 강요했다. 공산당의 전략을 알지 못한 미국으로서는 우군을 압박하며 적군을 지원한 셈이 된 것이다.

특히 미국은 국민당 정부군이 당의 군대라는 엄연한 현실을 무시한 채 중국공산당의 인민해방군을 포함하는 국가의 군대화를 실현하기 위해 일부러 군사원조를 삭감함으로써 국부군의 감축을 초래했다. 이로 인해 국부군과 인민해방군의 전력 대비가 역전되기 시작했다.

미국의 중국문제에 대한 이해의 부족으로 정책적 패착은 공산당의 끈질긴 선전과 설득이 주효한 셈이지만, 국민당의 소련에 대한 접근 전략은 크게 주효하지 못했다.

미국과 소련의 전략과 그들의 태도는 전적으로 중국공산당이나 국민당의 뜻대로 움직일 수 없는 것이었다. 그러한 점에서 이는 외부적인 요인이었다. 이것을 하늘의 뜻이라면 천시라고 할 수 있을 것이다.

ㄱ

감내광 甘乃光 Gan Naiguang

감사기 甘泗淇 Gan Siqi

강생 康生 Kang Sheng

강유위 康有爲 Kang Youwei

강제환 姜濟寰 Jiang Jihuan

강청 江靑 Jiang Qing

거정 居正 Ju Zheng

건생 乾生 Qian Sheng

계숭기 桂崇基 Gui Chongji

고강 高崗 Gao Gang

고맹여 顧孟如 Gu Mengru

고맹여 顧孟餘 Gu Mengyu

고백 古柏 Gu Bai

고순장 顧順章 Gu Shunzhang

고어한 高語罕 Gao Yuhan

고은홍 高恩洪 Gao Enhong

고응분 高應芬 Gao Yingfen

고작림 顧作霖 Gu Zuolin

고축동 顧祝同 Gu Zhutong

곽말약 郭沫若 Guo Moruo

곽중용 郭仲容 Guo zhongrong

관향응 關向應 Guan Xiangying

광계훈 鄺繼勛 Quang Jixun

구추백 瞿秋白 Qu Qiubai

기선 琦善 Qi Shan

ㄴ

나매 羅邁 Luo Mai

나병휘 羅炳輝 Luo Binghui

나서경 羅瑞卿 Luo Ruiqing

나영환 羅榮桓 Luo Ronghuan

나장용 羅章龍 Luo Zhanglong
낙보 洛甫 Luo Fu
노복탄 盧福坦 Lu Futan

등중하 鄧中夏 Deng Zhongxia
등택여 鄧澤如 Deng Zeru
람빈 藍蘋 Lan Ping

ㄷ

ㄹ

단기서 段祺瑞 Duan Qirui
단덕창 段德昌 Duan Dechang
담사동 譚嗣同 Tan Sitong
담연개 譚延闓 Tan Yankai
담진 覃振 Tan Zhen
담진림 譚震林 Tan Zhenlin
담평산 譚平山 Tan Pingshan
당계요 唐繼堯 Tang Jiyao
당생지 唐生智 Tang Shengzhi
대전현 戴傳賢 Dai Chuanxian
동건오 董健吾 Dong Jianwu
동필무 董必武 Dong Biwu
등소평 鄧小平 Deng Xiaoping
등연달 鄧演達 Deng Yanda
등영초 鄧穎超 Deng Yingchao
등은명 鄧恩銘 Deng Enming
등자회 鄧子恢 Deng Zihui

랑성석 郎醒石 Lang Xingshi
뢰전주 賴傳珠 Lai Chuanzhu
료중개 廖仲愷 Liao Zhongkai

ㅁ

마인초 馬寅初 Ma Yinchu
마초준 馬超俊 Ma Chaojun
모조권 茅祖權 Mao Zuquan
모택담 毛澤覃 Mao Zetan
모택동 毛澤東 Mao Zedong
문상 文祥 Wen Xiang

ㅂ

박고 博古 Bo Gu
반한년 潘漢年 Pan Hannian
방유하 方維夏 Fang Weixia
방지민 方志民 Fang Zhimin
백견무 白堅武 Bai Jianwu
백숭희 白崇禧 Bai Chongxi
범석생 范石生 Fan Shisheng
부여림 傅汝霖 Fu Rulin
부의 溥儀 Pu Yi
부종 傅鐘 Fu Zhong

ㅅ

사지 謝持 Xie Chi
서겸 徐謙 Xu Qian
서석근 徐錫根 Xu Xigen
서특립 徐特立 Xu Teli
서향전 徐向前 Xu Xiangqian
석영 石英 Shi Ying
석청양 石靑陽 Shi Qingyang

설복성 薛福成 Xue Fucheng
섭영진 聶榮臻 Nie Rongzhen
소극 蕭克 Xiao Ke
소력자 邵力子 Shao Lizi
소원충 邵元冲 Shao Yuanchong
소조징 蘇兆徵 Su Zhaozheng
속유 粟裕 Su Yu
손과 孫科 Sun Ke
손과 孫科 Sun Ke
손문 孫文 Sun Wen
손전방 孫傳芳 Sun Chuanfang
송경령 宋慶齡 Song Qingling
송미령 宋美齡 Song Meiling
송자문 宋子文 Song Ziwen
심균유 沈鈞儒 Shen Junru
심의빈 沈儀彬 Shen Yibin
심정일 沈定一 Shen Dingyi
심택민 沈澤民 Shen Zemin
심현로 沈玄盧 Shen Xuanlu

ㅇ

양립삼 楊立三 Yang Lisan

양상곤 楊尙昆 Yang Shangkun

양수청 楊秀淸 Yang Xiuqing

양포안 楊匏安 Yang Paoan

양호성 楊虎城 Yang Hucheng

엄복 嚴復 Yan Fu

여비 余飛 Yu Fei

염석산 閻錫山 Yan Xishan

엽검영 葉劍英 Yie Jianying

엽정 葉挺 Yie Ting

엽초창 葉楚傖 Yie Chucang

영록 榮祿 Rong Lu

오경항 吳敬恒 Wu Jingheng

오옥장 吳玉章 Wu Yuzhang

오운보 伍雲甫 Wu Yunfu

오철성 吳鐵城 Wu Tiecheng

오패부 吳佩孚 Wu Peifu

왕가상 王稼祥 Wang Jiaxiang

왕도 王韜 Wang Tao

왕리빈 王利賓 Wang Libin

왕병남 王炳南 Wang Bingnan

왕세걸 王世杰 Wang Shijie

왕수도 王首道 Wang Shoudao

왕신미 王爐美 Wang Jinmei

왕약비 王若飛 Wang Luofei

왕윤 王倫 Wang Lun

왕이탁 王尔琢 Wang Erzhuo

왕정위 汪精衛 Wang Jingwei

왕정정 王正廷 Wang Zhengting

왕조명 汪兆銘 Wang zhaoming

왕좌 王佐 Wang Zuo

왕진 王震 Wang Zhen

왕해 王楷 Wang Jie

용원 龍元 Long Yuan

용초청 龍超淸 Long Chaoqing

우방주 于方舟 Yu Fangzhou

우수덕 于樹德 Yu Shude

운대영 惲代英 Yun Daiying

웅극무 熊克武 Xiong Kewu

웅식휘 熊式輝 Xiong Shihui

원국평 袁國平 Yuan Guoping

원문재 袁文才 Yuan Wencai

원세개 袁世凱 Yuan Shikai

위원 魏源 Wei Yuan

위원달 魏遠達 Wei Yuanda

유계명 劉啓明 Liu Qiming

유로은 劉蘆隱 Liu Luyin

유백승 劉伯承 Liu Bocheng

유비 劉斐 Liu Fei

유상 劉湘 Liu Xiang

유소기 劉少奇 Liu Shaoqi

유염 劉炎 Liu Yan

유인정 劉仁靜 Liu Renjing

유정 劉鼎 Liu Ding

유중용 劉仲容 Liu zhongrong

유지단 劉志丹 Liu Zhidan

육침 陸沉 Lu Chen

이극농 李克農 Li Kenong

이달 李達 Li Da

이대쇠 李大釗 Li Dazhao

이덕 李德 Li De

이립삼 李立三 Li Lisan

이명양 李明揚 Li Mingyang

이부춘 李富春 Li Fuchun

이비 李苤 Li Pie

이선념 李先念 Li Xiannian

이열균 李烈鈞 Li Liejun

이유한 李維漢 Li Weihan

이제심 李濟深 Li Jishen

이제침 李濟琛 Li Jichen

이종인 李宗仁 Li Zongren

이죽성 李竹聲 Li Zhusheng

이지용 李之龍 Li Zhilong

이한준 李漢俊 Li Hanjun

이홍장 李鴻章 Li Hongzhang

임삼 林森 Lin Sen

임조함 林祖涵 Lin Zuhan

임칙서 林則徐 Lin Zexu

임표 林彪 Lin Biao

임필시 任弼時 Ren Bishi

ㅈ

자희 慈禧 Ci Xi

작목조 綽木碉 Chuo Mudiao

장가구 張家口 Zhang Jiakou

장개석 蔣介石 Jiang Jieshi

장경국 蔣經國 Jiang Jingguo

장계 張繼 Zhang Ji

장국도 張國燾 Zhang Guotao

장군 張群 Zhang Qun

장동 章桐 Zhang Tong

장란 張瀾 Zhang Lan

장문빈 張文彬 Zhang Wenbin

장문천 張聞天 Zhang Wentian

장발규 張發奎 Zhang Fakui

장사검 章士劍 Zhang Shijian

장시서 張時曙 Zhang Shishu

장운일 張雲逸 Zhang Yunyi

장인걸 張人傑 Zhang Renjie

장자화 張子華 Zhang Zihua

장작림 張作霖 Zhang Zuolin

장정승 張鼎丞 Zhang Dingcheng

장종창 張宗昌 Zhang Zongchang

장지동 張之洞 Zhang Zhidong

장충 張冲 Zhang chong

장치중 張治中 Zhang Zhizhong

장태뢰 張太雷 Zhang Tailei

장태염 章太炎 Zhang Taiyan

장학량 張學良 Zhang Xueliang

장호 張浩 Zhang Hao

재풍 載灃 Zai Feng

정관응 鄭觀應 Zheng Guanying

정동국 鄭洞國 Zheng Dongguo

정위삼 鄭位三 Zheng Weisan

정유분 丁維汾 Ding Weifen

조곤 曹錕 Cao Kun

조여림 曹汝霖 Cao Rulin

좌종당 左宗棠 Zuo Zongtang

주계오 周繼吾 Zhou Jiwu

주곤 周昆 Zhou Kun

주덕 朱德 Zhu De

주불해 周佛海 Zhou Fuhai

주사제 周士弟 Zhou Shidi

주은래 周恩來 Zhou Enlai

증국번 曾國藩 Zeng Guofan

증산 曾山 Zeng Shan

증중생 曾中生 Zeng Zhongsheng

증택생 曾澤生 Zeng Zesheng

증희성 曾希聖 Zeng Xisheng

직례 直隸 Zhili

진공박 陳公博 Chen Gongbo

진과부 陳果夫 Chen Guofu

진담추 陳潭秋 Chen Tanqiu

진독수 陳獨秀 Chen Duxiu

진립부 陳立夫 Chen Lifu

진모평 陳慕平 Chen Muping

진방헌 秦邦憲 Qin Bangxian

진벽군 陳璧君 Chen Bijun

진성 陳誠 Chen Cheng

진소우 陳紹禹 Chen Shaoyu

진수인 陳樹人 Chen Shuren

진운 陳雲 Chen Yun

진의 陳毅 Chen Yi

진정인 陳正人 Chen Zhengren

진제당 陳濟棠 Chen Jitang

진창호 陳昌浩 Chen Changhao

진형명 陳炯明 Chen Jiongming

진호 陳浩 Chen Hao

포혜승 包惠僧 Bao Huiseng

풍국장 馮國璋 Feng Guozhang

풍옥상 馮玉祥 Feng Yuxiang

ㅎ

ㅊ

채원배 蔡元培 Cai Yuanpei

채정개 蔡廷鍇 Cai Tingkai

채화삼 蔡和森 Cai Hesen

추로 鄒魯 Zou Lu

하건우 何健乂 He Jianyou

하극전 何克全 He Kequan

하룡 賀龍 He Long

하맹웅 何孟雄 He Mengxiong

하맹웅 何孟雄 He Mengxiong

하숙형 何叔衡 He Shuheng

하응흠 何應欽 He Yingqin

하장공 何長工 He Changgong

하창 賀昌 He Chang

하향응 何香凝 He Xiangning

하희 夏曦 Xia Xi

한린부 韓麟符 Han Linfu

항영 項英 Xiang Ying

해풍 海豊 Hai Feng

향충발 向忠發 Xiang Zhongfa

허계신 許繼慎 Xu Jishen

허숭지 許崇智 Xu Chongzhi

ㅍ

팽공달 彭公達 Peng Gongda

팽덕회 彭德懷 Peng Dehuai

팽배 彭湃 Peng Pai

팽설풍 彭雪楓 Peng Xuefeng

팽진 彭眞 Peng Zhen

팽택민 彭澤民 Peng Zemin

평한로 平漢路 Pinghanlu

모택동 vs 장개석_중국국공혁명사

허숭청 許崇淸 Xu Chongqing

혁광 奕劻 Yi Kuang

호적 胡適 Hu Shi

호종남 胡宗南 Hu Zongnan

홍수전 洪秀全 Hong Xiuquan

황계륙 黃季陸 Huang Jilu

황극성 黃克誠 Huang Kecheng

황기상 黃琪翔 Huang Qixiang

황소횡 黃紹竑 Huang Shaohong

이 도서의 국립중앙도서관 출판시도서목록(CIP)은 e-CIP홈페이지(http://www.nl.go.kr/ecip)와 국가자료공동목록시스템(http://www.nl.go.kr/kolisnet)에서 이용하실 수 있습니다. (CIP제어번호: CIP2014032807)

중국국공혁명사

모택동vs장개석

2014년 11월 22일 초판 1쇄 펴냄
2016년 8월 18일 초판 2쇄 펴냄

지 은 이　이건일
펴 낸 이　정철재
만 든 이　권희선 문미라
디 자 인　정은정

펴 낸 곳　　도서출판 삼화 | 등록 제320-2006-50호
주　　소　　서울 관악구 남현1길 10, 2층
전　　화　　02)874-8830 | 팩스 02)888-8899
홈페이지　　www.tonggam.com | www.samhwabook.com

도서출판 삼화, 2016, Printed in Seoul Korea
ISBN　978-89-92490-70-2 (03910)